ARMIN ROSSMEIER

GESUND GENIESSEN

ARMIN ROSSMEIER

GESUND GENIESSEN

Kochen, Essen und fit sein
mit marktfrischen Zutaten
aus deutschen Landen

SÜDWEST

INHALT

Vorwort 9

Grundprinzipien einer vollwertigen Ernährung 11
Die Fitnesspyramide 11
Power durch Kohlenhydrate 11
Eiweiße – Baustoffe des Lebens 13
Vitamine bieten Schutz 16
Fette – so schlecht wie ihr Ruf? 16
Vitalstoffe für ein langes Leben 19
Wasser – Quelle unseres Lebens 20
Lieber Fünf statt Drei 21
In der Wochenbilanz muss es stimmen 21
Die gemischte Kost macht's 21

Warenkunde 22
Fleisch 22
Rindfleisch 23
Kalb 24
Lamm 24
Schweinefleisch 26
Geflügel oder Ei – was gab's zuerst? 27
Geflügel 27
Eier 27
Milch – ein Verwandlungskünstler 28
Obst und Gemüse – nährstoffreiche Schlankmacher 30
Obst 32
Brot und Backwaren – Kohlenhydrate en masse 33
Kräuter und Gewürze geben Gerichten den letzten Pfiff 34
Kräuter 34
Gewürze 38

Küchengeräte 42
Messer und Schneidebretter 42
Töpfe 42
Pfannen und Bräter 43
Küchenhelfer 45

Leicht und frisch

Leicht und frisch 47
Gebratenes Kalbscarpaccio mit frischem Spargel 48
Brennnessel-Spinatsuppe mit saurer Sahne 49
Lachsforellenröllchen mit Spargelgemüse und Kräuterkartoffeln 50
Spinatgugelhupf mit einem Ragout von zweierlei Forellen 51
Paprikakeule vom Truthahn mit Knoblauchspaghetti 52
Filetscheiben auf marinierten Balsamicolinsen 53
Hähnchenkeulen mit Spinatfüllung und Frühlingsgemüse 54

Flämische Ochsenbrust mit gefüllten Wirsingköpfchen und
Schnittlauchkartoffeln 56
Gefülltes Rinderfilet mit jungem Kohlrabi und Radieschennudeln 57
Chiemgauer Kalbsröllchen auf Safrannudeln 58
Rosmarinlammkeule mit Lauchkartoffelpuffern 59
Schweinefilet auf fränkische Art 60
Scheiben vom Schweinenüsschen in Paprikarahm 61
Käse-Spinat-Ravioli auf Frühlingszwiebelsauce 62
Schinken-Lauch-Maultaschen auf Blattspinat 64
Stangenspargel mit Frischkäse-Kräuterklößchen 65
Kaiserschmarrn mit Vanillesauce 66
Grießtörtchen mit Erdbeeren 67
Rhabarbertarte 68
Biskuitroulade mit Erdbeer-Vanille-Sahnefüllung 69
Menü 1 und 2 70

Aromatisch und sonnenverwöhnt

Aromatisch und sonnenverwöhnt 75
Bunte Blattsalate mit gebratenem Hähnchenbrustfilet 76
Kalte Gurkensuppe mit Nordseekrabben 77
Gedünstete Forellenfilets in Kresseschaumsauce 78
Fisch und Sommergemüse aus dem Tontopf 79
Ossobuco von der Hähnchenkeule mit Bohnen und Schupfnudeln 80

INHALT

Wirsingköpfchen mit Hähnchen-Pilz-Füllung auf gebratenen Kartoffelscheiben 81
Schweinenüsschen auf Chinakohl mit Pilz-Kartoffelnockerl 82
Rinderhüftsteak in Kräutersenfkruste mit Rahmchampignons und gefüllten Kartoffeln 84
Rindfleischlasagne mit Kartoffeln und Weißkohl 85
Bohnengeschnetzeltes mit Rindfleisch 86
Geschmorter Ochsenschwanz mit Steinpilzen und Petersiliengnocchi 87
Schweineschulterbraten mit Brezenfüllung 88
Kartoffel-Ei-Terrine mit frischen Kräutern 89
Schwäbische Spinat-Käse-Torte 90
Käsefrikadellen auf Schinkenzwiebelsauce 91
Warm marinierte Bohnen mit gebratenen Filetscheiben 92
Gemüsenudeln überbacken mit Mozzarellasauce 93
Schwarzwälder Kirschquarkcreme 94

Quark-Zwetschgenauflauf 95
Allgäuer Joghurtbeerentorte 96
Menü 1 und 2 98

Vollreif und kräftig 103
Mariniertes Rinderfilet mit gebratenen Pfifferlingen 104
Rahmsuppe von Zuchtpilzen 105
Marinierte Bratforelle in Gemüseessigsud 106
Lasagne von Lachsforelle und Chinakohl mit Zitronenschaumsauce 107
Altmühltaler Kalbsragout mit Pfifferlingen und Serviettenknödel 108
Hausgemachte Kalbfleischpastete mit Wirsing 109
Rosmarinkeule von der Ente mit Wirsing-Kartoffelroulade 110
Ragout fin vom Hähnchen mit Kräuteromelett 112
Lammragout mit Gemüse und Kartoffeln 113
Getrüffeltes Roastbeef in Weinblättern gegart im Salzteig 114

Gespickte Rinderhüfte mit Käsespätzle 116
Hackfleischschnecken auf Specksauce 117
Schweinemedaillons im Kartoffelmantel mit frischen Aprikosen 118
Altbayerischer Sauerkraut-Speckkuchen 119
Sauerkrautröllchen mit Schinken-Kräutersauce und Sesamkartoffelbirnen 120
Brezensoufflé mit Allgäuer Emmentaler 121
Kartoffelfondue mit zweierlei Dips 122
Zwetschgengrütze mit Honig-Joghurtnockerl 123
Weißes Schokoladenmousse mit frischen Beeren 124
Honigrührkuchen 125
Menü 1 und 2 126

Deftig und wärmend 131
Rucolasalat mit warmen Austernpilzen und Truthahnschinken 132
Kürbiscremesuppe mit gerösteten Mandeln 133
Lachsforelle im Kartoffelkleid mit Fenchelgratin 134
Gebratene Karpfenmedaillons auf Meerrettichsauce 135
Gefüllte Truthahnbrust im Blattspinatmantel 136
Gebratene Entenbrust mit Edelpilzkäsesauce und grünen Böhnchen 137
Lammrückenfilet in Blätterteigmantel mit Rosmarinschwarzwurzeln 138
Geschnetzelte Rinderleber mit Basilikum und Tomaten 140
Salongulasch mit Gemüse 141
Roastbeef im Curry-Ingwermantel mit Gratin 142
Rinderdukaten in Rotwein mit Wirsing-Bohnenroulade 143
Schweinegeschnetzeltes süßsauer mit Gemüse und Chinakohl 144
Lasagne vom Chinakohl mit Blauschimmelkäsesauce 145
Safranteigtaschen mit Rinderhackfüllung 146
Gemüse-Brotroulade auf Malzbiersauce 148
Kräuterspätzle mit Rahmpilzen 149
Apfel-Scheiterhaufen mit Kürbiskompott 150
Pfannkuchen mit Nusskrokant-Quarkfüllung 151
Lindenhonigparfait auf Birnensauce 152
Vorweihnachtlicher Quarkstollen 153
Menü 1 und 2 154

Register 158

Hinweise zu den Rezepten

Die Rezepte sind, sofern nicht anders angegeben, für 2 Personen erstellt. Die Gerichte lassen sich jedoch durch entsprechende Erhöhung der Zutaten und gegebenenfalls durch Verlängerung der Garzeiten auch für eine größere Anzahl an Personen zubereiten.

Zeit und Temperaturangaben bei den Rezepten beziehen sich auf normale Backöfen. Falls Sie mit Gas- oder Umluftherden arbeiten, rechnen Sie bitte entsprechend den Herstellerangaben um.

TL	= Teelöffel
EL	= Esslöffel
Msp.	= Messerspitze
g	= Gramm
kg	= Kilogramm
l	= Liter
°C	= Grad Celsius
ca.	= circa

Vorwort

Sich richtig und gesund zu ernähren, war noch nie so aktuell wie heute, da die Anforderungen an Körper und Geist höher werden. Eine gesunde Ernährung gilt zu Recht als Schlüssel zum Erfolg. Eine vollwertige Ernährung und viel Bewegung an der frischen Luft tragen dazu bei, dass wir uns fit fühlen und aktiv bleiben. Die Ernährung steht bei dieser Aufzählung ganz bewusst an erster Stelle, denn gerade sie wirkt sich vielfältig auf unseren Organismus aus, hängen doch Leistungsfähigkeit und Wohlbefinden unmittelbar mit der Art unserer täglichen Kost zusammen.

Bei einer vollwertigen Ernährung, wie ich sie verstehe, gibt es keine verbotenen und erlaubten, keine guten oder schlechten Lebensmittel. Erlaubt ist, was schmeckt, verboten nur Eintönigkeit und Langeweile auf dem Teller. Die vollwertige Ernährung basiert auf einer möglichst vielseitigen Mischkost, die unseren Organismus mit allen wichtigen Nährstoffen optimal versorgt.

So lange Sie sich mit einer ausgewogenen und abwechslungsreichen Mischkost ernähren, auf absolute Frische und höchstmögliche Qualität der Zutaten achten, werden Sie angesichts des heutigen Angebots an hochwertigen Lebensmitteln stets ausreichend mit Energie und allen Nährstoffen versorgt.

Bei der Wahl der besten Lebensmittel kommt es vor allem darauf an, gezielt solche auszuwählen, die jahreszeitenbedingt auf den Markt kommen, denn sie sind besonders reich an Vitaminen und Mineralstoffen. Unsere Großmütter wussten noch genau darüber Bescheid, welches Lebensmittel im jeweiligen Monat Saison hat und wann Gemüse- und Obstsorten am schmackhaftesten sind. Nicht ohne Grund stammen die besten einheimischen Rezepte aus der Zeit, in der die saisonal orientierte Küche den Ton angab. Lebensmittel der Saison schmecken aromatischer, enthalten in der Regel mehr Vitamine und Mineralstoffe und kommen ohne lange Transportwege in unsere Küche.

Nur die küchentechnische Vorbereitung und Verarbeitung der Lebensmittel war damals nicht so ausgereift wie heute. Durch übermäßig langes Kochen oder Braten gingen wichtige Nährstoffe der Lebensmittel verloren. Heute wissen wir, wie man vieles besser machen kann. Ein Grund mehr, die saisonal orientierte Küche – gepaart mit schonender Vor- und Zubereitung – wieder aufleben zu lassen! Im Vordergrund dieser saisonalen Küche im »neuen deutschen Stil« stehen Produkte aus deutschen Landen. Die meisten Obst- oder Gemüsesorten sind inzwischen das ganze Jahr über erhältlich, doch vieles spricht dafür, Obst und Gemüse gemäß der Saison und aus der Region zu kaufen. Obst und Gemüse, die an der Pflanze ausreifen konnten, weil sie keine langen Transportwege vor sich haben, bieten volles Aroma und guten Geschmack. Fleisch und Wurst aus der Region geben Sicherheit über deren Herkunft. Zudem machen Lebensmittel der Saison Vorfreude auf die Jahreszeiten: Wer denkt nicht gerne im Wonnemonat Mai an frischen Spargel oder später im Jahr an gemütliche Herbsttage bei Zwiebelkuchen und Federweißem? Nicht zuletzt sprechen die strengen Qualitätsvorschriften, die hierzulande gelten, für Ware aus Deutschland.

Aber auch eine gesunde Ernährung macht nur Spaß, wenn der Genuß nicht auf der Strecke bleibt. Mit den folgenden Rezepten möchte ich Ihnen Lust machen, saisonale und einheimische Produkte wieder zu entdecken und mit vollem Geschmack zu genießen.

Ihr

Verbote gibt es nicht! Erlaubt ist, was Abwechslung und Genuss verspricht!

Außer auf eine ausgewogene Ernährung sollten Sie auf ausreichende Bewegung in frischer Luft achten.

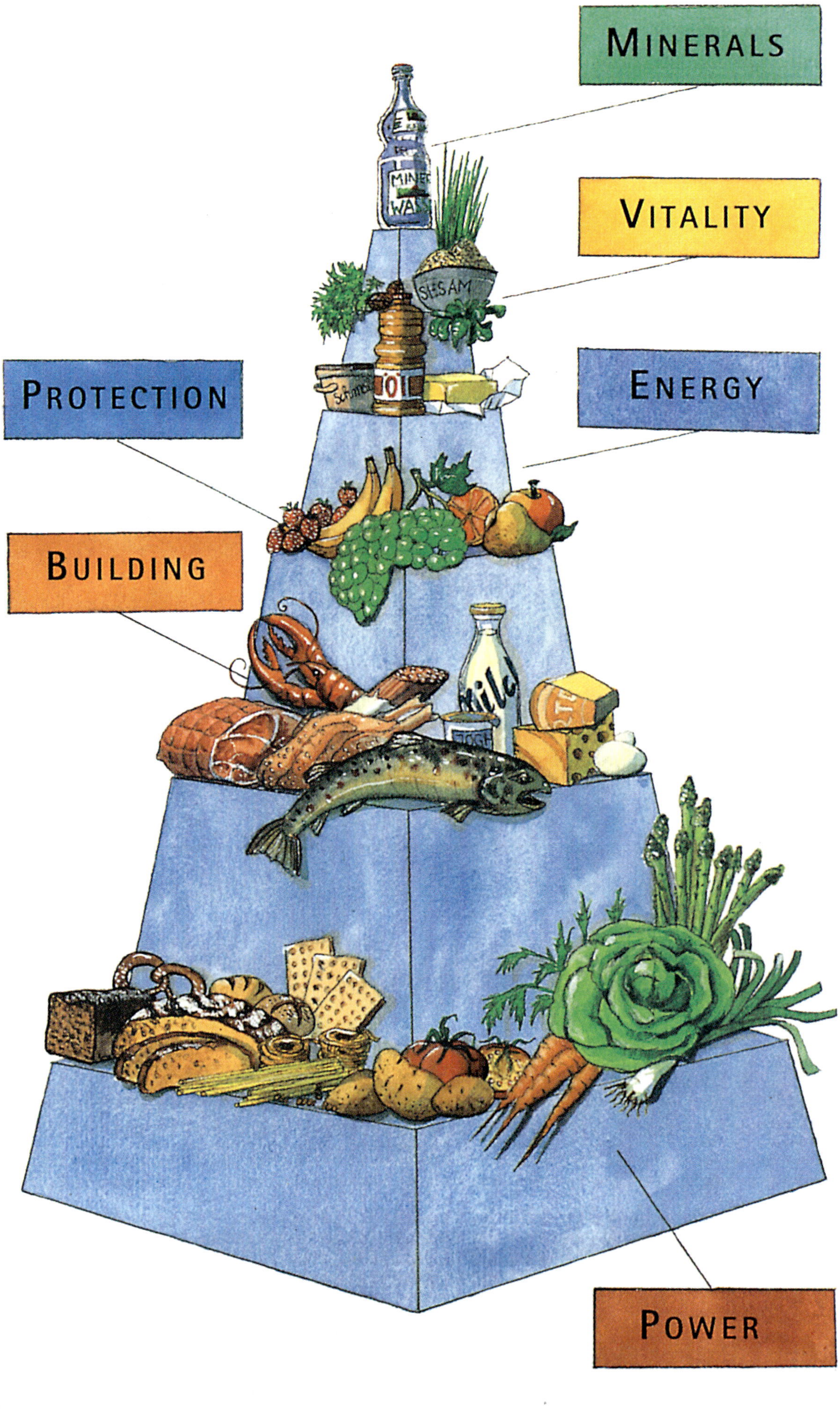
MINERALS
VITALITY
PROTECTION
ENERGY
BUILDING
POWER
SESAM

MINERALS *Mineralstoffe*	hohe Mineralstoffdichte, notwendig für funktionale Ernährung
VITALITY Bioaktive Stoffe	vitamin- und mineralstoffreich, verdauungsfördernd, antibiotisch, konzentrationssteigernd
ENERGY *Brennstoffe*	Energie für Wärme, Arbeit und Bewegung, Träger fettlöslicher Vitamine enthalten lebensnotwendige Fettsäuren
PROTECTION *Schutzstoffe*	hohe Vitamindichte, enzymatische Wirkung regulieren und steuern den Stoffwechsel
BUILDING *Aufbaustoffe*	hochwertiges Eiweiß, Vitamine der B-Gruppe und Eisen reich an Kalzium, Lezithin Omega-3-Fettsäuren
POWER *Kraftstoffe*	leistungs- und konzentrationssteigernd verdauungsfördernd für konstanten Blutzuckerspiegel vitamin- und mineralstoffreich

Die Fitnesspyramide (links im Bild) zeigt Ihnen auf einen Blick, welche Lebensmittel Sie für Ihr Wohlbefinden in besonderem Maße brauchen.

Grundprinzipien einer vollwertigen Ernährung

Vollwertige Mischkost wird seit Jahren von Ernährungswissenschaftlern als Grundernährungsform empfohlen. Sie beinhaltet alle Grundnahrungsmittel: Milch und Milchprodukte, Brot und Getreide, Fleisch und Wurstwaren, Fisch und Eier sowie Obst, Gemüse, Kartoffeln, Butter und Öle. Sie enthält in ausgewogener Zusammensetzung alle vom Körper benötigten Nährstoffe, Vitamine, Mineralstoffe, sekundäre Pflanzenstoffe und Ballaststoffe.

Die Fitnesspyramide

Die Fitnesspyramide stellt das Grundprinzip einer vollwertigen Ernährung dar. Sie enthält alle wichtigen Nahrungskomponenten, in unterschiedlicher Gewichtung.

Power durch Kohlenhydrate

Die Fitnesspyramide besteht aus fünf verschiedenen Stufen mit unterschiedlichen Lebensmittelgruppen, die je nach Größe ihrer Stufe eine entsprechende Gewichtung in der täglichen Nährstoffauswahl darstellen. Umgesetzt auf die tägliche Ernährung bedeutet dies, dass die Lebensmittel der untersten Stufe verhältnismäßig mehr verzehrt werden sollten als die der nächst höheren, mit Ausnahme der obersten Stufe, die für eine ausreichende Flüssigkeitszufuhr steht.

Die größte Gruppe der Fitnesspyramide bilden Brot, Getreideprodukte, Gemüse und Gemüsesäfte. Diese Lebensmittel geben Ihnen die **Kraft (POWER)**, die Sie den ganzen Tag über fit hält und sorgen für eine gute Verdauung. Sie bestehen zum größten Teil aus dem Hauptnährstoff Kohlenhydrate.
Etwa 60 Prozent unserer Nahrung sollten täglich aus Kohlenhydraten bestehen. Kohlenhydrate zählen zu den wichtigsten Energielieferanten unseres Körpers. Sie werden für die Muskelarbeit, für das Gehirn, aber auch für eine gute Verdauung

Kohlenhydrate aus Gemüse und Getreide sind die beste Grundlage, um fit und tatkräftig zu sein.

Alles andere als unnötig: Ballaststoffe sind unverdaulich, erfüllen aber zahlreiche wichtige Aufgaben im Organismus.

Wer sich ballaststoffreich ernährt, bleibt lange satt und muss seine Verdauung nicht zusätzlich unterstützen.

benötigt. Die wichtigsten Vertreter der Kohlenhydrate sind Zucker, Stärke und Ballaststoffe. Alle Kohlenhydrate – man unterscheidet einfache und komplexe Kohlenhydrate – haben als kleinste Bausteine entweder den Traubenzucker (= Glucose), den Fruchtzucker (= Fructose) oder die Galaktose (= Schleimzucker). Der so genannte weiße Haushaltszucker besteht aus zwei Bausteinen, auch einfache Zucker genannt, während Stärke oder Ballaststoffe aus Hunderten von einzelnen Bausteinen zusammengesetzt sind. Einfache Kohlenhydrate, wie sie beispielsweise in Zucker, Honig, Weißmehlgebäck oder Limonaden enthalten sind, werden vom Körper sehr rasch verwertet und sind arm an Vitaminen und Mineralstoffen.
Dies erklärt auch, weshalb es so wichtig ist, Kohlenhydrate in Form von Stärke oder Ballaststoffen aufzunehmen: Durch ihren komplexen Aufbau dauert es viel länger, bis sie im Darm abgebaut werden können, sie stellen also über einen längeren Zeitraum Energie zur Verfügung und mindern somit ein schnell wiederkehrendes Hungergefühl. Solche Kohlenhydrate sind unter anderem in Gemüse, Kartoffeln, Getreide und Getreideprodukten zu finden.

Ballaststoffe zählen ebenfalls zu den Kohlenhydraten. Sie sind in der Regel unverdaulich, d. h. der Körper scheidet sie vollkommen aus.

Aufgaben von Ballaststoffen

- Eine davon beginnt bereits in der Mundhöhle: Durch ihre grobe Faserstruktur müssen Ballaststoffe besser gekaut werden. Dies fördert die Speichelausscheidung in die Mundhöhle und wirkt somit Karies entgegen. Außerdem wird der Zahnhalteapparat durch die stärkere Kaubewegung gestärkt.
- Ballaststoffe besitzen eine hohe Quellfähigkeit: Sie nehmen viel Wasser auf und erhöhen somit das Volumen, wodurch ein hoher Sättigungsgrad erreicht wird.

Kartoffeln als Beilage – mal mit der Schale, mal ohne und mit Kräutern bestreut–, versorgen uns mit Ballaststoffen.

Hochwertiges Eiweiß bekommen Sie vor allem durch tierische Produkte, z. B. Fisch.

- Ballaststoffe verweilen länger in Magen und Darm und verringern somit ein schnell wiederkehrendes Hungergefühl.
- Ballaststoffe regen die Darmtätigkeit an, sorgen also für eine geregelte Verdauung.
- Ballaststoffe können auch Stoffe wie beispielsweise Gifte an sich binden, so dass diese dem Körper entzogen und ausgeschieden werden können.

Die empfohlene Mindestmenge an Ballaststoffen liegt bei mindestens 30 Gramm pro Tag. Ballaststoffe sind in Gemüse, Obst, Hülsenfrüchten und Kartoffeln enthalten. Besonders wirksam für eine normale Darmtätigkeit sind Getreideballaststoffe. Ca. 15 Gramm Getreideballaststoffe – also die Hälfte des Tagesbedarfs – sind zum Beispiel in 3 bis 4 Scheiben Roggenvollkornbrot enthalten. Außerdem finden Sie Ballaststoffe in der Schale von Obst und in faserreichem Gemüse. Damit Ballaststoffe auch optimal wirken können, sollten Sie täglich mindestens zwei Liter Flüssigkeit, am besten Wasser, trinken!

Eiweiße – Baustoffe des Lebens

Das so genannte **BUILDING (Aufbau)** bildet die nächste Stufe der Pyramide. Die Lebensmittel dieser Gruppe – Fleisch, Milch und Milchprodukte, Fisch und Eier – werden für den Muskel- und Knochenaufbau benötigt, da sie reich an Kalzium und hochwertigem Eiweiß sind. Tierische Lebensmittel enthalten zudem viele Mineralstoffe und Vitamine – vor allem aus der Gruppe der B-Vitamine – sowie lebensnotwendige Spurenelemente wie Eisen und Selen.

Eiweiße bestehen aus vielen einzelnen Aminosäuren (= kleinste Bausteine des Eiweißes). Diese können zum Teil durch Umwandlung aus anderen, vom Körper selbst produzierten Aminosäuren hergestellt werden. Einen Teil davon kann der Organismus allerdings nicht selbst produzieren, sie müssen über die Nahrung aufgenommen werden, man nennt sie deshalb auch »essenzielle Aminosäuren« (= lebensnotwendige Aminosäuren).

Die richtige Eiweißzusammensetzung in der Ernährung ist das A und O, da menschliches Eiweiß aus der zugeführten

In Gemüse und Obst stecken viele Ballaststoffe

(jeweils 200 g enthalten:)

Brokkoli	**7 g**
Rosenkohl	**9 g**
Paprika	**7 g**
Apfel	**3,5 g**
Aprikosen	**4,2 g**
Weintrauben	**3,2 g**

Vitamine erfüllen zahlreiche wichtige Funktionen im Organismus. Die Mengen, die Ernährungswissenschaftler empfehlen, finden Sie in dieser Tabelle.

Vitamin	Vorkommen	Bedarf*
A	Möhren, Spinat, Brokkoli, Grünkohl, Milch, Milchprodukte, Fisch, Eier	*Erwachsene:* 0,8–1,1 mg *Kinder:* 0,6–1,1mg
D	Milch, Milchprodukte, Fisch, Eier	*Erwachsene:* 5 µg *Kinder:* 10 µg
E	Pflanzenöl, Nüsse, Ei, Haferflocken, Leber, Milch, frische Salate und grünes Gemüse	*Erwachsene:* 12 mg *Kinder:* 6–12 mg
K	in grünen Pflanzenteilen wie Blattgemüse, Salat, Sauerkraut Wird beim gesunden Erwachsenen vom Darm selbst gebildet	*Erwachsene:* 60–80 mg *Kinder:* 15–50 mg
B_1 = Thiamin	Getreide, Hefe, Nüsse, Milch	*Erwachsene:* 1,1–1,6 mg *Kinder:* 0,7–1,4 mg
B_2 = Riboflavin	Milch, Milchprodukte, Getreide, Hefe, Innereien, Fleisch	*Erwachsene:* 1,5–1,8 mg *Kinder:* 0,8–1,5 mg
Niazin	Getreide, Fleisch, Fisch, Gemüse, Hefe, Nüsse	*Erwachsene:* 15–20 mg *Kinder:* 9–15 mg
B6 = Pyridoxin	Weizen, Mais, Eier, Grüngemüse, Leber, Hefe	*Erwachsene:* 1,6–2,1 µg *Kinder:* 0,9–1,8 µg
Pantothen-säure	in allen Nahrungsmitteln	*Erwachsene:* 6 µg *Kinder:* 4–6 µg
Biotin	Leber, Hefe. Wird beim gesunden Erwachsenen vom Darm selbst gebildet	*Erwachsene:* 30–200 µg *Kinder:* 20–100 µg
Folsäure	Blattgemüse, Hefe, Leber, Milch	*Erwachsene:* 150 µg *Kinder:* 60–150 µg
B 12 = Cobalamin	in allen tierischen Lebensmitteln wie Fleisch, Milch, Milchprodukte, Eier	*Erwachsene:* 3 µg *Kinder:* 1–3 µg
C	frisches Obst und Gemüse (bes. Paprika, Zwiebel, Tomaten, Zitrus-früchte, schwarze Johannisbeeren), Kartoffeln	*Erwachsene:* 75 mg *Kinder:* 55–75 mg

**Werte nach den Empfehlungen der Deutschen Gesellschaft für Ernährung*

Nahrung nur aufgebaut werden kann, wenn alle dafür notwendigen Aminosäuren vorhanden sind. Der Körper benötigt eine bestimmte Anzahl an verschiedenen Eiweißbausteinen, die dann als Eiweiß im Muskel oder für andere Funktionen eingebaut werden können. Gerade durch Kombination von bestimmten Lebensmitteln erhöht sich die »Biologische Wertigkeit« von Eiweiß (s. Kasten).

Dies erreichen Sie am besten mit einer ausgewogenen Mischkost, bestehend aus tierischen und pflanzlichen Lebensmitteln, da sich deren Eiweißbestandteile ideal ergänzen und in der Kombination alle lebensnotwendigen Aminosäuren enthalten. Damit kein körpereigenes Eiweiß abgebaut und ausgeschieden wird, muss täglich über die Ernährung Eiweiß zugeführt werden. Pflanzliches Eiweiß

Aufgaben	Mangel
beteiligt beim Sehvorgang, Aufbau und Funktionserhaltung von Haut und Schleimhäuten, Wachstum	Nachtblindheit, Lichtscheu, Hautschäden, Wachstumsstörungen
beteiligt am Knochenaufbau, Kalzium- und Phosphatstoffwechsel	Rachitis bei Kindern, Knochenerweichung bei Erwachsenen
Schutzfunktion von ungesättigten Fettsäuren, Arterienschutz	Störungen im Fettstoffwechsel
Blutgerinnung	Blutgerinnungsstörungen, Neigung zu Blutungen
wichtige Funktionen im Kohlenhydratstoffwechsel und des Nervensystems	Störungen des Kohlenhydratstoffwechsels und des Nervensystems
Bestandteil vieler Enzyme und somit wichtig für den Fett-, Kohlenhydrat-, Eiweißstoffwechsel	Wachstumsstörungen, Wundheilungsstörungen, Einreißen der Mundwinkel
Kohlenhydrat-, Eiweiß- und Fettstoffwechsel	Hautentzündungen, Durchfall, Kopfschmerzen, Schwindel
Eiweiß-, Fett- und Kohlenhydratstoffwechsel, beteiligt an der Blutbildung	(sehr selten: Hautentzündungen, Nervenstörungen, Blutmangel)
wichtige Funktionen im Fettstoffwechsel	(sehr selten: Haarausfall, Muskelkrämpfe)
Bestandteil zahlreicher Enzyme und somit wichtig für den Fett-, Kohlenhydratstoffwechsel	(selten, nur durch übermäßigen Verzehr von Hühnerei-Eiweiß: Hautentzündungen, Haarausfall)
für die Zellneubildung verantwortlich, beteiligt an der Blutbildung und -reifung	Blutarmut, Schleimhautentzündungen, Sterilität, Hautpigmentbildung
für die Zellneubildung verantwortlich, beteiligt an der Blutbildung und -reifung	Blutarmut, Schleimhautentzündungen, Nervenschädigungen
Bildung und Funktionserhaltung von Bindegewebe und Knochen, wichtig für die Verdauung von Nahrungseisen, körpereigene Abwehrkräfte, Schutzfunktionen	Skorbut (= Brüchigkeit der Blutgefäße, Zahnausfall, verzögerte Wundheilung) Eisenmangelanämie, erhöhte Infektionsanfälligkeit

finden Sie in Getreideerzeugnissen, Kartoffeln, Gemüse und Hülsenfrüchten. Besonders reich an hochwertigem tierischem Eiweiß sind beispielsweise mageres Fleisch, Fisch, Milch und Milchprodukte sowie Eier. Sie sollten darauf achten, dass Sie etwa die Hälfte des Eiweißbedarfs über tierische und die andere Hälfte über pflanzliche Lebensmittel decken. Die meisten von uns nehmen heutzutage zu viel tierisches Eiweiß zu sich.

Günstige Lebensmittelkombinationen, die alle notwendigen Aminosäuren enthalten

- Kartoffeln mit Ei, Quark, Fleisch oder Fisch
- Nudeln mit Ei
- Getreide (z. B. Müsli) mit Milch.

Wenn Sie sich mit einer gesunden, vollwertigen Mischkost ernähren und auf eine schonende Vor- und Zubereitung von Lebensmitteln achten, müssen Sie keine Mangelerscheinungen befürchten. Sie benötigen auch keine zusätzlichen Präparate.

Wer Lebensmittel gut kombiniert, kann die Eiweißversorgung sogar noch verbessern.

Ob tierische oder pflanzliche Fette: Alle sind für eine ausgewogene Ernährung sinnvoll und sollten möglichst abwechslungsreich eingesetzt werden.

Öle enthalten einfach und mehrfach ungesättigte Fettsäuren. Man kann sie mit Kräutern und Gewürzen fein aromatisieren. Essig lässt sich auf die gleiche Weise verfeinern.

Die fettlöslichen Vitamine A, D, E und K müssen immer mit etwas Fett gegessen werden, damit sie vom Körper aufgenommen werden können.

Vitamine bieten Schutz

Obst und Obstsäfte sorgen für den notwendigen **Schutz (PROTECTION)** der Zellen und halten den Stoffwechsel auf Trab. Durch die schnelle Verfügbarkeit des Fruchtzuckers sind Sie für Stresssituationen bestens gewappnet.

Obst enthält ebenso wie Gemüse viele Vitamine und Mineralstoffe, die unseren Körper vor fremden Stoffen bewahren und uns vor Krankheiten schützen können. Vitamine sorgen für einen reibungslosen Ablauf in unserem Stoffwechsel und halten uns gesund und fit.
Vitamine werden in *fettlösliche und wasserlösliche* Vitamine unterteilt. Zu den fettlöslichen Vitaminen zählen die Vitamine A, D, E und K. Sie benötigen Fette, um vom Körper aufgenommen werden zu können und werden im Körpergewebe, vor allem aber in der Leber, gespeichert. Alle anderen Vitamine wie Vitamin C, B1, B2, B6, B12, Pantothensäure, Niazin, Folsäure und Biotin sind wasserlöslich. Sie werden mit Ausnahme von Vitamin B12 nicht in größeren Mengen vom Organismus gespeichert und müssen somit regelmäßig zugeführt werden.

Ursachen für einen Vitaminmangel

- Verdauungsstörungen aufgrund von Krankheiten
- Lebererkrankung
- erhöhter Vitaminbedarf zum Beispiel während der Schwangerschaft und Stillzeit, im Wachstum
- Medikamente
- vitaminarme Kost
- mangelhafte Lagerung, Vor- und Zubereitung von Lebensmitteln.

Fette – so schlecht wie ihr Ruf?

Energie (ENERGY) liefern die Fette und Öle, die in einer ausgewogenen Ernährung unentbehrlich sind. Sie gewährleisten die Versorgung mit fettlöslichen Vitaminen, lebensnotwendigen Fettsäuren und sind wichtige Aromaträger. Ohne Fett kann unser Körper nicht funktionieren. Ein Zuviel an Fett bewirkt allerdings auf Dauer Übergewicht und belastet dadurch den Organismus.

Fett ist nicht gleich Fett. Man unterscheidet gesättigte und ungesättigte Fettsäuren. Vor allem die einfach und mehrfach ungesättigten Fettsäuren wie Ölsäure, Linolsäure und Linolensäure sind für die Herz-Kreislauf-Prophylaxe fest in eine gesunde Ernährung einzuplanen. Sie sind lebensnotwendig für den menschlichen Organismus. Ölsäure ist in hohen Mengen in Rapsöl, Linolsäure in Sonnenblumenöl, Distelöl oder Maiskeimöl und Linolensäure in Leinöl enthalten. Zuletzt

Heilwirkung von Kräutern

Kräutername	Wirkung als Kraut	Wirkung als Tee
Basilikum	verdauungsfördernd, blähungstreibend	schweißtreibend, zusammen mit Honig und Thymian hustenlindernd
Beifuß	harntreibend, krampfstillend	bei Durchfall, Erbrechen, Koliken, Schlafstörungen
Bohnenkraut		krampfstillend, magenstärkend
Borretsch (Gurkenkraut)	schleimlösend, herz- und nervenstärkend	bei Rheuma, Fieber, Nierenentzündung
Brunnenkresse	blutreinigend	
Dill	regt die Magensaftsekretion an	bei Blähungen, Erbrechen, Schlafstörungen, Mundgeruch
Estragon	harntreibend, appetitanregend	
Fenchel		bei Blähungen und Krämpfen der Verdauungsorgane
Gartenkresse	blutreinigend, magenstärkend	
Kerbel	blutreinigend, magenstärkend	
Liebstöckel (Maggikraut)		bei Husten und Atembeschwerden
Lavendel		wirkt beruhigend
Majoran	bei Kopf- und Magenschmerzen	hustenlösend
Meerrettich	harntreibend, verdauungsfördernd, blähungsvertreibend	
Oregano	verdauungsanregend, krampflösend, schleimlösend	
Petersilie	appetitanregend, harntreibend, blutreinigend, blutbildend	
Pfefferminze		bei Magenbeschwerden, Krämpfen, Blähungen, Verdauungsstörungen
Portulak	Sodbrennen	
Rosmarin	nervenberuhigend, stärkt Magen und Kreislauf	
Salbei		Verdauungsstörungen, Blähungen, Darmschleimhautentzündungen, Entzündungen in Mund- und Rachenraum
Schnittlauch	blutdrucksenkend, stärkt den Magen	
Thymian	krampflösend, blähungsvertreibend	hilft gegen Husten und Bronchitis
Zitronenmelisse	äußerlich: gegen Insektenstiche und Wunden	

Kräuter enthalten viele Vitamine und Mineralstoffe und haben zahlreiche andere Wirkungen, wie diese Tabelle zeigt.
Im Winter ist die Versorgung durch Sprossen, Nüsse und haltbar gemachte Kräuter gesichert.

genannte Fettsäuren sind unter anderem am Aufbau der Zellmembranen (Zellwände) beteiligt. Ein Mangel führt zu einem verminderten Wachstum, zu einer gestörten Wundheilung, zu Blutarmut, aber auch zu einer höheren Infektionsanfälligkeit. In tierischen Fetten, beispielsweise in der Butter oder dem Butterschmalz, findet man hauptsächlich gesättigte Fettsäuren. Diese enthalten zudem Cholesterin und sollten deshalb nur in geringen Mengen verzehrt werden. Wichtig für eine gesunde Ernährung ist eine ausgewogene Zufuhr aller drei Fettarten im Verhältnis 1:1:1, das heißt ein Drittel gesättigte Fettsäuren, ein Drittel einfach ungesättigte Fettsäuren und ein Drittel mehrfach ungesättigte Fettsäuren. Dies können Sie erreichen, wenn Sie für Salate Rapsöl, zum Dünsten von Gemüse Sonnenblumenöl und zum Braten von Fleisch Butterschmalz verwenden.

Cholesterin ist ein fettähnlicher Stoff, der für verschiedene Prozesse in unserem Körper benötigt wird: Es ist ein wichtiger Baustein für die Körperzellwände und deren Stabilität und dient als Vorstufe von Vitamin D, das für den Knochenaufbau und die Zähne notwendig ist. Cholesterin dient als Ausgangsprodukt für einige Hormone und für Gallensäuren, die für Verdauungsvorgänge benötigt werden. Es wird vom Körper selbst und in ausreichenden Mengen hergestellt. Gesunde Menschen können die körpereigene Bildung von Cholesterin und die Aufnahme im Darm drosseln, wenn vermehrt Nahrungscholesterin aufgenom-

Mineralstoff	Vorkommen	Bedarf*
Kalzium	Milch, Milchprodukte (vor allem Rohmilchkäse wie Emmentaler), Gemüse, Vollkornerzeugnisse	800–1200 mg
Chlorid	Kochsalz (Natriumchlorid)	800 mg
Eisen	Fleisch, Vollkornprodukte, Gemüse, Hülsenfrüchte	12–16 mg
Fluorid	schwarzer und grüner Tee, Mineralwasser, Fisch	1 mg
Jod	Fisch, jodiertes Jodsalz, jodierte Brot- und Backwaren	180–200 µg
Kalium	Trockenfrüchte, Bierhefe, Hülsenfrüchte, Spargel, Kartoffel	1–2 g
Magnesium	vor allem in pflanzlichen Lebensmitteln, Fleisch, Fisch, Milch und Milchprodukte	300–400 mg
Natrium	Kochsalz (Natriumchlorid)	0,7 g Natrium (entspricht 1,5 g NaCl)
Phosphor	Milch, Milchprodukte, Eier, Fleisch, Wurst, Fisch	1200– 1600 mg
Zink	Fleisch, Innereien, Fisch, Hülsenfrüchte, Milch und Milchprodukte	12–15 mg

** Werte nach Empfehlungen der Deutschen Gesellschaft für Ernährung für Erwachsene*

Mineralstoffe kommen in geringeren Mengen vor, werden aber auch in kleineren Dosierungen gebraucht. Ernährungswissenschaftler empfehlen: Auch hier ist eine ausgewogene Mischkost der beste Garant für eine gute Versorgung.

Cholesterinreiche Lebensmittel

Lebensmittel	Cholesterin
1 Eigelb	315 mg
100 g Innereien vom Schwein	340 mg
100 g Innereien vom Rind	270 mg
100 g Leberwurst	252 mg
100 g Butter	240 mg
100 g Cremeeis	240 mg
100 g Krabben	150 mg
100 g Salami	117 mg
100 g Emmentaler	110 mg
100 g Doppelrahm-Frischkäse	103 mg

men wird. Dadurch wird der Blutcholesterinspiegel wieder ausgeglichen. Cholesterin ist in tierischen Lebensmittel wie Fleisch, Innereien, Eigelb, Milch und Milchprodukten enthalten.

Aufgaben des Cholesterin:

- Baustein für Körperzellwände
- Ausgangsstoff für verschiedene Hormone
- Vorstufe des Vitamin D für den Knochenaufbau
- Vorstufe von Gallensäuren für die Fettverdauung.

Vitalstoffe für ein langes Leben

Die Vitalstoffe sind in den kleinen Dingen ganz groß: Durch ihren hohen Vitamin- und Mineralstoffgehalt ergänzen sie die tägliche Ernährung optimal und können deshalb auch als Nahrungsergänzungsstoffe bezeichnet werden. Sie enthalten bioaktive Stoffe, die Ihren Körper vor Infekten bewahren, steigern die Kon-

Aufgabe	Mangel
Baustoff von Knochen und Zähnen, beteiligt an der Erregbarkeit von Muskelzellen, beteiligt an der Blutgerinnung	Entkalkung von Knochen und Zähnen, Übererregbarkeit von Muskeln und Nerven
Bestandteil der Salzsäure im Magen	Mangel nur durch Erbrechen
Baustein der roten Blutkörperchen	Blutarmut, Müdigkeit
Kariesprophylaxe (härtet den Zahnschmelz), Knochenfestigung, Wachstum	Karies, Osteoporose
wichtig für den Aufbau von Schilddrüsenhormonen	Vergrößerung der Schilddrüse, Kropfbildung
erhält die Gewebespannung, für die Erregbarkeit von Muskelzellen verantwortlich	Muskelschwäche, Herzfunktionsstörung
beteiligt an zahlreichen Enzymreaktionen, für die Erregbarkeit von Muskelzellen verantwortlich	Übererregbarkeit der Muskulatur, Stoffwechselstörung
Regulation des Blutdruckes, aktiviert Enzyme, für die Erregbarkeit von Muskelzellen verantwortlich	äußerst selten; eine Überversorgung (Kochsalz) kann zu Bluthochdruck führen
Baustoff von Knochen und Zähnen, Energiegewinnung und -verwertung im Körper	(äußerst selten: Wachstumsstörungen, Skelettverformung, Muskelschwäche, Herzstörungen) bei Überversorgung kommt es zu Störungen des Kalziumstoffwechsels
Bestandteil von Enzymen	Wachstumsverzögerungen, Gewichtsverlust, Haarausfall, verzögerte Wundheilung

Cholesterin ist nicht nur unerwünscht, es ist für einen reibungslos funktionierenden Organismus unerlässlich.

Wer täglich mindestens zwei Liter (drei sind noch besser) trinkt – am besten natürlich Wasser oder andere kalorienarme Getränke – sorgt für einen stabilen Kreislauf und eine gute Verdauuung.

zentration und fördern die Verdauung. Samen, Sprossen, Kräuter und Nüsse geben Ihnen zusätzlich die **Vitalität (VITALITY)**, die Sie für den ganzen Tag brauchen.

Kräuter sind nicht nur würzig duftende oder gut schmeckende Gewächse. Schon in alter Zeit wurde jedem Kraut eine Heilwirkung zugeschrieben, weshalb man es nicht nur zum Würzen, sondern auch als Medizin verwandte. Durch wissenschaftliche Forschung wurde inzwischen bewiesen, dass vor allem von den ätherischen Ölen in den Kräutern eine heilsame Wirkung ausgeht. Sie regen den Stoffwechsel an, fördern die Verdauung und steigern den Appetit. Manche Gewürze und Kräuter wirken darüber hinaus pharmakologisch. Einige vertreiben Magenbeschwerden, Blähungen und Verdauungsstörungen, anderen wiederum wird nachgesagt, dass sie bei Kopfschmerzen, Erkältungskrankheiten oder Fieber helfen.
Am intensivsten schmecken Kräuter, wenn sie kurz vor der Verwendung geerntet werden. Im eigenen Garten, auf dem Balkon oder am Küchenfenster können Sie Kräuter in Tontöpfen ohne weiteres selber ziehen.

Wasser – Quelle unseres Lebens

Für viele ist es selbstverständlich, dass sie trinken, weil sie Durst haben, weil es schmeckt oder weil es bestimmte Anlässe erfordern. Dabei vergessen wir oft, wie wichtig eine regelmäßige, ausreichende und vor allem die richtige Zufuhr von Flüssigkeit ist. Unser Körper besteht zu 60 Prozent aus Wasser, das lebensnotwendige Aufgaben erfüllt:

▶ Wasser ist Bestandteil und Bauteil von Zellen.
▶ Es dient als Lösungsmittel für biochemische Reaktionen und transportiert Nährstoffe und Abbauprodukte zu den erforderlichen Organen.
▶ Es reguliert den Wärmehaushalt: Unsere Muskulatur erzeugt bei der Arbeit sehr viel Wärme, die durch das Verdunsten von Wasser (Schwitzen) wieder ausgeglichen wird. Ansonsten würde sich unser Körper auf über 50 °C erwärmen und unsere Körperfunktionen würden zusammenbrechen.
▶ Wasser sorgt für einen ausgeglichenen Säure-Basen-Haushalt.

Damit Zellen und Stoffwechsel optimal arbeiten können, sollten Sie täglich mindestens zwei Liter Wasser – am besten in Form von kalorienfreien Getränken – trinken. Sind die »Wasserdepots« aufgefüllt, stabilisiert sich der Kreislauf und man fühlt sich nicht mehr so schlapp. Der Verdauungsapparat profitiert ebenfalls von einer ausreichenden Wasserzufuhr, da gerade ballaststoffreiche Lebensmittel sehr viel Flüssigkeit benötigen, um quellen zu können und somit die Verdauung ankurbeln.

Mineralwasser weist die höchste Mineralstoffdichte auf und versorgt Ihren Körper mit notwendigen **Mineralstoffen (MINERALS)**. Für den Aufbau und die Funktion des Körpers sind Mineralstoffe und Spurenelemente unentbehrlich. Sie übernehmen ebenso wie die Vitamine lebenswichtige Stoffwechselvorgänge im menschlichen Organismus. Auf dem Etikett der Flasche finden Sie jeweils den Gehalt an Mineralstoffen vermerkt.

Mineralstoffe und Spurenelemente sind im Gegensatz zu Vitaminen relativ unempfindlich gegenüber Hitze und Licht. Allerdings laugen sie beim Kochen in zuviel Wasser leicht aus und verlieren ihre volle Wirksamkeit.

Lieber Fünf statt Drei

Mehrere kleine Mahlzeiten über den Tag verteilt belasten den Magen und Kreislauf weniger als große Portionen und der Körper wird immer gleichmäßig mit Nährstoffen versorgt. Außerdem verhindern sie ein plötzliches Absinken des Blutzuckerspiegels und beugen dem damit verbundenen Leistungsabfall vor. Die Hauptmahlzeiten Frühstück, Mittag- und Abendessen sollten nach wie vor die Hauptrolle spielen, aber auch kleine Zwischenmahlzeiten sind sehr wichtig. Eine regelmäßige Nährstoffaufnahme, auf kleinere Portionen verteilt, hilft Heißhunger zu vermeiden.

In der Wochenbilanz muss es stimmen!

Da es aufgrund vieler Umstände (Beruf, Reisen, Schule) nicht immer ganz leicht ist, sich entsprechend der Fitnesspyramide zu ernähren, sollten Sie regelmäßig zum Wochenende oder bei abweichendem Arbeitsrhythmus zu Beginn jeder Freizeitphase überlegen, welche Lebensmittel Sie hauptsächlich gegessen haben. Beim Blick auf die Fitnesspyramide fällt Ihnen bestimmt sofort auf, welche Gruppe Sie in den Tagen zuvor vernachlässigt haben. Sie brauchen keine Angst zu haben, dass Sie irgendwelche Defizite oder Mangelerscheinungen erleiden, wenn Sie das Prinzip der Fitnesspyramide für ein oder zwei Tage nicht einhalten können. Der Wochenausgleich spätestens bringt alles wieder ins Lot.

Die gemischte Kost macht's!

Eine Mischkost, bei der Fleisch, Gemüse, Brot, Getreide, Obst, Milch und Milchprodukte enthalten sind, versorgt Sie ideal mit den wichtigsten Nährstoffen und gewährleistet, dass die Nährstoffe auch optimal vom Körper aufgenommen werden.

Tierische Produkte wie Milch und Milchprodukte, Fleisch, Fisch und Eier enthalten viele Vitamine und Mineralstoffe und vor allem das für zahlreiche Funktionen lebenswichtige Eiweiß. Fleisch versorgt den Körper zudem optimal mit dem Spurenelement Eisen, das besonders wichtig für die Blutbildung und ein funktionierendes Immunsystem ist. Außerdem fördert Fleisch die Aufnahme der wichtigen Stoffe Eisen, Zink, Selen und Vitamin A aus pflanzlichen Lebensmitteln in den Organismus. Aus einer gesunden Ernährung sind pflanzliche Lebensmittel nicht wegzudenken und Sie sollten sie vielfältig und am besten täglich in Ihren Ernährungsplan einbauen. Pflanzliche Lebensmittel, wie z. B. Gemüse, Obst, Getreide und Kräuter enthalten viele Vitamine und Mineralstoffe und sorgen durch ihren hohen Ballaststoffgehalt für eine gute Verdauung.

Wenn Sie sich mit einer gesunden, vollwertigen Mischkost ernähren und auf eine schonende Vor- und Zubereitung von Lebensmitteln achten, nehmen Sie in der Regel alle notwendigen Nährstoffe bereits mit der Nahrung in ausreichender Menge und Zusammenstellung auf!

Fruchtsäfte mit Wasser verdünnt trinken und Alkohol nur in Maßen genießen!

Mehrere kleine Mahlzeiten lassen kein Hungergefühl aufkommen und belasten den Organismus weniger als üppiges Essen. Wer einmal nicht nach den Empfehlungen für eine ausgewogene und gesunde Ernährung essen kann, braucht sich keine Gedanken zu machen. Diese kleinen »Sünden« lassen sich an den folgenden Tagen problemlos wieder ausgleichen!

Warenkunde

Fleisch enthält besonders hochwertiges Eiweiß und versorgt uns wie kein anderes Lebensmittel mit dem wichtigen Mineralstoff Eisen. Durch veränderte Zuchtmethoden ist Fleisch nicht mehr so fettreich wie früher.

Fleisch

Fleisch liefert hochwertiges Eiweiß, Vitamine, Mineralstoffe und Spurenelemente und leistet damit einen wesentlichen Beitrag zur Nährstoffversorgung. In keinem anderen Lebensmittel steckt so viel verwertbares Eisen wie in Fleisch. Außerdem ist es reich an Selen und B-Vitaminen. Vor allem fettarmes Fleisch hat eine hohe Nährstoffdichte bei gleichzeitig niedrigem Energiegehalt.
Fleischeiweiß kann vom Körper besser genutzt werden als pflanzliches Eiweiß. Dies ist vor allem wichtig für Kinder, Jugendliche, Sportler und körperlich hart arbeitende Menschen sowie Schwangere und stillende Frauen, die einen höheren Eiweißbedarf haben.
Während im Mittelalter der Genuss von Fleisch nur festlichen Anlässen vorbehalten war, ist Fleisch heute kein »Luxusartikel« mehr, sondern ein erschwingliches Nahrungsmittel. Ob Rind, Schwein, Kalb oder Lamm: Mit Fleisch lassen sich viele Gerichte zubereiten, von regionalen Spezialitäten bis zu landestypischen Speisen. Wie bei vielen anderen Lebensmitteln auch, gibt es bei Fleisch und Wurstwaren magere und fettreichere Varianten. Je nach Teilstück bzw. Rezeptur unterscheiden sich die Fettgehalte. Wer ein saftiges Bratenstück liebt, sollte marmoriertes Fleisch mit etwas höherem Fettgehalt (2 bis 4 Prozent) wählen. Das Fleisch schmeckt besser und Sie sparen zusätzliches Bratfett.
Insgesamt ist Fleisch jedoch fettärmer als je zuvor! Viele der derzeit gebräuchlichen Nährwerttabellen beinhalten Fett- und Kalorienwerte für Rind- und Schweinefleisch, die nicht mehr der heutigen Fleischqualität entsprechen. Insbesondere Schweine sind durch geänderte Zuchtmethoden fettärmer geworden. Hinzu kommt, dass viele Metzger den Wünschen der Verbraucher nachkommen und das Fleisch magerer zuschneiden. So haben beispielsweise Stücke zum Braten im Vergleich zu früher so gut wie kein Oberflächenfett mehr, weil es beim Zuschnitt entfernt wird. Während vor 20 Jahren bei einem Schnitzel noch ca. 8 Gramm Fett gemessen wurden, enthält es heute nur noch durchschnittlich 2 Gramm. Die Fettwerte für Schweinefleisch haben sich nahezu halbiert. Die Fettgehalte von Rindfleisch sind erfreulicherweise im Durchschnitt ebenfalls um ca. ein Drittel gesunken. Fettarmes Fleisch enthält auch entsprechend weniger Kalorien (siehe Tabelle auf Seite 24).

So appetitlich dargestellt verlockt Fleisch zum Einkauf. Vom Metzger Ihres Vertrauens werden Sie immer gut beraten.

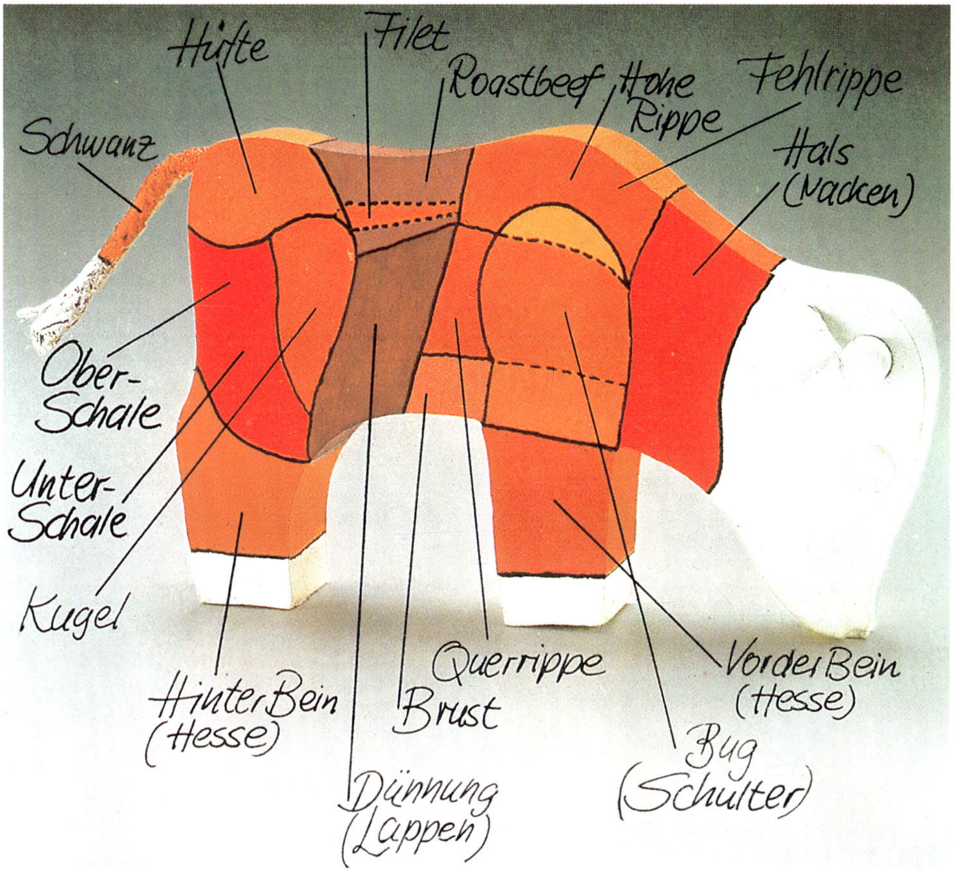

Je nach Teilstück enthält das Fleisch vom Rind mehr oder weniger Muskeln oder Fett und wird für unterschiedliche Zubereitungsarten verwendet.

Übrigens: Der Cholesteringehalt in Fleisch und Wurstwaren ist ebenfalls relativ niedrig: Durchschnittlich enthalten 100 Gramm Fleisch nur 60 Milligramm Cholesterin!

Rindfleisch

Unter dem allgemeinen Begriff Rindfleisch versteht man Fleisch von Ochsen, Färsen, Kühen, Bullen und Jungbullen. Ochsen sind kastrierte, männliche Tiere mit rotem, feinfaserigem und von hellen Fettadern durchzogenem Fleisch. Färsen sind junge, weibliche Tiere, die noch nicht gekalbt haben. Das Fleisch ist kräftig rot, feinfaserig und von Fettäderchen durchzogen, die es sehr zart und saftig machen. Jungbullen haben hellrotes bis dunkelrotes, sehr mageres Fleisch mit mittelfeiner bis kräftiger Faser. Kühe und Bullen sind die älteren Tiere. Das Fleisch ist dunkelrot bis braunrot mit gröberer Faser. Die Fettadern und die Fettränder sind mittel- bis dunkelgelb. Das Fleisch wird vorwiegend zur Wurstherstellung verwendet.

Das beste Bratenfleisch liefert die Keule. Sie stammt aus dem Hinterviertel des Rindes, einem großen Teilstück, in dem die Ober-, die Unterschale, die Blume und die Hüfte enthalten sind. Die Keule ist locker in der Gewebestruktur, feinfaserig, saftig und zart. Die Oberschale liefert Fleisch für Rouladen, die beim Schmoren schön weich werden. Auch Fleisch der Unterschale eignet sich sehr gut zum Schmoren: Sie liefert Fleisch für Rouladen, feine Rostbraten oder Gulaschgerichte. Die bekannten Hüftsteaks stammen aus der Hüfte des Rindes. Dieses Fleisch hat eine lockere Faserstruktur, ist von feinsten Fettäderchen durchzogen und deshalb zart und saftig.

Nährwertanalyse (pro 100 g)

	Rind
Kalorien	67
Eiweiß (g)	21
Fett (g)	11
Eisen (mg)	2,4
Zink (mg)	3,8
Magnesium (mg)	19
Vitamin B1 (mg)	0,2
Vitamin B12 (µg)	1,8
Vitamin B6 (mg)	0,6
Niazin (mg)	9,3

Kalbfleisch wird ähnlich wie Rind unterteilt, hat aber meist kürzere Garzeiten, da es allgemein zarter ist.

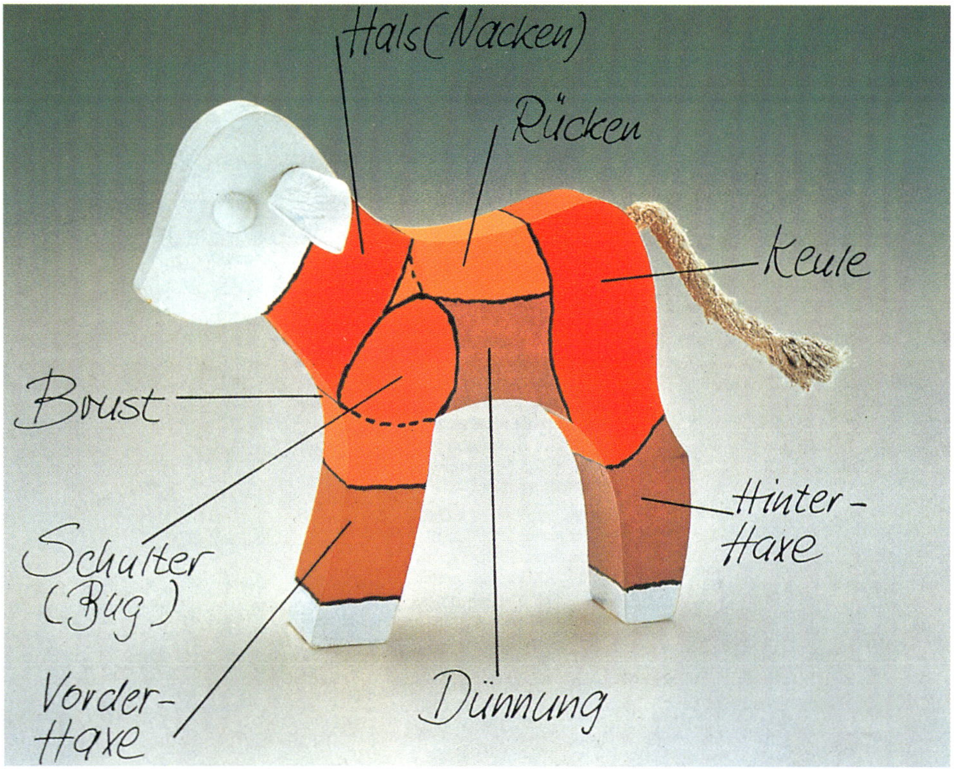

Achten Sie beim Kauf von Rind- und Schweinefleisch auf das CMA-Siegel. Es garantiert die deutsche Herkunft und Kontrollen von der Aufzucht über Haltung, Fütterung und Transport bis zur Hygiene in der Theke.

Kalbfleisch

Kalbfleisch ist feinfaseriger als Rindfleisch und hat einen milderen Geschmack. Durch seinen geringen Anteil an Bindegewebe ist es besonders leicht verdaulich und benötigt nur geringe Garzeiten.

Die Kalbskeule wird in Ober- und Unterschale unterteilt, dessen Stücke sich zum Braten und, in Scheiben geschnitten, zum Kurzbraten eignen. Der Kalbsrücken liefert Koteletts zum Kurzbraten, aber auch das zarte Filet eignet sich für schnelle Gerichte. Schulter-, Nacken- und Halsfleisch vom Kalb kann gekocht oder geschmort werden, ebenso das Brustfleisch, das sich hervorragend für Gulasch oder Ragouts verwenden lässt. Nicht zu vergessen die Kalbshaxen, die besonders vielseitig verwendbar sind, denn sie können gekocht, geschmort oder gebraten werden.

Lammfleisch

Frisches Lammfleisch erfreut sich wachsender Beliebtheit. Da die Lämmer vorwiegend auf Weiden gehalten werden, ist das Fleisch besonders aromatisch und

Die wichtigsten Nährwerte von Kalb, Lamm und Schwein sehen Sie in den nebenstehenden Übersichtstabellen.

Nährwertanalyse (pro 100 g)

	Kalb	Lamm
Kalorien	154	240
Eiweiß (g)	20	17
Fett (g)	6,5	17
Eisen (mg)	1,9	1,6
Zink (mg)	2,8	2,7
Magnesium (mg)	15	16
Vitamin B1 (mg)	0,1	0,1
Vitamin B12 (µg)	1,9	1,5
Vitamin B6 (mg)	0,8	0,5
Niazin (mg)	6,1	7,1

Nährwertanalyse (pro 100 g)

	Schwein
Kalorien	175
Eiweiß (g)	20
Fett (g)	9
Eisen (mg)	1,4
Zink (mg)	2,4
Magnesium (mg)	25
Vitamin B1 (mg)	0,8
Vitamin B12 (µg)	2,8
Vitamin B6 (mg)	0,7
Niazin (mg)	8,3

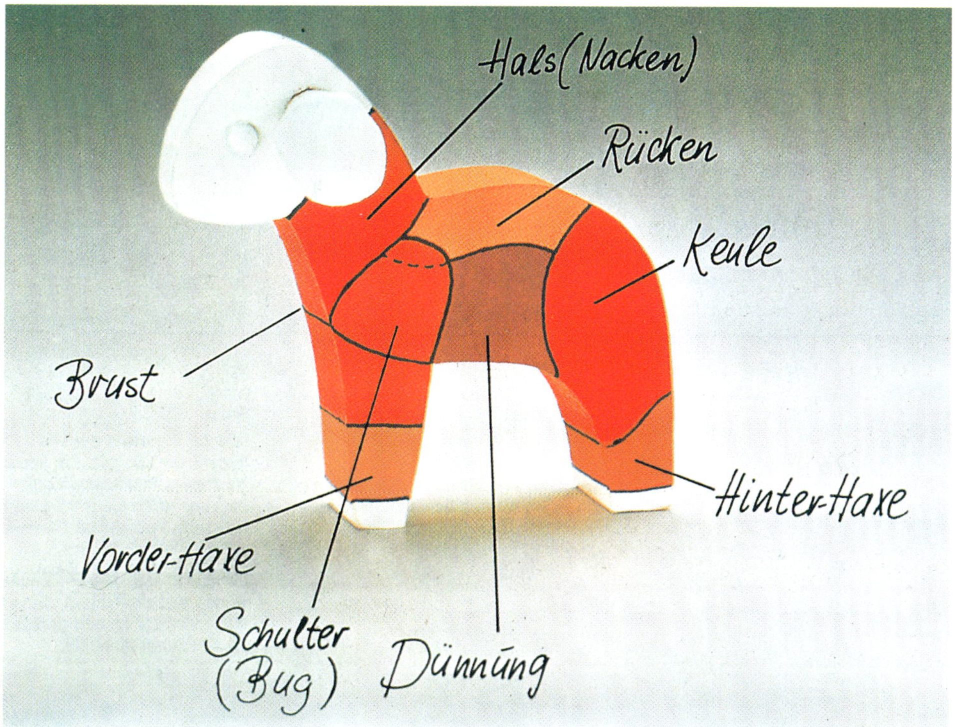

zart. Lammfleisch enthält zudem unentbehrliches Eiweiß sowie lebenswichtige Vitamine, Mineralstoffe und Spurenelemente.
Besonders beliebte Teilstücke vom Lamm sind die Lammkeule, aus der sich saftige Braten zubereiten lassen, und der Lammrücken, der für Koteletts oder Rollbraten verwendet wird. Der Hals und die Brust von Lämmern eignen sich für Ragout oder Gulasch. Fleisch für Schmorbraten und zum Kochen liefert das Schulterfleisch.
Bei der Zubereitung von Lammfleisch sollten Sie den Fettrand vorher nicht entfernen, denn das Fett liefert das typische Aroma und trägt mit zur Zartheit und Saftigkeit des Fleisches bei.

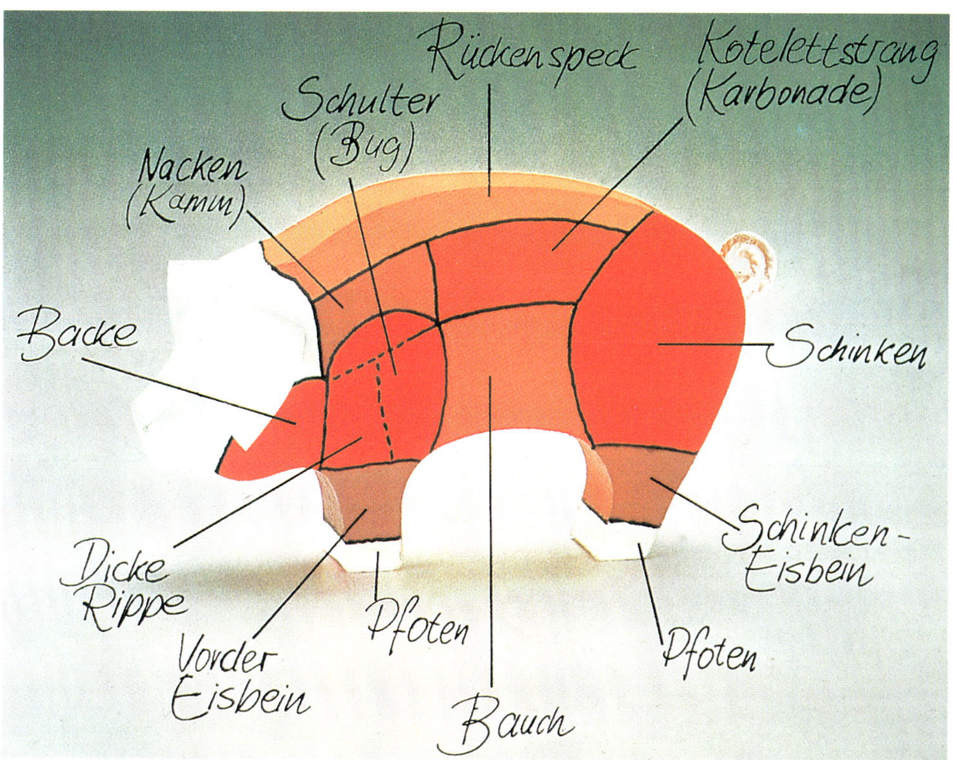

Lammfleisch aus der Keule ist besonders begehrt für ganze Braten, das Fleisch aus Schulter, Rücken, Hals und Brust ergibt hervorragende Ragouts und Eintöpfe.

Die Teilstücke vom Schwein werden je nach Fettgehalt für Braten, Schmorgerichte oder Kurzgebratenes verwendet.

WARENKUNDE

Geflügel und Eier sind in hervorragender Qualität aus der nächsten Umgebung im Handel und bereichern den Speiseplan durch ihre vielfältigen Zubereitungsmöglichkeiten.

Schweinefleisch
Schweinefleisch stammt von jungen Mastschweinen, die im Alter von 7 bis 8 Monaten geschlachtet werden. Das rosafarbene bis hellrote Fleisch ist feinfaserig und zart. Eine deutlich sichtbare Marmorierung trägt dazu bei, dass das Fleisch bei der Zubereitung saftig wird und sorgt für den guten Geschmack.
Das wertvollste Teilstück des Schweins ist die Keule, die auch als Schinken bezeichnet wird. Ober- und Unterschale liefern saftige Braten oder Schnitzel, während sich das durchwachsene Fleisch vom Nacken für die sogenannten Kamm- oder Nackenkoteletts zum Kurzbraten eignet. Aus der Schweineschulter und der dicken Rippe des Schweines, zwischen Bauch und Schulter, lassen sich kräftige Schmor- oder Rollbraten herstellen. Das Kotelettstück wird zu Stielkoteletts oder zu Kasseler verarbeitet, das Filet liefert mageres und zartes Fleisch zum Braten oder für saftige Medaillons. Schweinehaxen können knusprig gebraten oder gegrillt, aber auch als Kochfleisch verwendet werden. Die etwas fetteren Teilstücke wie Schweinebauch und Rückenspeck sind besonders beliebt in deftigen Eintöpfen, für Braten oder klein geschnitten als Geschmacksverfeinerung von Fleischgerichten, für Saucen oder Salate.

Geflügel oder Ei – was gab´s zuerst?

»Einesteils der Eier wegen, welche diese Tiere legen, zweitens, weil man dann und wann einen Braten essen kann ...« So wusste schon Wilhelm Buschs Witwe Bolte den Wohlgeschmack des Geflügels zu rühmen und zeigte den unmittelbaren Zusammenhang zwischen dem Geflügel und dem Ei.

Wer das Wort Geflügel hört, denkt meistens an Hähnchenfleisch. Aber Geflügel ist mehr. Ob Ente, Gans, Pute oder Hähnchen, für jeden Geschmack ist etwas dabei. Die Tatsache, dass man Geflügel auch in Teilen kaufen und zubereiten kann, macht es besonders beliebt – vor allem bei jungen Familien. Denn Kinder lieben gebratene Hähnchenkeulen, nicht zuletzt, weil sie am besten schmecken, wenn man sie mit den Händen isst.

Die Verwendung von Eiern hat ebenfalls eine lange Tradition: Schließlich ist das Ei vielseitig verwendbar. Aus ihm lassen sich nicht nur viele schmackhafte Haupt- und Zwischenmahlzeiten zaubern, das Ei ist ein unentbehrliches Hilfsmittel beim Kochen und Backen: Zum Lockern, Eindicken, Binden, Bestreichen und vielem mehr. Ob als Frühstücksei, in Kuchen, Gebäck und Süßspeisen oder als Salat-

Sie sollten immer versuchen, Produkte von frei laufenden und artgerecht ernährten Tieren zu bekommen. Frisches Geflügelfleisch ist zart, fettarm und leicht verdaulich.

zutat: Eier bereichern jeden Speiseplan. Besonderer Pluspunkt: Ein Ei ist nicht nur ein nährstoffreiches, sondern auch preiswertes Lebensmittel.

Geflügel

Geflügel ist aufgrund seines hohen Anteils an hochwertigem Eiweiß ein ernährungsphysiologisch wichtiges Lebensmittel im Rahmen einer gesunden Ernährung. Hähnchen- und Putenfleisch zählen zu den beliebtesten Geflügelsorten. Mit rund 20 Prozent Eiweiß stehen sie an der Spitze der tierischen Eiweißlieferanten. Zudem ist Geflügel in der Regel fettarm, Brustfleisch enthält beispielsweise nur ca. ein Prozent Fett. Hähnchen- und Truthahnfleisch überzeugt aber nicht nur im Geschmack, sondern auch mit besonderen Inhaltsstoffen: Es ist arm an Kalorien, aber reich an Eiweiß, Vitaminen – vor allem B1 und B2 – und Mineralstoffen.

Hähnchen sind im Ganzen oder in Teilstücken (Brustfleisch, Schenkel, Flügel) erhältlich, während man Putenfleisch vorwiegend in Teilstücken kaufen kann. Bei der Pute unterscheidet man das Brustfleisch, die Flügel sowie Ober- und Unterkeulen. Während das helle Brustfleisch zart im Geschmack ist, liefern die Ober- und Unterkeulen ein kräftiger schmeckendes und dunkleres Fleisch, das sich für knusprige Braten, Rollbraten oder ein saftiges Gulasch eignet.

»Frische«, »gefrorene« oder »tiefgefrorene« Enten aus Deutschland kommen ausschließlich als voll ausgewachsene Enten in der Qualitätsstufe »junge Ente« und »junge Barbarie-Ente« (Flugenten) auf den Markt. Außerdem werden zunehmend Teile wie Entenbrust, -filets, und -keulen angeboten.

Bei Geflügelfleisch ist das Thema Hygiene wichtig. Beachten Sie deshalb beim Einkauf und bei der Zubereitung:

- Kaufen Sie nur einwandfreie Qualitätsware und lassen Sie bei Tiefkühlkost Geflügel mit Gefrierbrand »links liegen«.
- Unterbrechen Sie möglichst nicht die Kühlkette, nehmen Sie am besten eine Kühltasche zum Einkaufen mit.
- Trennen Sie Geflügel während des Auftauens im Kühlschrank und bei der Vorbereitung immer von anderen Lebensmitteln. Achten Sie darauf, dass der aufgetaute Fleischsaft nicht mit anderen Lebensmitteln in Berührung kommt.
- Garen Sie Geflügelfleisch immer gut durch (beim Anstechen muss klarer Saft austreten).

Geflügelfleisch ist nicht lange haltbar und sollte sorgsam behandelt werden, damit Sie keine Probleme mit Bakterien bekommen. Beachten Sie nebenstehende Hinweise zur Hygiene!

Eier

Das Hühnerei gehört zu den nährstoffreichsten und zugleich kostengünstigen Nahrungsmitteln. Es hat die höchste biologische Eiweißqualität aller natürlichen Nahrungsmittel und liefert erhebliche Mengen an Kalzium, Phosphor, Magnesium und Kalium sowie in nennenswerter Höhe Eisen, Kupfer, Mangan, Zink, Jod und Fluor. Das Hühnerei enthält außerdem alle B-Vitamine in erheblichen Mengen sowie die Vitamine A, E und K.

Eier sind in verschiedenen Gewichtsklassen erhältlich (S, M, L, XL) und müssen mit dem Mindesthaltbarkeitsdatum gekennzeichnet werden. Dadurch wird die Frische und einwandfreie Qualität der Eier gewährleistet. Achten Sie also immer auf die Verpackungsaufschrift.

Gewichtsklassen:

S (»klein« unter 53 g)
M (»mittel« von 53 bis unter 63 g)
L (»groß« von 63 bis 73 g)
XL (»sehr groß« über 73 g).

Nährwertanalyse (pro 100 g)

	Ei
Kalorien	120,0
Eiweiß (g)	24,0
Fett (g)	1,0
Eisen (mg)	1,0
Zink (mg)	1,8
Magnesium (mg)	20,0
Vitamin B1 (mg)	0,1
Vitamin B12 (µg)	0,5
Vitamin B6 (mg)	0,6
Niazin (mg)	15,7

Für die Rezepte in diesem Buch wurden mittelgroße Eier der Gewichtsklasse M verwendet.

Nur ein Ei, das flach auf den Boden sinkt, ist wirklich frisch. Je höher es sich an der Seite mit der Luftkammer nach oben hebt, desto älter ist es. Ein frisches, hart gekochtes Ei hat eine glänzende weiße Haut.

Frischetest:
Legen Sie das Ei in ein Glas Wasser. Sinkt das Ei zu Boden und bleibt dort liegen, ist es frisch. Nimmt das Ei eine leichte Schräglage ein, ist das Ei ca. 7 bis 8 Tage alt. Steigt es nach oben, sollte es nur noch durcherhitzt verzehrt werden.

Milch – ein Verwandlungskünstler

Milch ist ein hochwertiges Lebensmittel. Sie enthält fast alle Nährstoffe, die der Mensch zum Leben braucht. Und Milch schmeckt nicht nur pur, sie ist auch Grundlage für viele gesunde Produkte. Die »Milchfrischen« Joghurt, Dickmilch oder Quark schmecken sowohl pur, mit Früchten als auch mit Kräutern und verfeinern Saucen und Dips. Sauerrahm, Kefir und Sahne sind ideale Begleiter für Suppen und Salate. Nicht zu vergessen: Auch Käse wird aus Milch hergestellt und in vielen Variationen angeboten.

Milch ist aufgrund ihrer nährstoffreichen Zusammensetzung ein idealer Fitmacher für jeden Tag. Sie enthält wertvolles Eiweiß, fettlösliche Vitamine (A, D, E und K) sowie wasserlösliche Vitamine der B-Gruppe. Zu erwähnen ist insbesondere das Vitamin B2, das für das Wachstum und die Blutbildung notwendig ist, sowie das für die Knochen und die Zähne notwendige Kalzium. Nicht nur der hohe Gehalt an Kalzium macht die Milch zur Nummer Eins der Kalziumlieferanten, sondern auch deren gute Verfügbarkeit für den Menschen. Außerdem enthält die Milch ein leicht verdauliches Milchfett, so dass sie für die meisten Menschen sehr bekömmlich ist.

Wussten Sie's? Fettarme Milch enthält genauso viel Kalzium wie Vollmilch! Falls Sie auf Kalorien achten, können Sie also getrost Magermilch bevorzugen.

Zu den Milchfrischprodukten werden alle Produkte gezählt, die aus Milch hergestellt und bald nach der Herstellung frisch verzehrt werden, wie etwa Buttermilch, Joghurt, Kefir, Dickmilch, körniger Frischkäse, Schichtkäse und Quark. Außerdem gehören die zahlreichen Sahnesorten und Dessertvariationen dazu. Nahezu alle Milchfrischprodukte gibt es in verschiedenen Fettstufen, von der Magerstufe bis hin zur Doppelrahmfettstufe.

Sauermilchprodukte wie Joghurt, Kefir und Dickmilch entstehen durch Zusatz von Milchsäurekulturen, die für den säuerlichen Geschmack sorgen und darüber hinaus die Verdauung positiv beeinflus-

Was ist Rohmilch?

Rohmilch ist Milch mit natürlichem Fettgehalt, die man an Bauernhöfen erhält, also direkt ab Hof. Sie wird nicht erhitzt und enthält dadurch noch einen gewissen Anteil an Keimen. Für Kinder, Schwangere und ältere Menschen kann das gefährlich sein, deshalb sollte Rohmilch grundsätzlich abgekocht werden. Beim Kochen gehen jedoch Vitamine verloren. Es ist deshalb besser, pasteurisierte Milch oder H-Milch zu verwenden, als Rohmilch abzukochen.

sen. Buttermilch entsteht automatisch bei der Butterherstellung. Sie ist sehr eiweißreich und enthält maximal ein Prozent Fett. Außerdem liefert sie viel Kalzium und Lezithin. Durch den erfrischenden Geschmack ist Buttermilch ein hervorragender, kalorienarmer Durstlöscher. Aus dem Rahm, der in der Molkerei bei der Herstellung von Magermilch gewonnen wird, entstehen viele Sahneerzeugnisse. Je höher der Fettgehalt, desto cremiger schmeckt das Produkt. Wird der Rahm durch Bakterienkulturen mild gesäuert, entstehen Sauerrahmprodukte, wie beispielsweise Schmand, Crème fraîche oder Sauerrahm.
Zur Gruppe der Frischkäse werden unter anderem Speisequark, Schichtkäse oder körniger Frischkäse gezählt. Diese Produkte werden ebenfalls mit Kulturen gesäuert und anschließend dick gelegt. Dadurch erhalten sie ihre Festigkeit und den leicht säuerlichen und cremigen Geschmack.

Käse enthält alle Inhaltsstoffe der Milch in konzentrierter Form. Er ist ein bekömmliches Lebensmittel. Dass Käse das Schlusslicht eines Menüs oder einer Mahlzeit bildet, hat Tradition. Nach einer

Was heißt Fett i. Tr.?

Allgäuer Emmentaler mit 45 Prozent Fett in der Trockenmasse (Fett i. Tr.) hat als Hartkäse der Vollfettstufe ca. 60 Prozent Trockenmasse. Ist der Käse mit »45 Prozent Fett i. Tr.« deklariert, enthält er 45 Prozent Fett in 60 Gramm Trockenmasse. Das ergibt rund 27 Gramm Fett pro 100 Gramm Emmentaler.

Überlieferung sagte schon Plinius: »Ist der Leib in guter Ruh, schließt Käse den Magen zu«. Es gibt aber auch eine ernährungswissenschaftliche Erklärung für das Sprichwort »Käse schließt den Magen«: Käse enthält neben Eiweiß, Vitaminen und Mineralstoffen auch Milchfett. Beim Verzehr fettreicher Lebensmittel wird ein Hormon ausgeschüttet, das die Verdauung verzögert und bewirkt, dass die Nahrung länger im Magen verweilt. Beendet man eine Mahlzeit mit einem Stück Käse, schicken empfindsame Sensoren im Magen ein Signal an das Gehirn: »Ich bin satt!«.

Käse ist nicht gleich Käse. Seinen Charakter und die Geschmacksvielfalt verdankt der Käse den unterschiedlichen Landschaften, Klimazonen, Rinderrassen, Herstellungsverfahren und Reifezeiten.
Käse wird nach dem Trockenmassegehalt (TM) in verschiedene Kategorien eingeteilt. Die Trockenmasse setzt sich aus den im Käse enthaltenen Bestandteilen wie Eiweiß, Fett, Vitaminen und Mineralstoffen zusammen. Dabei wird der Wassergehalt nicht berücksichtigt. Je höher der Trockenmassegehalt, desto niedriger ist der Wassergehalt und desto fester ist der Käse.
Im Handel sind Hartkäse (mind. 60 Prozent TM), Schnittkäse (mind. 49 Prozent TM), halbfester Schnittkäse (mind. 44 Prozent TM) und Weichkäse (mind. 35 Prozent TM) erhältlich.
Zum Hartkäse gehören z. B. der Allgäuer Emmentaler, der Allgäuer Bergkäse oder der Chester. Tilsiter, Gouda und Edamer zählen zum Schnittkäse, Butterkäse und Edelpilzkäse dagegen zum halbfesten

Probiotische Milchprodukte, die seit einiger Zeit im Handel sind, enthalten besonders überlebensfähige Milchsäurebakterien und können daher ihre Wirksamkeit für die Darmflora noch besser entfalten.

Tipp:
1/4 Liter Milch, 2 Scheiben Allgäuer Emmentaler und 150 g Joghurt decken bereits den Tagesbedarf an Kalzium.

Das Angebot an Milchprodukten ist inzwischen so groß, dass sicher für jeden Geschmack etwas dabei ist.

Der Allgäuer Emmentaler ist ein besonders beliebter Hartkäse, der nicht nur auf dem Käseteller schmeckt, sondern sich auch gut zum Gratinieren und Backen eignet. Auf einen Käseteller passen außerdem Camembert, Edelpilzkäse und viele mehr.

Schnittkäse. Beliebte Weichkäse sind Camembert, Brie, Romadur und Limburger. Außerdem werden Sauermilchkäse (Harzer Käse, Olmützer Quargel) bzw. Schmelzkäsesorten angeboten.

Käse enthält alle wichtigen Bestandteile der Milch wie Eiweiß, Fett, Kalzium und Vitamin A. Teilweise sind diese Nährstoffe sogar in höheren Konzentrationen als im Ausgangsprodukt enthalten.

Obst und Gemüse – nährstoffreiche Schlankmacher!

Der größte Teil unseres Vitamin- und Mineralstoffbedarfs wird durch Gemüse gedeckt, das im Energiegehalt sehr niedrig liegt und daher zu Recht als Schlankmacher gilt. Zusätzlich zu den Vitaminen und Mineralstoffen enthalten die Gemüsepflanzen noch verschiedene Wirkstoffe, die so genannten sekundären Pflanzenstoffe. Diese Substanzen können

Jede Jahreszeit bietet wieder andere Gemüse- und Obstsorten. Auch mit dem Angebot aus der näheren Umgebung kommt auf dem Speiseplan keine Langeweile auf!

verschiedene Körperfunktionen günstig beeinflussen und sind in der Lage, Krankheitskeime abzuwehren. Frisches Gemüse und knackige Salate liefern die meisten Vitamine und Mineralstoffe. Ideal ist es, wenn Sie Gemüse aus einheimischer Produktion kaufen, um lange Transportwege, die den empfindlichen Inhaltsstoffen schaden, zu vermeiden.

Gemüse sollte im Haushalt kühl und dunkel gelagert werden. Denn auch das Tageslicht zerstört Vitamine und Nährstoffe. In einem kühlen Keller oder im Gemüsefach des Kühlschranks fühlt sich Gemüse am wohlsten.
Aber nicht alle Gemüsesorten mögen es, wenn sie gemeinsam gelagert werden. Obst und Gemüse sind lebendige Organismen, deren Stoffwechsel auch nach der Ernte weiterläuft. Manche Sorten, beispielsweise Äpfel und Tomaten, geben nach der Ernte ein farbloses Gas, das sogenannte Ethylen (ein Alterungshormon) ab, das vor allem Blattgemüse wie Salat und Spinat, Gurken und Brokkoli schneller verwelken lässt. Neben Kartoffeln und Zwiebeln gelagert, lassen Tomaten und Äpfel diese austreiben. Ein positiver Effekt für alle, die lieber milde Zwiebeln mögen: Auch die Schärfe geht durch Ethylen verloren.
Bei der Zubereitung sollten Sie auf nährstoffschonende Garverfahren, wie z.B. Dünsten in wenig Wasser, achten. Ebenso sollte Gemüse zu einem großen Teil als Rohkost verzehrt werden: Dadurch bleiben alle Vitamine und Mineralstoffe erhalten, sie machen durch das langsame Kauen satt und sorgen für eine einwandfreie Verdauung. Allerdings dürfen Kartoffeln und grüne Bohnen nicht roh gegessen werden, sie sind unverträglich bzw. giftig.

Die **Kartoffel** ist aufgrund ihrer vielseitigen Verwendung und ihrer großen Sortenauswahl ein abwechslungsreicher Partner zu Fleisch, Fisch, Eiern, Wurst und Käse. Sie enthält neben dem feinen Geschmack besonders viel Vitamin C, das sich jedoch im Laufe der Lagerung langsam abbaut. Aus ernährungswissenschaftlicher Sicht ist die Kartoffel auch noch wegen der stärkehaltigen Kohlenhydrate, ihrem hochwertigen Eiweiß, den Vitaminen der B-Gruppe – vor allem das »Nervenvitamin« B1 – und ihrem Gehalt an Kalium und Magnesium zu empfehlen. Sie enthält kaum Fett und ist somit auch kein – wie jahrelang angenommen – Dickmacher, sondern ein idealer Fitmacher.
Besonders schonend garen Sie Kartoffeln als Pellkartoffeln oder Folienkartoffeln. Wenn Sie Kartoffeln lieber als Salzkartoffeln zubereiten, sollten Sie diese in wenig Wasser dünsten oder im Dampfdruckkochtopf zubereiten.

Tipps zur Lagerung:

1. Wählen Sie lagerstabile Sorten (Frühkartoffeln eignen sich nicht)!
2. Die optimale Lagertemperatur liegt zwischen 4 und 8° C.
3. Lagern Sie ungereinigte Kartoffeln, die Erde bietet den Knollen natürlichen Schutz!
4. Bewahren Sie Kartoffeln nicht in Plastiktüten auf!
5. Lagern Sie nur einwandfreie Ware.

Den typischen Kartoffelkeller zur Aufbewahrung gibt es heute kaum noch. Sie sollten Ihre Kartoffeln dennoch kühl, dunkel und trocken lagern. Eine gute Alternative zur Lagerung ist auch der Kauf von Kartoffeln in kleinen Mengen. Dadurch haben Sie immer frische Ware.

Sauerkraut ist ein ausgesprochen kalorienarmes Nahrungsmittel und reich an wertvollen Vitaminen und Mineralstoffen. Bereits 200 Gramm Sauerkraut

Paprika, Tomaten, Erdbeeren, Gurken und Zucchini gehören nicht in den Kühlschrank, da sie durch Kälte an Geschmack verlieren.

Eine Portion Pellkartoffeln von ca. 200 Gramm deckt bereits 50 Prozent des täglichen Vitamin-C-Bedarfs bei nur 170 Kalorien!

Sauerkraut ist vor allem im Winter ein beliebter und guter Vitamin-C-Lieferant!

Obst ist ein besonders vitamin- und mineralstoff-reicher Verwandlungs-künstler: Es schmeckt nicht nur frisch und roh, sondern auch gekocht oder gebacken.

decken mehr als den halben Tagesbedarf eines Erwachsenen an Vitamin C. Sauerkraut enthält neben dem natürlichen hohen Ballaststoffanteil auch noch Milchsäure, die die Darmflora positiv beeinflusst und Verdauungsstörungen entgegenwirkt.
Zur Herstellung von Sauerkraut wird gesunder, sauberer Weißkohl verwendet. Der geschnittene Weißkohl wird nach dem Putzen einem Gärprozess unterworfen, der vor allem durch Milchsäurebakterien verursacht wird. Dadurch entsteht Sauerkraut, ein haltbares Lebensmittel mit guten geschmacklichen und gesundheitlichen Eigenschaften, die natürlich auch andere milchsauer vergorene Lebensmittel auszeichnen.

Obst

Obst schmeckt am besten so, wie die Natur es wachsen lässt: roh und frisch. Es lässt sich jedoch auch hervorragend warm zubereiten und findet zahlreiche Verwendungsmöglichkeiten, beispielsweise als Dessert, in Kuchen oder gedünstet als Kompott. Obst gehört mit zu den nährstoffreichsten Lebensmitteln und liefert alle notwendigen Vitamine und Mineralstoffe zum Teil in großen Mengen.
Trotz dem großen Angebot an exotischen Früchten ist der Apfel immer noch die wichtigste Obstart in Deutschland und aufgrund seiner hervorragenden Lagerfähigkeit fast das ganze Jahr über im Angebot. Es gibt zahlreiche Sorten: Elstar, Jonagold, Gloster, Boskoop, Golden Delicious, Cox Orange oder Idared, um nur eine kleine Auswahl von über 15 auf dem Markt erhältlichen Sorten zu nennen.
Die anderen heimischen Obstsorten sind ebenfalls sehr beliebt: Im Mai, wenn der Frühling in vollem Gang ist, beginnt die Erdbeersaison. Erdbeeren sind nicht nur aufgrund ihrer wertvollen Inhaltsstoffe eine Hochgenuss. Ob pur oder als Kompott, als Süßspeise oder Dessert, zahlreiche Gerichte lassen sich mit Erdbeeren verfeinern.
Daneben sorgen alle anderen heimischen Obstsorten wie beispielsweise Birnen, Zwetschgen, Sauerkirschen und alle Arten von Beeren für Abwechslung auf dem Speiseplan.

Beeren gehören zum Aufbewahren in den Kühlschrank, denn sie verderben rasch. Wer die empfindlichen Früchte außerdem auf einem Teller ausbreitet, sorgt ebenfalls für längere Haltbarkeit. Alles andere Obst ist am besten im Obstkorb aufgehoben, Äpfel lassen sich im Keller oder der kühlen Speisekammer auch längere Zeit lagern.
Bei Obst gilt das gleiche wie für Gemüse und Salate: Kaufen Sie es möglichst aus Deutschland, am besten aus Ihrer Region. Dadurch ist Frische und gute Qualität garantiert.

Flüssiges Obst in Form von Fruchtsaft ist der saftige Aufsteiger. Ob Apfel- oder Birnensaft, Sauerkirsch-, schwarzer oder roter Johannisbeernektar, die angebotene Sortenvielfalt lässt keinen Wunsch offen. Fruchtsäfte und Nektare sind ausgewogene Energiespender, reich an natürlichen Vitaminen und Mineralstoffen.
Fruchtsäfte sind vor allem reich an natürlichem Vitamin C: Bereits ein Glas Apfelsaft deckt 25 Prozent des empfohlenen Tagesbedarfs eines Erwachsenen.
Zur Herstellung von Fruchtsäften dürfen nur Früchte verwendet werden, die frisch oder durch Kälte haltbar gemacht wurden, gesund, zum Verzehr geeignet sind und eine entsprechende Reife vorweisen. Für deutsche Fruchtsäfte und Fruchtnektare gilt weiterhin, dass grundsätzlich keine Konservierungs- und Farbstoffe zugegeben werden dürfen.

Nutzen Sie das Angebot aus Deutschland, am besten aus der näheren Umgebung, denn bei kurzen Transportwegen kann das Obst reif gepflückt werden und es gehen weniger wichtige Inhaltsstoffe verloren.

Brot und Backwaren – Kohlenhydrate en masse

Man nehme Mehl, Wasser, Salz und Hefe oder Sauerteig als Triebmittel für die Lockerung: Grundzutaten für die Brotherstellung, die seit über 2000 Jahren gleich geblieben sind. Dem Erfindungsreichtum und der Phantasie vieler Bäckergenerationen schließlich verdanken wir es, dass diese Grundzutaten und die Backverfahren immer wieder variiert wurden. Deutsche Genießer können heute zwischen 300 Brotsorten wählen!
Brot hat einen festen Platz auf dem Speiseplan. Aus ernährungswissenschaftlicher Sicht wird dies heute auch begründet, da Brot nicht nur lebenswichtige Nährstoffe enthält, die Kraft und Ausdauer fördern. Die wertvollen Inhaltsstoffe des Korns machen Brot und Backwaren zu wichtigen Lieferanten von Vitaminen, Mineralstoffen und Ballaststoffen. Als fettarmes Lebensmittel sowie Eiweiß- und Kohlenhydratträger tragen sie zu einer gesunden Kost bei.
Wichtigster Bestandteil von Brot und Backwaren ist Mehl, das aus Getreidekörnern gemahlen wird. Je dunkler das Mehl, desto mehr Schalenanteile sind darin enthalten und um so höher ist sein Gehalt an Ballaststoffen, Mineralien und Vitaminen. Die Vielfalt der Mischungen aus Roggen- und Weizenmehl lässt eine große Auswahl an unterschiedlichen Brot- und Backwaren zu.

Zu einer ausgewogenen Ernährung gehört auch (Vollkorn-)Mehl, denn Mehl liefert dem menschlichen Organismus viele wichtige Nährstoffe und Vitamine.

Das steckt im Brot
- hochwertiges pflanzliches Eiweiß
- komplexe Kohlenhydrate und Ballaststoffe
- Magnesium und Eisen
- Vitamine der B-Gruppe.

Vor allem sind im Mehl wichtige Energiespender versteckt, die Kohlenhydrate. Sie geben uns Kraft und Ausdauer für viele Stunden. Daneben ist hochwertiges Eiweiß enthalten, das für unser Wachstum erforderlich ist, sowie Ballaststoffe, die für eine gute Verdauung sorgen. Je nach Ausmahlungsgrad der Mehle unterscheidet man die Typen nach ihrem Aschegehalt. Ein helles Mehl der Type 405 beispielsweise ist fast ausschließlich aus dem kohlenhydrat- und eiweißreichen Mehlkörper des Weizens hergestellt und enthält kaum etwas von den Randschichten des Weizenkorns, im Gegensatz zum dunkleren Weizenmehl der Type 1050, dessen Farbe durch die enthaltene Getreiderandschicht bestimmt wird. Je mehr Getreiderandschichten ein Mehl enthält, desto höher ist sein Vitamin-, Mineral- und Ballaststoffanteil. Essen Sie also auch Vollkorngebäck.

Tipp:
Die empfohlene Mindestmenge an Ballaststoffen liegt bei mindestens 30 Gramm pro Tag. Besonders wirksam für eine normale Darmtätigkeit sind Getreideballaststoffe. Ca. 15 Gramm Getreideballaststoffe – also die Hälfte des Tagesbedarfs – sind beispielsweise in drei bis vier Scheiben Roggenvollkornbrot enthalten.

In Brot ist Thiamin enthalten, ein Vitamin der B-Gruppe, das für unsere Nerven notwendig ist und die Konzentrationsfähigkeit fördert. Wichtig für einen guten Start in den Tag!

Es gibt kaum ein Land, in dem so viele unterschiedliche Brotsorten im Handel sind, wie in Deutschland.

WARENKUNDE

Ein wahrer Kochkünstler zeigt sich beim Würzen – Kräuter und Gewürze wollen maßvoll aber gekonnt eingesetzt werden. Was wozu schmeckt, erfahren Sie auf diesen Seiten.

Kräuter und Gewürze geben Gerichten den letzten Pfiff

Das Erfolgsgeheimnis einer abwechslungsreichen Küche liegt im richtigen Umgang mit Kräutern und Gewürzen. Den Wert der Nahrung bestimmen nicht allein die Nährstoffe. Der Wohlgeschmack der Speisen, ihr angenehmer Duft und ihr appetitliches Aussehen tragen ebenfalls ihren Teil dazu bei. Das Zusammenwirken dieser Einflüsse ist eine entscheidende Voraussetzung für die Bekömmlichkeit der Nahrung. Es ist ein wesentliches Element der Kochkunst, die Lebensmittel so zuzubereiten, dass der größte Teil ihrer Inhaltsstoffe erhalten bleibt und zugleich ihr Geschmack noch verbessert wird.
In ihrer Gesamtheit verbessern die Inhaltsstoffe von Kräutern und Gewürzen Geschmack und Aussehen von Speisen, wirken appetitanregend und verdauungsfördernd. Darüber hinaus tragen Küchenkräuter zur Vitamin- und Mineralstoffversorgung des Körpers bei.
Frische Kräuter haben mittlerweile das ganze Jahr Saison: geschnitten im Bund oder als Topfware. Werden die Kräuter im Haushalt nicht sofort verbraucht, kann man sie in ein Gefäß mit Wasser stellen, das täglich erneuert wird und kurzfristig frisch hält. Es dürfen aber nur die Stiele im Wasser stehen, nasse Blätter faulen rasch. Wer Kräuter länger aufbewahren möchte, kann sie gewaschen und gut abgetropft in einem Frischhaltebeutel im Kühlschrank lagern oder einfrieren.

Kräuter

Basilikum (Ocimum basilicum)
Zum Würzen dienen Blätter und Triebspitzen, die erst kurz vor Gebrauch von den Stielen gezupft werden sollten – sonst verlieren sie rasch an Aroma. Sie riechen aromatisch und schmecken würzig, kühl und zitronenartig, pfeffrig. Basilikum passt gut zu Suppen, Fleischgerichten wie Hammel, Lamm und Wild, zu allen Fischarten und Schaltieren, zu Pizzen und Gemüsen aus dem Mittelmeerraum, z. B. Auberginen, Paprika und vor allem Tomaten in allen Variationen.

Bohnenkraut (Satureja hortensis)
Genutzt werden meist nur die Blätter, allenfalls noch die jungen Stängel. Ihr Ge-

1 = Basilikum
2 = Dill
3 = Kerbel
4 = Estragon
5 = Bohnenkraut
6 = Blattpetersilie

schmack ist pfefferartig, leicht beißend und wird auch als Pfefferersatz für Magenkranke empfohlen. Das Aroma erinnert etwas an Thymian, vielleicht eine Spur bitterer. Bohnenkraut ist traditionelles Gewürzkraut für Hülsenfrüchte, die dadurch leichter verdaulich werden. Darüber hinaus harmoniert es mit Pasteten, Ragouts, Hammelfleisch, Aal und Pilzen. Frische Blattspitzen gehackt an Gemüse und Salate geben.

Dill (Anethum graveolens)
Von diesem Kraut werden am besten nur die Blattspitzen zum Würzen verwendet. Von erfrischendem, leicht süßlichem Geschmack, verleiht das Kraut Mayonnaisen, Kräuterquark, Essig und Remouladen eine typische Note. Dillsaucen auf unterschiedlicher Basis passen gut zu Fisch (Aal, Lachs), Krabben, Gemüse, Kartoffeln und Kochfleisch, nicht zu vergessen Gurkensalaten. Dill nie mitkochen, da sich das geschmacksgebende ätherische Öl dabei verflüchtigt.

Estragon (Artemisia dracunculus)
Junge, zarte Blättchen und Triebspitzen finden frisch Verwendung. Von feinem anisähnlichem, pfeffrigem, leicht bitterem Aroma. Estragon dient zum Würzen von Salaten, Saucen (Sauce Bearnaise), Bohnen- und Rohkostgerichten, Mayonnaise, Remouladen sowie gekochtem Fisch und Wild. Außerdem verwendet man Estragon zum Einlegen von Gurken und bei der Herstellung von Estragonessig und -senf.

Gartenkresse (Lepidium sativum)
Junge Blätter und Stängel werden sowohl im Ganzen als auch zerkleinert verwendet. Von würzig-pfeffrigem, pikantem Geschmack, der wegen des Gehalts der Gartenkresse an ätherischem Senföl an Senf oder Meerrettich erinnert. Wird stets roh verwendet, als Brotbelag, Bestandteil von Salaten oder als eigenständiger Salat, z. B. zu Steaks. Kann auch zur Verfeinerung von Suppen, Kräutersaucen, Quarkspeisen und Kartoffelgerichten gebraucht werden.

Kerbel
(Anthriscus cerefolium ssp. cerefolium)
Blätter und Stängel werden fein gehackt verwendet – bei warmen Gerichten nicht mit aufkochen lassen, sondern erst an fer-

Die feineren Stiele von Kräutern müssen Sie nicht entfernen, sie können fein zerkleinert mitverwendet werden.

Besonders aromatisch sind frische Kräuter: Ziehen Sie verschiedene Sorten auf der Fensterbank oder nutzen Sie das reichhaltige Angebot auf den Märkten.

Von zarten Kräutern wie Petersilie, Schnittlauch und Zitronenmelisse immer zumindest einen Teil erst kurz vor dem Servieren auf die Gerichte streuen, sie sind dann besonders aromatisch.

tige Speisen geben. Stark aromatischer Geschmack, an Petersilie erinnernd. Eignet sich zum Garnieren, schmeckt aufs Butterbrot, zu grünen Salaten, Tomaten- und Kartoffelsalat, zu Kräutersuppen (Spezialität Kerbelsuppe), Quark, Eierspeisen, gegrilltem Fleisch, Fisch- und Eintopfgerichten.

Liebstöckel (Levisticum officinale)
Die Blätter, die frisch zerkleinert verwendet werden, haben einen süßlich-bitteren und würzigen Geschmack. Er erinnert an Maggi, eine seiner volkstümlichen Bezeichnung lautet auch »Maggikraut«. Liebstöckel wird Suppen, Saucen, Kräutermischungen, Pasteten und Eintöpfen beigegeben und mitgekocht. Wegen der starken Würzkraft muss sparsam dosiert werden.

Majoran (Origanum majorana)
Zum Würzen nutzt man die fein gehackten Triebspitzen. Ihr Geschmack ist kräftig aromatisch, frisch, sogar leicht blumig, ähnlich dem des Thymian, jedoch süßer und wohlriechender. Majoran gehört unbedingt an Suppen mit Kartoffeln, Hülsenfrüchten und Tomaten, Fleisch- und Wurstsalate, Hammel-, Schweine-, Enten- und Gänsebraten, Hackfleischgerichte, Braten- und Fischsaucen, Ragouts und Pastetenfüllungen. Es ist nicht zuletzt ein typisches Wurstgewürz.

Oregano (Origanum vulgare)
Seine frischen Blätter duften kräftig, angenehm würzig. Sie sind von herb-pfeffrigem Geschmack mit einem leichten Bitterton. Oregano, auch Dost genannt, ist das klassische Gewürz Italiens. Es verleiht Pizzen und Nudelgerichten den typischen Geschmack. Ferner passt es gut zu Tomaten, Auberginen und Zucchini, fetten Braten und Fleischfüllungen.

Petersilie
(Petroselinum crispum ssp.crispum)
Blätter – glatt oder kraus – und Stängel des meistgebrauchten Krauts der heimischen Küche werden in der Regel fein gehackt verwendet. Das genauer Blattpetersilie genannte Würzkraut kocht man aber nicht mit, sondern gibt es an gegarte Speisen. Es hat einen charakteristischen süßlich-würzigen Geschmack. Bemerkenswert ist der Gehalt an Vitamin C und Karotin. Petersilie dient zum Würzen von Suppen, Saucen, Kartoffeln, Eierspeisen, Fleischfüllungen und Salaten.

1 = Salbei
2 = krause Petersilie
3 = Liebstöckel
4 = Schnittlauch
5 = Zitronenmelisse
6 = Majoran
7 = Oregano
8 = Thymian

Salbei (Salvia officinalis)
Die jungen Blätter und Stängelspitzen schmecken herb-deftig, kampferartig, etwas streng und würzig bitter – wegen ihrer starken Würzkraft sparsam zu dosieren. Salbei kann im Gegensatz zu vielen Gewürzkräutern mitgekocht werden, entwickelt es dabei doch erst sein ganzes Aroma. Passt gut zu Fleisch, vor allem Hammel, Wild, Geflügel, zu Aalgerichten, Saucen, Salaten, Quark und Omelettes, aber auch zu Käse.

Schnittlauch (Allium schoenoprasum)
Sollte sehr fein geschnitten verwendet werden. Geruch und Geschmack sind etwas scharf würzig, von zwiebelähnlichem Aroma. Wird ausschließlich roh verwendet, da durch Kochen Aroma und Geschmack verloren gehen. Dieses Universalgewürz passt unter anderem zu Salatdressings, Saucen, Fisch und Fleisch, Eierspeisen sowie Gemüsegerichten.

Thymian (Thymus vulgaris)
Junge Triebe und Blätter werden gehackt verwendet. Von kräftigem, leicht herbem, etwas kampfer- bzw. majoranähnlichem Geschmack. Wegen seiner starken Würzkraft nur gering dosieren. Vielseitig verwendbar, unter anderem für fette Braten, Pasteten, Lamm, Leber, Hülsenfruchteintöpfe sowie viele italienische und südfranzösische Gerichte.

Wurzelpetersilie
(Petroselinum crispum ssp. tuberosum)
Verwendet werden sowohl die Blätter als auch die Wurzeln, die mitgekocht werden. Die Wurzel wird wegen ihres angenehm würzigen Geschmacks, ähnlich den Petersilieblättern, aber auch süßen Möhren, vor allem als Suppengewürz genutzt. Man bereitet sie auch solo oder mit anderen Wurzelgemüsen, beispielsweise Knollensellerie, Möhren oder auch Kartoffeln als Gemüse zu.

Zitronenmelisse (Melissa officinalis)
Junge Blätter und Triebe nur wenig schneiden bzw. hacken, damit sie nicht an Geschmack verlieren. Er ist angenehm kühl, würzig, an Zitronen erinnernd, leicht bitter. Das Kraut nur frisch verwenden. Passt zu allen Speisen, die ein dezentes Zitronenaroma vertragen, wie Kräutersaucen und -suppen, Rohkost und Salaten, Wild- und Pilzgerichten, Hülsenfrüchten und Essiggurken.

Kräftigere Kräuter wie Thymian und Salbei vertragen das Garen gut, entfalten ihre Würzkraft sogar durch das Erhitzen erst richtig.

Liebstöckel, Majoran und Thymian helfen beim Verdauen fetter Gerichte!

Gewürze entfalten ihr Aroma am besten, wenn sie frisch sind und erst vor dem Würzen zerkleinert werden. Also Gewürze besser in kleinen Mengen kaufen, dunkel lagern und frisch zerkleinern.

Gewürze

Cayennepfeffer
Das aus Chilischoten hergestellte Pulver gibt Fleischspeisen die nötige Schärfe. Cayennepfeffer regt Herz und Kreislauf an und fördert die Verdauung.

Curry
Fertige Currymischungen gibt es in vielen Varianten. Hauptbestandteile sind Kurkuma, Kardamom, Koriander, Pfeffer und Piment, Ingwer, Muskat, Nelken und Zimt. Curry entfaltet sein Aroma am besten, wenn man ihn schon beim Anbraten zugibt. Er wirkt keimabtötend, fördert die Verdauung und regt die Gallentätigkeit an.

Ingwer
Frisch geraspelt schmeckt die geschälte Ingwerwurzel in Kompotten und Kuchen und rundet Currysaucen ab. Ingwer stimuliert Herz und Kreislauf und regt die Magensaftproduktion an. Ingwer kann auch getrocknet oder zu Pulver gemahlen verwendet werden. Kandierter Ingwer eignet sich für Desserts und Gebäck.

Knoblauch
Klein geschnitten oder durch die Knoblauchpresse gedrückt, gibt er Suppen, Salaten und Pastasaucen, Fleisch und Gemüse ein würziges Aroma. Knoblauch sollte nach dem Zerkleinern etwa eine halbe Stunde lang »ruhen«, damit sich seine Wirkstoffe voll entfalten können. Es genügt meist schon, wenn für den Salat die Schüssel mit einer halben Knoblauchzehe ausgerieben wird. Der medizinische Wert des Knoblauchs ist außerordentlich hoch: Er wirkt blutverdünnend und senkt das Risiko für Herz-Kreislauf-Erkrankungen und Infarkte.

1 = Gemahlener Ingwer
2 = Ingwer
3 = Cayennepfeffer
4 = Kümmel
5 = Nelken
6 = Curry
7 = Muskat
8 = Knoblauch
9 = Lorbeer

Kümmel
Gibt deftigen Gerichten die richtige Würzung. Eignet sich für Gulaschgerichte, Sauerkraut, Kohl und Krautsalat in Form von ganzen oder zerkleinerten Samen. Auch als Pulver im Handel. Macht schwere Gerichte leichter verdaulich. Hilft gegen nervösen Magen, Völlegefühl und Blähungen. Kümmel sollte sparsam verwendet werden, da er einen starken Eigengeschmack besitzt.

Lorbeer
Galt im Altertum als Pflanze des Apoll. Dichter, Sänger und siegreiche Feldherrn ließen sich mit Lorbeer bekränzen. In der Küche eignen sich die Blätter mit dem herben, leicht bitteren Aroma für Wild und Sauerbraten, Fleisch- und Geflügelbraten, Fischsud, Marinaden und Blaukraut. Lorbeerblätter nicht zu lange mitkochen lassen, da sie sonst einen bitteren Geschmack abgeben. Lorbeer fördert den Appetit und wirkt positiv auf die Verdauung. Kaufen Sie die Blätter auch einmal frisch und trocknen die, die Sie nicht sofort verwenden, selbst.

Muskatnuss
Der Samenkern des immergrünen Muskatbaumes wird am besten frisch gerieben verwendet. Wegen seines intensiven Aromas ist Muskat sparsam zu dosieren. Passt zu cremigen Suppen und Kartoffelpüree, Spinat, Blumenkohl und hellen Saucen. Wirkt antiseptisch und wird empfohlen bei Magen- und Darminfektionen, Durchfall und Blähungen.

Nelke
Wird verwendet zum Spicken von Rinder- und Schweinebraten, von Bratäpfeln und Gewürzzwiebeln, in Blaukraut, Spaghettisaucen, Desserts und Glühwein.

Dass Knoblauch sehr gesund ist, weiß inzwischen jeder. Aber andere Gewürze haben auch positive Wirkungen. Kümmel und Lorbeer helfen beim Verdauen fetter und blähender Speisen.

Licht und Luft schaden den Gewürzen. Deshalb immer fest verschlossen in dunklen Gläsern aufbewahren. Gewürze sollten im Küchenschrank nicht zu alt werden.

Das Gewürz hat eine antiseptische Wirkung.

Paprika
Das Pulver wird aus der Gewürzpaprika hergestellt. Es dient als Hauptgewürz für Gulasch und andere Fleischspeisen. Paprika sollte nie in zu heißes Fett gegeben werden, da er sonst bitter und braun wird. Im Handel sind edelsüße und scharfe Sorten, die je nach Geschmack variiert werden können.

Pfeffer
Frisch über das fertige Gericht gemahlen schmeckt Pfeffer am besten. Schwarzer Pfeffer hat einen scharfen, würzigen Geschmack. Er wird grün geerntet und erhält beim Trocknen seine schwarze Farbe. Weißer Pfeffer wird durch Schälen und Trocknen der reifen roten Beeren gewonnen. Er ist weniger scharf und feiner im Geschmack. Noch milder ist der grüne Pfeffer, der in unreifem Zustand konserviert wird. Der im Handel erhältliche rosa Pfeffer gehört nicht zu den Pfeffergewächsen – er wird vom Chinus-Strauch geerntet. Auch er ist mild, hat aber einen süßlichen Geschmack. Pfeffer fördert die Durchblutung und hilft bei Blähungen.

Vanille
Am feinsten ist die Bourbon-Vanille. Vor der Verwendung die schwarze Schote aufschlitzen und das Vanillemark mit einem spitzen Messer herauskratzen. Gibt Kakao, Kompotten, Desserts, Gebäck, Parfaits und Schlagsahne eine elegante Note. Vanillezucker wird vor allem zum Backen von Kuchen und Plätzchen ver-

1 = Pfeffer
2 = Zimtstangen
3 = gemahlener Zimt
4 = Vanille
5 = Paprika
6 = Wacholder

wendet. Vanille wirkt positiv auf Magen und Unterleibsorgane.

Wacholder
Die herben schwarzen Beeren passen, kombiniert mit Lorbeer, zu Wildgerichten, Sauerbraten, Gulasch, Rotkohl und Sauerkraut. Wacholderbeeren regen die Nierentätigkeit an und fördern die Entwässerung des Körpers. Wächst auf den kargen Bergböden und in der sandigen Heide.

Zimt
Die getrocknete Rinde des Zimtbaumes ist in zwei Formen zu haben: Das herbsüßliche Pulver würzt Gebäck, Grießbrei und Milchreis. In Stangenform kann man es in Kompott und Süßspeisen mitkochen und Glühwein und Punsch Würze geben.

Richtig würzen !

▶ Kaufen Sie möglichst nur »ganze« Gewürze, das heißt Pfefferkörner und Wacholderbeeren, Muskatnüsse und Zimtstangen, Ingwerwurzeln und Kümmelsamen. Sie haben ein viel intensiveres Aroma als Pulver.

▶ Raspeln, zerdrücken oder mahlen Sie die Gewürze immer erst unmittelbar vor dem Verbrauch – dann sind die Geschmacksstoffe am aromatischsten.

▶ Tun Sie nicht zu viel des Guten! Verwenden Sie die Gewürze mit Fingerspitzengefühl, um den Eigengeschmack der Speisen nicht zu überdecken. Und geben Sie nicht zu viele Gewürze in einen Topf! Feine Küche ist immer klar und einfach.

Achten Sie bei fertigen Gewürzmischungen wie Curry, Zitronenpfeffer oder aromatisierten Essenzen wie Trüffelöl oder Estragonessig besonders auf beste Qualität – dann sind sie eine echte Bereicherung.

Frisch gemahlene (oder im Mörser zerstoßene) Gewürze verbessern nicht nur den Geschmack der Gerichte, sondern haben auch eine positive Wirkung auf den Stoffwechsel.

Küchengeräte

Messer immer wieder vom Fachmann schärfen lassen und Schneidbretter verwenden, die die Klingen nicht stumpf werden lassen.

Qualitativ hochwertiges Handwerkszeug – vom Messer über die Pfanne bis zum Kochlöffel – ist für eine vorzügliche Küche unerlässlich.
In einem guten Topf braucht man beispielsweise zum schonenden Garen von Gemüse kaum noch Wasser, und versiegelte Pfannen helfen dabei, Fett einzusparen. Je besser die Qualität der Koch- und Schneidegeräte ist, um so besser ist das Ergebnis bei der Vor- und Zubereitung und die Arbeit geht viel leichter von der Hand.

Messer und Schneidebretter

Gute Messer sind zwar teuer, aber eine Anschaffung fürs Leben. Denn eine gute Klinge aus geschmiedetem und gehärtetem Spezialstahl lässt sich immer wieder nachschleifen.
Beim Härten wird die Klinge mehrfach erhitzt und unterkühlt, das macht sie so hart und widerstandsfähig. Hochwertige Schmiedemesser erkennt man übrigens nicht nur am Preis, sondern auch an der Verdickung der Klinge zum Griff hin sowie an einem fugenlosen und ausgewogenen Griff, der wirklich sehr gut in der Hand liegt.
Eine Grundausstattung an Messern sollte aus mindestens fünf Teilen bestehen:

- einem kleinen Gemüsemesser für alle Zwecke
- einem biegsamen Ausbeinmesser zum Zerlegen von Fleisch
- einem größeren Kochmesser, dessen nach oben geschwungene Klinge mit der Spitze immer auf dem Brett aufliegt, um Zwiebeln, Kräuter und Ähnliches besonders leicht und sicher zu schneiden
- einem langen Brotmesser mit gezackter, starrer Klinge für harte Krusten
- und einem hochwertigen Wetzstahl.

Das Schneidebrett als unentbehrliches Gegenstück zu den Messern hat nur dem Namen nach noch etwas mit Holz zu tun. Moderne Kunststoffplatten, nicht zu hart, um die empfindlichen Messerklingen zu schonen, aber auch nicht zu weich, um dem schnellen Verschleiß vorzubeugen, haben sich in der Haushaltsküche bestens bewährt. Vor allem auch aus hygienischen Gründen sind sie Holzbrettern vorzuziehen. Sie lassen sich leicht abwaschen und können in der Spülmaschine gründlich gesäubert werden. Kaufen Sie spülmaschinenfeste Schneidbretter, die nicht zu groß sind.

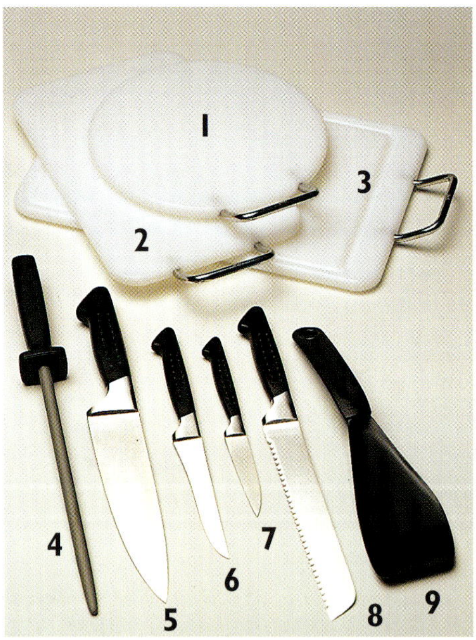

1–3 = Schneidebretter
4 = Wetzstahl
5 = Kochmesser 20 cm
6 = Ausbeinmesser 13 cm
7 = Gemüsemesser 9 cm
8 Brotmesser 20 cm
9 = Bratwender

Qualität zahlt sich bei Küchengeräten aus: Hochwertige und teure Teile sind auch lange haltbar!

Töpfe

Gutes Kochgeschirr ist absolute Voraussetzung für ein gutes Gelingen der Gerichte. Aus vielen Gründen sind Edelstahltöpfe aus 18/10 Edelstahl rostfrei zu empfehlen. Sie verfügen über einen schweren superstarken Thermikboden, der je nach Topfgröße eine Bodenplatte zwischen 5 und 8 Millimeter Stärke hat. Wird dieser Boden zusätzlich eingekapselt, garantiert er eine zusätzliche Wärmespeicherung und lässt sich außerdem – wie der gesamte Topf – spielend leicht reinigen, z. B. mit Essig oder Zitrone. Der Topfboden sollte absolut plan auf der Herdplatte aufliegen, damit er eine optimale Hitzeaufnahme, -speicherung und -

1 = Stielkasserole 16 cm
2 = Fleischtopf 16 cm
3 = Fleischtopf 24 cm
4 = Bratentopf 20 cm

Mindestens drei Töpfe in unterschiedlichen Größen gehören zur Grundausstattung eines jeden Haushalts. Je nach Anzahl der Personen und persönlichen Vorlieben lässt sich diese Basismenge beliebig erweitern.

verteilung ermöglicht. Dies ist gleichermaßen wichtig für Elektro-, Gas- und Glaskeramikkochfelder. Kaltmetallgriffe aus Edelstahl oder genoppte Kunststoffgriffe mit Flammschutz werden beim Garen nicht heiß, liegen gut und sicher in der Hand und erleichtern das Hantieren beim täglichen Kochen.
Und wie viele Töpfe braucht man nun, um optimal kochen zu können?
Der größte Topf in der Küche sollte ein Fassungsvermögen von mindestens 5 Liter haben. Er dient nicht nur zum Kochen von Teigwaren, sondern auch zur Zubereitung von Suppen und Eintöpfen. Außerdem eignet sich dieser Topf auch für größere Bratenstücke.
Empfehlenswert ist auch ein flacherer Bratentopf – wobei Braten- und Kochtopf sich lediglich durch die Höhe unterscheiden, so dass in einem Bratentopf von 20 Zentimeter Durchmesser beispielsweise auch eine Ratatouille gelingt. Ein Topf mit 16 Zentimeter Durchmesser ist ein absolutes Muss in jedem Haushalt, er hat die ideale Größe zum Kochen von Kartoffeln.
Zum Erhitzen von Milch, zur Zubereitung von Saucen oder Pudding und zum Garen von kleineren Mengen eignet sich eine Stielkasserole besonders gut.
Da man in unserer gesundheitsbewussten Zeit großen Wert auf das Garen in wenig Wasser legt, sind dichtschließende Deckel wichtig, damit Mineralstoffe und Vitamine gut erhalten bleiben.
Mit diesen Kochtöpfen ist ein »normaler« Haushalt gut ausgestattet. Man sollte aber darauf achten, dass man von derselben Serie auch Töpfe nachkaufen kann, um sich veränderten Kochgewohnheiten anpassen zu können.

Pfannen und Bräter

Auch bei den Pfannen gilt: Kaufen Sie qualitativ hochwertige Ware und schaffen Sie mindestens zwei Pfannen an: Eine Edelstahlpfanne und eine Antihaftschonpfanne.
Zum scharfen und krossen Anbraten braucht man eine Pfanne, die durch das verwendete Material und die Konstruktion ein gutes Gelingen garantiert. Be-

Pfannen und Bräter sollten zum bequemen Gebrauch hitzefeste Griffe und fest schließende Deckel haben.

Eine Pfanne aus Edelstahl und eine mit Antihaft-Beschichtung sind ideal für jeden Haushalt und alle Bedürfnisse.

sonders gut eignet sich dafür eine Pfanne aus Edelstahl 18/10 rostfrei mit superstarkem Thermikboden. Durch die rasche Erwärmung, Verteilung und starke Speicherfähigkeit der Hitze kann sich schnell eine Kruste bilden und das Fleisch zieht kein Wasser. Röststoffe entstehen, ein Steak beispielsweise schmeckt herzhaft und saftig.

Das Braten von Lebensmitteln, die zum Ankleben neigen, wie Omelettes, Paniertes oder Fisch, stellt andere Anforderungen an eine Pfanne. Ein sicheres Gelingen wird gewährleistet durch die Verwendung einer versiegelten Antihaftschonpfanne. Die Panade bleibt am Kotelett und nicht in der Pfanne, das Spiegelei gleitet mühelos auf den Teller und die Reinigung der Pfanne geht spielend leicht.

Mit der Anschaffung dieser zwei Pfannen – einer Edelstahlpfanne 18/10 und einer Antihaftschonpfanne – hat man viele Vorteile: die Lebensdauer der Pfannen wird verlängert, wenn nicht jede täglich zum Einsatz kommt, und mit dem richtigen Handwerkszeug gelingen auch wertvolle Lebensmittel optimal.

Schließlich braucht man noch einen Bräter, den man sowohl auf dem Herd als auch im Backofen einsetzen kann. Ein Bräter ist das ideale Kochgeschirr für die Zubereitung von Braten, Geflügel, gedünstetem und pochiertem Fisch, aber auch für Aufläufe und Gratins.

Besonders empfehlenswert sind Bräter aus Edelstahl oder innen und außen antihaftversiegelte Bräter, die über eine so genannte Saftomatik verfügen. Diese erspart das immerwährende Übergießen während des Bratens, da dies die Saftomatik regelt.

Auf jeden Fall sollte der Bräter eine dem Haushalt angepasste Größe haben, aber auch einmal einen Braten für Gäste aufnehmen können, und über gut geformte Griffe verfügen, damit er leicht und sicher zu handhaben ist.

Wenn der Edelstahlbräter nicht nur einen gekapselten Thermikboden, sondern auch noch einen Deckel mit gekapseltem Boden hat, so verfügt man über ein Produkt mit vielfältigen Einsatzmöglichkeiten. Diese reichen von der Nutzung als Auflaufform, als rechteckige Pfanne zum Beispiel zum Braten von Spießen über die Servierplatte bis zur Warmhalteplatte.

1 = Multibräter
1a = Einsatz für Multibräter
2 = Bratfix Ultragrill + Click
3 = Saftomat Bräter
4 = Antihaft Schonpfanne

Pfannen in unterschiedlichen Größen und Materialien machen das Kochen zum Vergnügen.

1 = Gemüse und Nudelseiher
2 = Universalreibe
3 = Einhandwiegemesser
4 = Knoblauchpresse
5 = Schneebesen
6 = Becherbesen
7 = Fleischgabel
8 = Vorratsdose 0,8 l
9 = Vorratsdose 0,5 l
10 = Verschiedene Schüsseln Ø 16, 20, 24, 28 cm
11 = Pfeffermühle 19 cm
12 = Küchensieb
13 = Schaumlöffel
14 = Pfannenwender
15 = Suppenkelle
16 = Saucenkelle
17 = Pendelschäler

Die Arbeit am Herd macht nochmal so viel Spaß, wenn man auf die richtigen »Helfer« zurückgreifen kann. Schüsseln, Siebe, Vorratsdosen u. ä. aus Edelstahl sehen nicht nur gut aus, sie sind auch leicht sauberzuhalten und liegen gut in der Hand.

Küchenhelfer

Sie sind die unerlässlichen kleinen Helfer zur Bewältigung der vielfältigen Aufgaben in der Küche. Entsprechend den zahlreichen Einsatzmöglichkeiten gestaltet sich auch das Angebot an verschiedensten Küchenhelfern als sehr umfangreich. Am besten eignen sich auch hier Geräte aus Edelstahl, da sie robust, langlebig, hygienisch und leicht zu reinigen sind.
Zur Grundausstattung gehört eine Löffelgarnitur mit zwei Schöpfkellen und unterschiedlichen Größen, einem Schaumlöffel, einer gelochten Backschaufel und einer Fleischgabel.
Ebenso wichtig sind Metallschneebesen in mehreren Größen, um Eiweiß und Sahne unterzuheben oder Flüssigkeiten und Butter einrühren zu können.
Ein Bratwender aus Kunststoff ist in der Küche ebenso unerlässlich wie Kartoffelstampfer, Knoblauchpresse, Wiegemesser, Pendelschäler und Universalreibe.
Siebe und unterschiedlich große Schüsseln sind vielfältig einsetzbar und dürfen ebenso wenig fehlen wie mehrere Vorratsdosen und Gewürzstreuer.
Verfügt man dann auch noch über eine Pfeffermühle mit gutem Mahlwerk und eine Gewürzmühle oder einen Mörser, steht dem uneingeschränkten Wirken in der Küche nichts mehr im Wege.

Ausgestattet mit solch einem hervorragenden Handwerkszeug geht das Kochen umso leichter von der Hand und macht zudem richtig Spaß.

Achten Sie bei allen Küchenhelfern darauf, dass sie gut in der Hand liegen und sich außerdem leicht reinigen lassen.

Leicht und frisch

Das erste zarte Grün zeigt sich an den Bäumen, die Luft wird milder und die Tage langsam wieder länger: Der Frühling steht vor der Tür und hält frische Kräuter, Radieschen, Spargel und vieles mehr für uns bereit.

Gebratenes Kalbscarpaccio mit frischem Spargel

Wunderbar leicht und vitaminreich

Für Gäste geeignet

Zutaten für 2 Personen:

180 g Kalbsfilet (am Stück)
150 g weißer Spargel
150 g grüner Spargel
Jodsalz
Zucker
1 TL Butter
2 EL Kalbsfond
1 TL Rapshonig
2 EL Aceto balsamico
1 EL Rapsöl
1 Apfel
etwas scharfer Senf
Pfeffer aus der Mühle
einige rosa Beeren
1 TL Butterschmalz
1 Handvoll frischer Kerbel

Zubereitungszeit:
etwa 1 Stunde
davon Garzeit:
etwa 15 Minuten

Pro Portion etwa:
1037 Joule
248 Kalorien
22g Eiweiß
10 g Fett
13 g Kohlenhydrate
1,1 BE

1 Kalbsfilet in Folie wickeln und im Gefrierfach leicht anfrosten lassen.

2 Inzwischen Spargel waschen und von den Enden befreien. Weißen Spargel von oben nach unten, grünen nur am unteren Drittel schälen. Die Stangen in schräge, etwa 1 Zentimeter dicke Scheiben schneiden. 3/4 Liter Wasser mit Jodsalz, Zucker und Butter zum Kochen bringen. Den weißen Spargel darin etwa 4 Minuten kochen, dann den grünen hinzufügen und 8 Minuten garen. Den Spargel herausnehmen und abkühlen lassen.

3 Inzwischen den Kalbsfond zusammen mit dem Rapshonig leicht erwärmen, Aceto balsamico und Rapsöl dazugeben und mit einem Schneebesen zu einem Dressing verrühren.

4 Den Apfel schälen, vierteln und entkernen. Das Fruchtfleisch in kleine Würfel schneiden und unter das Dressing geben. Mit Jodsalz, Senf, Pfeffer und rosa Beeren abschmecken.

5 Den Spargel in dem Dressing wenden und etwa 30 Minuten ziehen lassen.

6 Das Kalbsfilet in dünne Scheiben schneiden und in heißem Butterschmalz bei starker Hitze kurz von beiden Seiten anbraten. Herausnehmen und zwei flache Teller damit belegen. Den Spargel mit dem Dressing darauf verteilen und mit frischem Kerbel garnieren.

Gesundheitstipp:
Nach den langen Wintermonaten freut man sich auf vitamin- und mineralstoffreiche Gerichte. Kräuter spielen eine wichtige Rolle, und Kerbel ist eines der ersten, die man ernten kann. Er versorgt uns mit dem Mineralstoff Zink, der die Aufnahme von Vitamin A im Körper verbessert, die Regeneration der Körperzellen fördert und positive Auswirkungen aufs Immunsystem hat. Zink fördert darüber hinaus die Wundheilung und ist gut für das Wachstum der Haare.

Zutatentipp:
Rosa Beeren schmecken pikant, leicht an Wacholder erinnernd. Es sind die Früchte eines immergrünen Baumes aus der Familie der Pistaziengewächse. Erhältlich sind die rosa Beeren in den meisten Supermärkten.

Brennnessel-Spinatsuppe mit saurer Sahne

Durch Brennnesseln besonders aromatisch

Schnell fertig

Zutaten für 2 Personen:

1 kleine Zwiebel
1/2 Knoblauchzehe
1 mehlig kochende Kartoffel
80 g Spinatblätter
(frisch oder tiefgefroren)
40 g junge Brennnesselblätter
1 TL Butter
1/2 l Gemüsebrühe
Jodsalz
Pfeffer aus der Mühle
gerieben Muskatnuss
2 EL saure Sahne

Zubereitungszeit:
etwa 30 Minuten
davon Garzeit:
etwa 15 Minuten

Pro Portion etwa:
552 Joule
132 Kalorien
5 g Eiweiß
7 g Fett
12 g Kohlenhydrate
1 BE

1 Zwiebel und Knoblauch abziehen, Zwiebel in feine Würfel schneiden, Knoblauch zerdrücken. Die Kartoffel schälen und ebenfalls in kleine Würfel schneiden. Den Blattspinat von welken Blättern und den groben Stielen befreien und in stehendem kaltem Wasser gründlich waschen. Die Brennnesselblätter ebenfalls waschen, beides gut abtropfen lassen.

2 Butter aufschäumen lassen und die Zwiebel- und Kartoffelwürfel darin anbraten. Knoblauch dazugeben. Spinat und Brennnesselblätter untermischen.

3 Mit der Gemüsebrühe auffüllen, mit Jodsalz, Pfeffer aus der Mühle und Muskat würzen. Die Suppe zugedeckt bei mittlerer Hitze etwa 8 Minuten kochen lassen, bis die Kartoffelwürfel weich sind. Die Suppe im Topf mit dem Mixstab pürieren.

4 Die Suppe mit der sauren Sahne verfeinern und abschmecken. Die Suppe in Tassen füllen und anrichten. Dazu passen Weißbrotcroûtons, in Knoblauchbutter angebraten.

Gesundheitstipp:

Spinat gibt es das ganze Jahr über, doch im Frühling ist er besonders fein und zart. Das köstliche Gemüse versorgt uns mit vielerlei: Spinat enthält eine Reihe von B-Vitaminen, die für gute Nerven und Konzentrationsfähigkeit sorgen. Vor allem Biotin und Niazin ist reichlich enthalten. Biotin ist wichtig für Haut, Haare und Nägel, Niazin stärkt das Herz und sorgt für gesunden Schlaf. Außerdem versorgt Spinat uns mit viel Vitamin C und Vitamin E. An Mineralstoffen sind neben Kalzium, Kupfer, Eisen und Kalium vor allem Magnesium und Mangan zu nennen. Magnesium spielt bei der Erneuerung der Körperzellen eine wichtige Rolle, Mangan hat im gesamten Stoffwechsel zahlreiche Aufgaben. Wer keinen frischen Spinat bekommt, kann auf tiefgefrorenen zurückgreifen. Er wird so schonend verarbeitet, dass er noch mit vielen Inhaltsstoffen aufwarten kann.

Zutatentipp:

Frühlingszwiebeln, auch Lauchzwiebeln genannt, schmecken zart und noch mild; sie halten sich nur 1–2 Wochen im Gemüsefach des Kühlschranks.

Lachsforellenröllchen mit Spargelgemüse und Kräuterkartoffeln

Ein apartes Gericht, das Gästen schmeckt

Für Gäste geeignet

Zutaten für 2 Personen:

Röllchen:
4 frische gehäutete Lachsforellenfilets von je etwa 90 g
Saft von 1/2 Zitrone
Jodsalz, Pfeffer
4 Zahnstocher

Füllung:
1 Frühlingszwiebel
2 EL Gemüsebrühe
2 EL Sahne
4 EL Magerquark

Kräuterkartoffeln:
400 g Kartoffeln
Jodsalz
1/2 TL Kümmel
1 TL Butter
1 EL frisch gehackte Kräuter

Fond:
200 g Gemüse wie Möhren, Lauch, Sellerie
50 g Champignons
1/4 l trockener Weißwein
Saft von 1/2 Zitrone
4 Wacholderbeeren
1/2 TL Senfkörner

Spargelgemüse:
200 g weißer Spargel
200 g grüner Spargel
Jodsalz
50 g Kirschtomaten
40 g Sahne
Pfeffer aus der Mühle

Zubereitungszeit:
etwa 1 1/2 Stunden
davon Garzeit:
etwa 30 Minuten

Pro Portion etwa:
3324 Joule / 795 Kalorien
64g Eiweiß, 18 g Fett
62 g Kohlenhydrate, 5,2 BE

1 Fischfilets kalt waschen, trocknen und mit Zitronensaft, Jodsalz und Pfeffer würzen. Größere Filets teilen.

2 Für die Füllung Frühlingszwiebel waschen, putzen und in feine Scheiben schneiden. Mit der Gemüsebrühe erhitzen und zugedeckt bei schwacher Hitze etwa 5 Minuten dünsten. Abtropfen lassen, mit Sahne und Quark vermengen.

3 Forellenfilets mit der Außenseite nach innen flach auslegen, mit Füllung bestreichen, zusammenrollen und mit Zahnstochern zusammenhalten.

4 Kartoffeln gründlich waschen, mit der Schale in wenig gesalzenem Wasser mit Kümmel nicht zu weich kochen. Die Kartoffeln etwas ausdampfen lassen.

5 Für den Fond Möhren, Lauch, Sellerie und Champignons waschen und putzen, klein schneiden und mit Weißwein, Zitronensaft, Wacholderbeeren und Senfkörnern in einem Topf aufkochen lassen.

6 Spargel waschen und von den Enden befreien. Weißen Spargel von oben nach unten, grünen nur am unteren Drittel schälen. Die Stangen in schräge Scheiben schneiden. Salzwasser zum Kochen bringen. Den weißen Spargel hineingeben und zugedeckt etwa 5 Minuten kochen, grünen dazugeben und weitere 8 Minuten garen, bis er bissfest ist.

7 Die Fischröllchen in den heißen Sud einlegen und zugedeckt bei schwacher Hitze 15 bis 20 Minuten dünsten.

8 Kartoffeln pellen und zerteilen. Butter erwärmen, Kräuter und Kartoffeln dazugeben und leicht salzen. Bei mittlerer Hitze heiß und braun werden lassen.

9 Kirschtomaten waschen und vierteln. Mit Sahne und Spargel erwärmen. Flüssigkeit bei mittlerer Hitze cremig einkochen lassen, mit Jodsalz und Pfeffer abschmecken.

10 Fischröllchen aus dem Fond nehmen und mit Spargel und Kräuterkartoffeln anrichten.

Kochtipp:
Der feinwürzige Fond, in dem die Röllchen gar ziehen, eignet sich wunderbar als Grundlage für eine feine Suppe, am besten mit jungem Gemüse.

Spinatgugelhupf mit einem Ragout von zweierlei Forellen

Augen- und Gaumenschmaus

1 Für den Gugelhupf den Blattspinat von welken Blättern und den groben Stielen befreien und in stehendem kaltem Wasser gründlich waschen, abtropfen lassen. Reichlich Salzwasser zum Kochen bringen. Spinat darin kurz blanchieren, bis die Blätter zusammenfallen. Dann in einem Sieb mit kaltem Wasser abschrecken, sehr gut abtropfen lassen und fein hacken.

2 Eier und Sahne verquirlen, mit Jodsalz, Pfeffer aus der Mühle und Muskat würzen. Den vorbereiteten Spinat untermischen. Zwei Gugelhupfförmchen von je 350 bis 400 Milliliter Inhalt mit Butter ausstreichen. Die Masse hineinfüllen. Die Förmchen in einen weiten Topf stellen, so viel heißes Wasser angießen, dass die Förmchen zur Hälfte darin stehen. Das Wasser erhitzen, aber nicht aufkochen und den Spinatgugelhupf in diesem Wasserbad zugedeckt in etwa 20 Minuten gar ziehen lassen. Das Wasser darf dabei nicht kochen, gegebenenfalls also etwas warmes Wasser angießen.

3 Inzwischen Fischfilets kalt abspülen, trocknen und in mundgerechte Würfel schneiden. Frühlingszwiebel waschen, putzen und fein schneiden. Tomaten mit kochendem Wasser überbrühen, abziehen und halbieren. Tomaten entkernen und grob würfeln. Knoblauch abziehen und fein hacken.

4 Öl erhitzen, Frühlingszwiebel darin unter Rühren glasig dünsten. Fischwürfel zugeben und kurz anziehen lassen. Tomaten zugeben. Mit Jodsalz und Pfeffer aus der Mühle würzen.

5 Knoblauch und Sahne dazugeben, vorsichtig verrühren, aufkochen lassen und abschmecken.

6 Spinatgugelhupf auf vorgewärmte Teller stürzen und mit dem Fischragout anrichten. Mit Dillzweigen garnieren und möglichst sofort servieren.

Serviertipp:
Reichen Sie dazu Salzkartoffeln.

Für Gäste geeignet

Zutaten für 2 Personen:

Gugelhupf:
- 200 g Blattspinat
- Jodsalz
- 2 Eier
- 125 g Sahne
- Pfeffer aus der Mühle
- geriebene Muskatnuss

Fischragout:
- 180 g Lachsforellenfilet
- 180 g Forellenfilet
- 1 Frühlingszwiebel
- 2 kleine Tomaten
- 1 Knoblauchzehe
- 1 EL Rapsöl
- Jodsalz
- weißer Pfeffer aus der Mühle
- 2 EL Sahne

Außerdem:
einige Dillzweige zum Garnieren

Zubereitungszeit:
etwa 1 Stunde
davon Garzeit:
etwa 30 Minuten

Pro Portion etwa:
- 2730 Joule
- 653 Kalorien
- 57 g Eiweiß
- 39 g Fett
- 8 g Kohlenhydrate
- 0,7 BE

LEICHT UND FRISCH

Paprikakeule vom Truthahn mit Knoblauchspaghetti

Durch Geflügelfleisch angenehm leicht

Gelingt ganz leicht

Zutaten für 2 Personen:

500 g Putenoberkeule (mit Knochen)
Jodsalz
Pfeffer aus der Mühle
1 rote Zwiebel
1 TL Butterschmalz
1/2 TL Wacholderbeeren
2 Lorbeerblätter
1/2 TL schwarze Pfefferkörner
1 EL Mehl
1 EL Tomatenmark
1 TL Paprikapulver
1 Zweig frischer Rosmarin
1/2 l Fleischbrühe
1/4 l Rotwein

Außerdem:

2 Möhren
120 g Lauch
2 TL Butter
2 EL Gemüsebrühe
Jodsalz
weißer Pfeffer aus der Mühle
120 g Spaghetti
1 TL Rapsöl
2 Knoblauchzehen
1 Chilischote nach Belieben

Zubereitungszeit:

etwa 1 Stunde
davon Garzeit:
etwa 30 Minuten

Pro Portion etwa:

3433 Joule
821 Kalorien
46 g Eiweiß
59 g Kohlenhydrate
31 g Fett
4,9 BE

1 Das Fleisch waschen, trockentupfen, häuten und von den Knochen lösen. In größere Stücke schneiden und mit Jodsalz und Pfeffer würzen. Zwiebel abziehen und in feine Streifen schneiden.

2 Butterschmalz erhitzen und die Zwiebelstreifen darin glasig dünsten. Fleisch dazugeben und rundherum kräftig anbraten. Wacholder, Lorbeer und Pfefferkörner dazugeben.

3 Fleisch mit Mehl bestäuben, Tomatenmark hinzufügen und beides leicht anrösten, mit Paprika bestäuben. Rosmarin abzupfen und zum Fleisch geben. Fleisch mit Fleischbrühe und Rotwein aufgießen. Mit Jodsalz und Pfeffer aus der Mühle würzen, aufkochen lassen und das Ganze etwa 20 bis 25 Minuten bei mittlerer Hitze fertig garen.

4 In der Zwischenzeit Möhren schälen, putzen und in Scheiben schneiden. Lauch putzen, gründlich waschen und ebenfalls in Scheiben schneiden. 1 Teelöffel Butter schmelzen lassen und das Gemüse darin bei mittlerer Hitze anbraten. Mit Gemüsebrühe aufgießen und das Gemüse zugedeckt bei schwacher Hitze in 4 bis 6 Minuten bissfest dünsten. Mit Jodsalz und Pfeffer würzen.

5 Gleichzeitig für die Nudeln reichlich Wasser mit Salz und Öl zum Kochen bringen. Die Spaghetti darin nach Packungsanleitung bissfest kochen, dann in ein Sieb abschütten und gut abtropfen lassen.

6 Knoblauch schälen und fein hacken. Nach Belieben auch die Chilischote waschen, entkernen und fein hacken. Restliche Butter zerlassen, die Nudeln darin mit Knoblauch und Chilischote anschwenken. Mit Jodsalz und wenig Pfeffer würzen.

7 Paprikakeule auf Tellern anrichten, Gemüsegarnitur darübergeben und die Knoblauchspaghetti dazu reichen.

Filetscheiben auf marinierten Balsamicolinsen

Ein köstliches Gästeessen, das sich wunderbar vorbereiten lässt

1 Die Linsen über Nacht in Mineralwasser einweichen. Am nächsten Tag in einen Topf geben und zum Kochen bringen. Linsen zugedeckt bei mittlerer Hitze in 30 bis 40 Minuten bissfest kochen, in ein Sieb abschütten, abtropfen und auskühlen lassen.

2 Inzwischen Frühlingszwiebel putzen, waschen und klein schneiden. Champignons putzen und in feine Scheiben schneiden. Tomaten mit kochendem Wasser überbrühen, abziehen und halbieren. Die Hälften entkernen und in kleine Würfel schneiden.

3 In einem Topf 1 Teelöffel Öl erhitzen, Frühlingszwiebel darin glasig dünsten. Champignons dazugeben und kurz mitdünsten. Beides mit den Tomatenwürfeln unter die Linsen mischen.

4 Aus Aceto balsamico, Rotwein, dem restlichen Öl, Jodsalz und Pfeffer aus der Mühle mit einem kleinen Schneebesen ein leicht cremiges Dressing rühren, zu den Linsen geben, vermengen und den Linsensalat etwa 1 Stunde ziehen lassen.

5 Nach dieser Marinierzeit das Rinderfilet kalt abspülen, trockentupfen, in Scheiben schneiden und von beiden Seiten mit Jodsalz und Pfeffer aus der Mühle würzen. Butterschmalz erhitzen und die Filetscheiben darin bei starker Hitze pro Seite etwa 2 Minuten braten.

6 Inzwischen Basilikum waschen, die Blättchen in feine Streifen schneiden und unter die Balsamicolinsen heben. Die Linsen noch einmal abschmecken und auf zwei Teller verteilen. Die gebratenen Filetscheiben daraufsetzen und mit Radieschensprossen garnieren.

Gesundheitstipp:
Linsen sind hervorragende Eiweißlieferanten: mit 25 bis 30 Prozent enthalten sie nicht nur viel, sondern vor allem auch hochwertiges Eiweiß. Besonders für Frauen in der Schwangerschaft und heranwachsende junge Frauen bieten Linsen neben Fleisch eine gute Eisenquelle. Doch das ist noch nicht alles: Sie enthalten außerdem reichlich komplexe Kohlenhydrate, Kalzium, Kalium und das Spurenelement Zink.

Für Gäste geeignet
Zutaten für 2 Personen:

Linsen:
120 g braune Linsen
700 ml Mineralwasser
1 Frühlingszwiebel
80 g Champignons
2 kleine Tomaten
1 TL + 3 EL Rapsöl
2 EL Aceto balsamico
1 EL Rotwein
Jodsalz
Pfeffer aus der Mühle
1 kleines Bund Basilikum

Außerdem:
6 Scheiben Rinderfilet
von je etwa 60 g
Jodsalz
Pfeffer aus der Mühle
1 TL Butterschmalz
2 TL Radieschensprossen

Zubereitungszeit:
etwa 1 Stunde
davon Garzeit:
etwa 45 Minuten
Marinierzeit:
etwa 1 Stunde

Pro Portion etwa:
2968 Joule
710 Kalorien
56 g Eiweiß
32 g Fett
36 g Kohlenhydrate
3 BE

LEICHT UND FRISCH

Hähnchenkeulen mit Spinatfüllung und Frühlingsgemüse

Durch frische Kräuter besonders aromatisch

Braucht etwas Zeit

Zutaten für 2 Personen:

Keulen:

2 ganze Hähnchenkeulen von je etwa 220 g
Jodsalz
Pfeffer aus der Mühle
je 50 g Zwiebel, Möhren, Lauch und Knollensellerie
1 EL Butterschmalz
1/4 l Fleisch- oder Gemüsebrühe
1 Zweig frischer Rosmarin

Füllung:

50 g Zwiebeln
50 g Champignons oder Egerlinge
50 g Blattspinat
1 TL Butter
1 EL frisch gehackte Kräuter (Petersilie, Kerbel, Schnittlauch)
Jodsalz
Pfeffer aus der Mühle
geriebene Muskatnuss
Zahnstocher zum Verschließen

Gemüse:

150 g weißer Spargel
100 g Radieschen
100 g Möhren
150 g Kohlrabi
1 TL Kräuterbutter
Jodsalz
Pfeffer aus der Mühle

Außerdem:

frisch gezupfte Kräuter zum Garnieren (Petersilie und Kerbel)

Zubereitungszeit:

etwa 1 Stunde
davon Garzeit:
etwa 30 Minuten

Pro Portion etwa:

2387 Joule / 571 Kalorien
58 g Eiweiß, 22 g Fett
25 g Kohlenhydrate, 2,1 BE

1 Die Hähnchenkeulen kalt abspülen und trockentupfen. Die Keulen von der Mitte nach außen hin mit einem kleinen Messer bis auf den Knochen einschneiden, bis der Knochen zu sehen ist. Das Fleisch dann entlang des Knochens ablösen. Anschließend seitlich am Gelenk einen kleinen Schnitt machen. An diesem Schnitt den Gelenkkopf anheben, den Röhrenknochen auch an der Unterseite vom Fleisch abschneiden und herauslösen. Das am Knochen anhaftende Fleisch sorgfältig abschaben.

2 Für die Füllung Zwiebeln abziehen und fein hacken. Champignons oder Egerlinge putzen und ebenfalls fein schneiden. Blattspinat von welken Blättern und den groben Stielen befreien und in stehendem kaltem Wasser gründlich waschen. In einem Topf 5 Zentimeter hoch Salzwasser zum Kochen bringen. Spinat darin etwa 1 Minute blanchieren, bis die Blätter zusammengefallen sind. Dann in ein Sieb abgießen, kalt abschrecken und abtropfen lassen.

3 Butter zerlassen, Zwiebeln und Champignons oder Egerlinge darin unter Rühren bei mittlerer Hitze andünsten. Mit frisch gehackten Kräutern, Jodsalz, Pfeffer und Muskat würzen und erkalten lassen. Spinat fein hacken und mit dem abgelösten Geflügelfleisch unter die Pilzmasse mischen.

4 Den Backofen auf 160 °C vorheizen. Die Hähnchenkeulen innen mit Jodsalz und Pfeffer würzen und die Füllung in die entstandene Öffnung geben. Die Öffnungen mit Zahnstochern verschließen, die Keulen auch außen mit Jodsalz und Pfeffer würzen.

5 Zwiebeln, Möhre, Lauch und Sellerie je nach Art schälen, waschen, putzen und in kleine Würfel schneiden. Butterschmalz in einem ofenfesten Bräter mit Deckel zerlassen, das Gemüse mit Zwiebeln darin bei mittlerer Hitze anbraten. Hähnchenkeulen dazugeben und ebenfalls von allen Seiten anbraten. Mit der Brühe aufgießen und im heißen Ofen offen etwa 20 Minuten schmoren lassen.

6 Inzwischen für das Gemüse den Spargel waschen, von den Enden befreien und von oben nach unten schälen. Radieschen waschen und putzen, Möhren und Kohlrabi schälen. Das Gemüse in mundgerechte Stücke schneiden. Die Kräuterbutter zerlassen, das Gemüse (ohne Radieschen) darin bei mittlerer Hitze andünsten, dann zugedeckt bei schwacher Hitze in etwa 5 Minuten bissfest garen. Die Radieschen untermischen, das Gemüse mit Jodsalz und Pfeffer aus der Mühle abschmecken.

7 Das Gemüse auf vorgewärmte Teller verteilen und die Hähnchenkeulen daneben anrichten. Mit frisch gezupften Kräutern bestreuen und mit der abgeschmeckten Geflügelsauce bedecken.

Gesundheitstipp:

Lauch enthält, ähnlich wie seine Verwandten Zwiebel, Knoblauch und Schnittlauch, schwefelhaltige Verbindungen. Diese Sulfide hemmen nachweislich das Wachstum unerwünschter Mikroorganismen und können eine Krebsprophylaxe unterstützen. Außerdem regulieren die im Lauch enthaltenen Sulfide den Blutcholesterin- und Blutfettspiegel und beugen somit Herz-Kreislauferkrankungen vor. Lauch fördert zudem die Durchblutung, sorgt in Magen und Darm dafür, dass Bakterien und Pilze nicht überhand nehmen und hilft bei Blähungen und Durchfall, aber auch bei Verstopfung.

Kochtipp:

Wem das Auslösen des Knochens zu kompliziert erscheint, der nimmt Hühnerbrüstchen, schneidet seitlich eine Tasche und gibt die Füllung in diese Öffnung. Verschließen und wie beschrieben garen, allerdings nur etwa 15 Minuten, damit die zarte Brust nicht trocken wird.

Flämische Ochsenbrust mit gefüllten Wirsingköpfchen und Schnittlauchkartoffeln

Ein deftiges Gericht, das Gästen schmeckt

Etwas aufwändiger

Zutaten für 2 Personen:

Ochsenbrust:
- 1 Möhre
- 1 Zucchino
- 100 g Knollensellerie
- 500 g magere Ochsenbrust
- 2 Lorbeerblätter
- je 3 Wacholderbeeren und Gewürznelken
- Jodsalz
- 100 g Apfel
- 1 TL Butter
- eingelegte grüne Pfefferkörner nach Geschmack
- 2 EL geriebener Meerrettich aus dem Glas

Wirsingköpfchen:
- 4 große Wirsingblätter
- 1 EL Semmelbrösel
- 2 EL Milch
- 1/2 kleine Zwiebel
- 50 g durchwachsener Speck
- 1/2 Bund Petersilie
- einige Zweige frischer Majoran
- 1 Ei
- 100 g Gehacktes vom Schwein
- Jodsalz, schwarzer Pfeffer aus der Mühle
- 1/4 l Gemüsebrühe (Instant)

Schnittlauchkartoffeln:
- 400 g fest kochende Kartoffeln
- 1 TL Butter
- Jodsalz, Pfeffer aus der Mühle
- 1-2 EL Schnittlauchröllchen

Zubereitungszeit:
etwa 1 1/2 Stunden
davon Garzeit:
etwa 1 Stunde

Pro Portion etwa:
4194 Joule / 1003 Kalorien
85 g Eiweiß, 41 g Fett
54 g Kohlenhydrate, 4,5 BE

1 Gemüse je nach Art waschen, schälen, putzen und in Stifte schneiden. Ochsenbrust waschen, trockentupfen, mehrmals mit dem Messer quer einstechen und mit einem Drittel der Gemüsestifte spicken.

2 Etwa 2 Liter Wasser zum Kochen bringen, das restliche Gemüse, Lorbeerblätter, Wacholderbeeren, Gewürznelken und etwa 1 Teelöffel Salz dazugeben. Ochsenbrust darin bei schwacher Hitze zugedeckt etwa 1 Stunde leise sieden, aber nicht kochen lassen.

3 Kartoffeln waschen und in Salzwasser in der Schale weich garen. Wirsingblätter in kochendem Salzwasser etwa 2 Minuten blanchieren, abschrecken. Den Backofen auf 180 °C vorheizen.

4 Semmelbrösel in der Milch einweichen. Zwiebel abziehen und fein hacken. Speck würfeln. Kräuter abbrausen, fein hacken. Diese Zutaten mit Ei und Schweinehack verkneten, mit Salz und Pfeffer würzen.

5 Jeweils etwas Fleischfarce auf ein Wirsingblatt geben und zu einem Päckchen einschlagen. Mit den Nähten nach unten in eine Pfanne mit ofenfestem Griff setzen, Brühe angießen und die Wirsingköpfchen im heißen Ofen 15 bis 20 Minuten garen.

6 Apfel schälen und vierteln, entkernen und in Scheibchen schneiden. In Butter bei mittlerer Hitze leicht anbraten, mit grünen Pfefferkörnern würzen und warm stellen.

7 Kartoffeln pellen, in der Butter schwenken. Salzen und pfeffern. Schnittlauch darüber streuen.

8 Fleisch aus dem Sud nehmen, in Scheiben schneiden, mit etwas Brühe, Apfel, Wirsing und Kartoffeln servieren. Geriebenen Meerrettich dazu reichen.

Gefülltes Rinderfilet mit jungem Kohlrabi und Radieschennudeln

Ein raffiniertes Frühlingsgericht

1 Das Rinderfilet kalt abspülen und trockentupfen, in zwei Scheiben schneiden und jeweils seitlich mit einem scharfen Messer eine Tasche einschneiden. Fleisch mit Jodsalz und Pfeffer aus der Mühle würzen.

2 Den Blauschimmelkäse würfeln. Zwiebeln schälen und fein hacken. 1 Teelöffel Butterschmalz zerlassen und die Zwiebeln darin unter Rühren bei mittlerer Hitze glasig dünsten. Mit dem Käse, den Kräutern und den rosa Beeren vermischen. Die Austernpilze putzen, klein schneiden und in der zerlassenen Butter beidseitig braten.

3 Austernpilze und Käse-Mischung in die Taschen der Filetscheiben füllen und die Öffnungen mit Zahnstochern zustecken.

4 Für das Gemüse den Kohlrabi schälen und zuerst in Scheiben, dann in Stäbchen schneiden. Frühlingszwiebel putzen, waschen und in Ringe schneiden. Den Backofen auf 180 °C vorheizen.

5 Für die Nudeln reichlich Wasser mit Salz zum Kochen bringen. Die Eiernudeln darin nach Anleitung bissfest kochen, abgießen und abtropfen lassen.

6 Für das Filet restliches Butterschmalz in einer ofenfesten Pfanne erhitzen und das Filet darin kurz anbraten. Im heißen Ofen in 8 bis 10 Minuten garen.

7 Inzwischen Kohlrabi mit Frühlingszwiebel in zerlassener Butter bei mittlerer Hitze andünsten. Mit der Gemüsebrühe zugedeckt in etwa 8 Minuten bissfest dünsten. Salzen und pfeffern.

8 Für die Radieschennudeln die Sprossen kalt abspülen und abtropfen lassen. In einer Pfanne die Butter erwärmen und die Radieschensprossen darin anschwenken, Eiernudeln dazugeben und erhitzen. Mit Jodsalz und Pfeffer würzen. Basilikumblätter waschen und fein schneiden. Radieschen waschen, putzen und grob raspeln. Beides kurz vor dem Anrichten zu den Nudeln geben.

9 Das gefüllte Rinderfilet aus dem Ofen nehmen, Zahnstocher entfernen, das Fleisch schräg in der Mitte durchschneiden und mit den Beilagen auf vorgewärmten Tellern anrichten.

Für Gäste geeignet

Zutaten für 2 Personen:

Filet:
- 360 g Rinderfilet
- Jodsalz
- Pfeffer aus der Mühle
- 50 g Blauschimmelkäse
- 50 g Zwiebeln
- 2 TL Butterschmalz
- 1 EL frisch gehackte Kräuter (Petersilie und Kerbel)
- einige rosa Beeren
- 50 g Austernpilze
- 1 TL Butter
- Zahnstocher zum Verschließen

Gemüse:
- 300 g Kohlrabi
- 1 Frühlingszwiebel
- 1 TL Butter
- 2 EL Gemüsebrühe
- Jodsalz
- Pfeffer aus der Mühle

Radieschennudeln:
- 20 g Radieschensprossen
- 120 g Eiernudeln
- Jodsalz
- 1 TL Butter
- Pfeffer aus der Mühle
- 1 Zweig Basilikum
- 2 Radieschen

Zubereitungszeit:
etwa 1 Stunde
davon Garzeit:
etwa 30 Minuten

Pro Portion etwa:
- 3378 Joule
- 808 Kalorien
- 58 g Eiweiß
- 35 g Fett
- 51 g Kohlenhydrate
- 4,3 BE

Chiemgauer Kalbsröllchen auf Safrannudeln

Feines Fleisch mit würziger Füllung

Für Gäste geeignet
Zutaten für 2 Personen

Kalbsröllchen:
100 g Blattspinat
2 Kalbsschnitzel aus der Oberschale von je etwa 180 g
Jodsalz, Pfeffer aus der Mühle
120 g Kräuterfrischkäse
1/2 Frühlingszwiebel
2 EL Radieschensprossen
1 TL Butterschmalz
1/2 l braune Grundsauce
1 EL Sahne
Küchengarn zum Verschließen

Safrannudeln:
120 g Eiernudeln
Jodsalz
1 TL Butter
Pfeffer aus der Mühle
1 Messerspitze gemahlener Safran

Zubereitungszeit:
etwa 45 Minuten
davon Garzeit:
etwa 30 Minuten

Pro Portion etwa:
3495 Joule
836 Kalorien
56 g Eiweiß
34 g Fett
62 g Kohlenhydrate
5,2 BE

1 Blattspinat von welken Blättern befreien, dicke Stiele entfernen und das Gemüse gründlich waschen. Den Spinat kurz in Salzwasser blanchierenbis er zusammengefallen ist, das Wasser abgießen, mit kaltem Wasser abschrecken und abtropfen lassen. Inzwischen den Backofen auf 170 °C vorheizen.

2 Die Kalbsschnitzel kalt waschen, trockentupfen und leicht flachklopfen. Von beiden Seiten mit Salz und Pfeffer bestreuen. Die Schnitzel auf ein Brett legen und den Spinat darauf verteilen. Kräuterfrischkäse glattrühren und darauf streichen. Die Frühlingszwiebel waschen, putzen und in feine Ringe schneiden, mit den Radieschensprossen auf dem Frischkäse verteilen. Die Schnitzel der Länge nach zusammenrollen und mit Küchengarn zusammenbinden.

3 Butterschmalz in einer beschichteten Pfanne mit ofenfestem Griff erhitzen und die Röllchen darin rundherum scharf anbraten. Mit brauner Grundsauce aufgießen und offen im Ofen in 15 bis 20 Minuten fertig garen.

4 Inzwischen Nudeln nach Packungsanleitung in reichlich Salzwasser bissfest garen und in einem Sieb abtropfen lassen. Die Butter in einer beschichteten Pfanne schmelzen und die Nudeln darin unter Rühren leicht anschwitzen, mit Salz, Pfeffer und Safran würzen.

5 Von den Kalbsröllchen das Garn entfernen. Die Röllchen schräg durchschneiden und mit den Safrannudeln auf vorgewärmten Tellern anrichten. Die Sauce mit der Sahne verfeinern, mit Salz und Pfeffer abschmecken und die Röllchen damit umgießen.

Gesundheitstipp:
Radieschensprossen entstehen wie alle anderen Sprossengemüse aus den konzentrierten Nährstoffreserven der Samenkörner. Sie besitzen einen hohen Nährwert und sind besonders reich an Mineralstoffen, Vitaminen und Spurenelementen. Da sie ohne Ausnahme aus einwandfreiem, ungespritztem und ungedüngtem Saatgut gezogen werden, sind auch sie frei von jeglichen pflanzenfremden Stoffen.

Rosmarinlammkeule mit Lauchkartoffelpuffern

Mit frischem Rosmarin besonders köstlich

1 Die Lammkeule waschen, trockentupfen und mit Salz und Pfeffer einreiben. Die Keule mit Küchengarn zu einem formschönen Braten binden. Den Backofen auf 200 °C vorheizen. Das Gemüse je nach Art putzen, waschen, schälen oder abziehen und in kleine Würfel schneiden. Knoblauch abziehen und fein hacken, Rosmarin abbrausen.

2 Butterschmalz in einem großen Bräter erhitzen und die Keule darin rundum scharf anbraten. Gemüse, Knoblauch und Rosmarin zugeben und unter Rühren anrösten. Mit der Brühe ablöschen, Tomatenmark unterrühren und die Lorbeerblätter, Wacholderbeeren und Nelken zugeben. Die Lammkeule in Ofenmitte offen 1 Stunde garen, zwischendurch mehrmals wenden und mit dem Bratensaft begießen. Falls die Flüssigkeit dabei zu stark einkocht, noch etwas Wasser zugeben.

3 Für die Puffer die Kartoffeln schälen und fein reiben. Vom Lauch die Wurzeln und die ledrigen dunkelgrünen Blätter abschneiden. Lauch waschen und in feine Würfel schneiden. Die Butter schmelzen und den Lauch darin glasig braten. Die Kartoffeln leicht ausdrücken, mit Lauch, Mehl, Ei, Salz und Pfeffer vermengen.

4 Butterschmalz in einer beschichteten Pfanne erhitzen und darin bei mittlerer Hitze portionsweise Puffer braten, von jeder Seite etwa 4 Minuten. Fertige Puffer warm stellen.

5 Die Lammkeule aus dem Ofen nehmen und das Küchengarn entfernen. Die Sauce mit Salz und Pfeffer abschmecken. Den Lammbraten in Scheiben schneiden und mit den Lauchkartoffelpuffern und der Sauce auf vorgewärmten Tellern servieren.

LEICHT UND FRISCH

Für Gäste geeignet

Zutaten für 2 Personen:

Lammkeule:

500 g Lammkeule (ausgelöst)
Jodsalz, schwarzer Pfeffer aus der Mühle
je 50 g Lauch, Möhre, Knollensellerie und Zwiebel
1 Knoblauchzehe
1-2 kleine Zweige frischer Rosmarin
1 TL Butterschmalz
1/2 l Gemüsebrühe
1 TL Tomatenmark
2 Lorbeerblätter
je 3 Wacholderbeeren und Gewürznelken

Lauchkartoffelpuffer:

400 g mehlig kochende Kartoffeln
200 g Lauch
1 TL Butter
2 TL Weizenmehl Type 1050
1 Ei
Jodsalz,
schwarzer Pfeffer aus der Mühle
2 TL Butterschmalz

Zubereitungszeit:

etwa 1 1/2 Stunden
davon Garzeit:
etwa 1 Stunde

Pro Portion etwa:

3771 Joule
902 Kalorien
68 g Eiweiß
37 g Fett
58 g Kohlenhydrate
4,9 BE

Schweinefilet auf fränkische Art

Ein preiswertes und dabei köstliches Essen

Gelingt ganz leicht

Zutaten für 2 Personen:

- 1 Schweinenetz (beim Metzger vorbestellen)
- 400 g Schweinefilet
- Jodsalz
- Pfeffer aus der Mühle
- 2 TL Butterschmalz
- 4 kleine Kohlrabiknollen
- 1 Tomate
- 200 g Kartoffelpüree (selbst gemacht aus 200 g gekochten Kartoffeln und etwa 75 ml Milch)
- 1 Knoblauchzehe
- 100 g Kalbsbrät
- 2 EL frisch gehackte Kräuter (Petersilie, Schnittlauch, Dill, Kerbel)
- einige rosa Beeren
- 1/2 l braune Grundsauce

Zubereitungszeit:
etwa 1 1/2 Stunden
davon Garzeit:
etwa 1 Stunde

Pro Portion etwa:
3545 Joule
848 Kalorien
63 g Eiweiß
37 g Fett
51 g Kohlenhydrate
4,3 BE

1 Das Schweinenetz 30 Minuten in kaltem Wasser wässern. Das Schweinefilet kalt abwaschen, trockentupfen und mit Salz und Pfeffer einreiben. Das Butterschmalz in einer Pfanne mit ofenfestem Griff erhitzen, das Filet darin rundum scharf anbraten. Das Filet herausnehmen und abkühlen lassen. Den Backofen auf 180 °C vorheizen.

2 Die Kohlrabi dünn schälen und mit einem scharfen Löffel oder Kugelausstecher bis auf einen Rand von 1 Zentimeter Dicke aushöhlen, Fruchtfleisch anderweitig (beispielsweise für eine Suppe oder ein Beilagengemüse) verwenden. Die Tomate mit kochendem Wasser überbrühen, abziehen, vierteln, entkernen und das Fruchtfleisch in kleine Würfel schneiden.

3 Das Kartoffelpüree mit den Tomatenwürfeln vermengen, mit Salz und Pfeffer kräftig abschmecken und mit einem Löffel in die Kohlrabi füllen.

4 Die Knoblauchzehe abziehen und fein hacken. Mit dem Kalbsbrät, den Kräutern und den rosa Beeren vermengen und kräftig mit Pfeffer und Salz würzen. Das Schweinenetz aus dem Wasser nehmen und gründlich trockentupfen. Auf einem großen Küchenbrett auslegen. Die Brätmasse auf das Schweinenetz streichen, das Schweinefilet darauf setzen und darin einwickeln.

5 Das in der Pfanne verbliebene Butterschmalz erneut erhitzen und das eingewickelte Schweinefilet darin rundum anbraten. Die gefüllten Kohlrabi dazu setzen und die braune Sauce angießen. Alles im heißen Ofen 30 bis 40 Minuten garen.

6 Das Schweinefilet aus der Pfanne nehmen, in Scheiben schneiden und mit den gefüllten Kohlrabi auf vorgewärmten Tellern anrichten. Die Sauce mit Salz und Pfeffer abschmecken und das Schweinefilet damit umgießen.

Scheiben vom Schweinenüsschen in Paprikarahm

Durch Apfel und Paprika besonders vitaminreich

1 Für die Apfel-Kartoffeln die Kartoffeln waschen und in wenig Salzwasser mit Kümmel zugedeckt weich kochen. Abschütten und etwas ausdämpfen lassen, pellen und in Scheiben schneiden. Den Apfel schälen, vierteln, vom Kerngehäuse befreien, in Scheiben schneiden.

2 Für die Schweinenüsschen Fleisch waschen, trockentupfen und in Scheiben schneiden. Mit Jodsalz und Pfeffer aus der Mühle würzen. Zwiebeln schälen und in Streifen schneiden.

3 Butterschmalz erhitzen und die Fleischscheiben darin von beiden Seiten bei starker Hitze gut anbraten. Das Fleisch aus der Pfanne nehmen und im Bratfett die Zwiebelstreifen glasig dünsten. Mit Paprikapulver bestreuen und mit dem Rotwein aufgießen. Einkochen lassen und mit Brühe auffüllen.

4 Die Fleischscheiben wieder dazu geben und mit Pfeffer aus der Mühle und Oregano würzen. Das Fleisch zugedeckt etwa 15 Minuten bei mittlerer Hitze schmoren lassen.

5 In der Zwischenzeit Butterschmalz erhitzen und die Kartoffelscheiben darin anbraten, Äpfel dazugeben, unter Rühren heiß werden lassen. Mit Jodsalz und Pfeffer würzen.

6 Die Paprikaschoten zum Fleisch geben und die Sauce mit Sahne verfeinern. Mit Jodsalz und Pfeffer aus der Mühle abschmecken und mit den Apfel-Kartoffeln auf vorgewärmten Tellern anrichten.

Gesundheitstipp:
Äpfel, die beliebten Früchte aus heimischem Anbau, schmecken nicht nur gut und sind eine willkommene Zwischenmahlzeit, sie haben auch zahlreiche positive Eigenschaften. Das in Äpfeln reichlich enthaltene Pektin, ein Faser- bzw. Ballaststoff, wirkt sich günstig auf Cholesterin- und Blutfettspiegel aus und kann darüber hinaus Gifte wie Blei und Quecksilber binden, die dann mit ihm ausgeschieden werden. Äpfel enthalten Kalium, wichtig für den Wasserhaushalt und die Nierenfunktion, und Kalzium. Übrigens sitzen die meisten Nährstoffe in oder direkt unter der Schale.

Gelingt ganz leicht
Zutaten für 2 Personen:

Apfel-Kartoffeln:
400 g fest kochende Kartoffeln
Kümmel
1 Apfel
1 TL Butterschmalz
Jodsalz
Pfeffer aus der Mühle

Schweinenüsschen:
360 g Schweinenüsschen
Jodsalz
Pfeffer aus der Mühle
2 kleine rote Zwiebeln
1 TL Butterschmalz
1/2 TL Paprikapulver
1/8 l Rotwein
1/4 l Gemüse- oder Fleischbrühe
Oregano
60 g Paprikaschoten in Streifen
2 EL Sahne

Zubereitungszeit:
etwa 1 Stunde
davon Garzeit:
etwa 30 Minuten

Pro Portion etwa:
2856 Joule
683 Kalorien
43 g Eiweiß
25 g Fett
50 g Kohlenhydrate
4,2 BE

Käse-Spinat-Ravioli auf Frühlingszwiebelsauce

Vegetarisches für Feinschmecker

Lässt sich gut vorbereiten
Zutaten für 2 Personen:

Nudelteig:
300 g Mehl
1 Ei
1 Eigelb
2 EL Sonnenblumenöl
Jodsalz
geriebene Muskatnuss
Mehl für die Arbeitsfläche

Füllung:
150 g Blattspinat
50 g Blauschimmelkäse
1 Eiweiß zum Bestreichen

Sauce:
1 Frühlingszwiebel
2 Tomaten
1 TL Butterschmalz
100 ml Weißwein
2 EL Sahne
Jodsalz
Pfeffer aus der Mühle
einige Zweige Basilikum

Zubereitungszeit:
etwa 1 1/2 Stunden
davon Garzeit:
etwa 45 Minuten

Pro Portion etwa:
4047 Joule
968 Kalorien
34 g Eiweiß
37 g Fett
105 g Kohlenhydrate
8,8 BE

1 Aus Mehl, dem Ei und dem Eigelb, 2 bis 3 Esslöffeln lauwarmem Wasser, Öl, Jodsalz und Muskat einen festen Nudelteig herstellen. Falls er zu trocken ist, noch etwas mehr Wasser dazugeben. Den Teig gut durchkneten, in Folie wickeln und einige Stunden ruhen lassen.

2 In der Zwischenzeit für die Füllung den Blattspinat in stehendem kaltem Wasser gründlich waschen, abtropfen lassen und von den dicken Stielen befreien. Spinat in kochendem Salzwasser etwa 1 Minute blanchieren, bis die Blätter zusammenfallen. In ein Sieb abgießen und mit kaltem Wasser abschrecken. Den Spinat fein hacken. Blauschimmelkäse in feine Würfel schneiden und mit dem Blattspinat vermengen.

3 Den Nudelteig auf wenig Mehl dünn ausrollen, in Rechtecke teilen und die Ränder mit verquirltem Eiweiß bestreichen. Die Füllung in der Mitte der Rechtecke verteilen, Teig darüber zusammenklappen und die Enden mit der Gabel fest zusammendrücken.

4 Für die Sauce Frühlingszwiebel waschen, putzen und in Scheiben schneiden. Tomaten mit kochendem Wasser überbrühen, abziehen, halbieren, entkernen und in kleine Würfel schneiden.

5 Für die Ravioli reichlich Wasser mit Salz zum Kochen bringen. Die Ravioli darin etwa 12 Minuten garen.

6 Für die Sauce Butterschmalz schmelzen, Frühlingszwiebel darin andünsten. Die Hälfte der Tomatenwürfel dazugeben und unter Rühren leicht andünsten. Mit Weißwein und der Sahne auffüllen. Bei mittlerer Hitze unter Rühren etwas einkochen lassen und mit Jodsalz und Pfeffer aus der Mühle abschmecken.

7 Basilikum waschen, Blättchen abzupfen. Die Sauce auf zwei vorgewärmten Tellern verteilen. Ravioli in einem Sieb kurz abtropfen lassen und darauf setzen. Ravioli mit den restlichen Tomatenwürfeln und Basilikumblättern bestreuen und servieren.

Gesundheitstipp:
Mehl ist nicht gleich Mehl: Es wird in unterschiedlichen Ausmahlungsgraden angeboten. Je höher das Mehl ausgemahlen ist, also je mehr Außenschichten mitverarbeitet wurden, desto dunkler ist es. Zudem ist es zugleich vitamin-, mineral- und ballaststoffreicher. Mehl wird mit Typenbezeichnung, beispielsweise 405 oder 1050 bei Weizenmehl verkauft. Diese Zahl bezeichnet den Mineralstoffgehalt des Mehles. Ermittelt wird die Zahl so: Man verbrennt das getrocknete Mehl. Übrig bleiben die nicht brennbaren Mineralstoffe. Je geringer die so ermittelte Zahl also ist, desto niedriger ist auch der Mineralstoffgehalt. Sie können das weiße Auszugsmehl immer durch höher ausgemahlenes Mehl ersetzen. Bei Mehl der Type 1050 ändert sich an den Rezepten und der Zubereitung gar nichts, wenn Sie reines Vollkornmehl nehmen, müssen Sie an Teige etwas mehr Flüssigkeit geben und sie werden auch nicht ganz so geschmeidig. Nudelteig aus dem vollen Korn lässt sich dann beispielsweise nicht so dünn ausrollen wie der aus weißem Mehl.

Kochtipp:
Besonders leicht lässt sich Nudelteig in der Nudelmaschine zu dünnen Platten ausrollen. Den Teig zuerst durch die weitere Walzenöffnung drehen, dann die Walze enger stellen und eine dünne Teigplatte ausrollen. Eine Platte mit Füllung belegen, eine zweite darüber decken und die Ravioli zwischen der Füllung ausschneiden und die Ränder zusammendrücken.
Ravioli können Sie übrigens gut auf Vorrat herstellen und ungekocht einfrieren (auf einer Platte vorfrieren, dann erst in Gefrierbeutel füllen, damit sie nicht kleben). Dann zum Garen gefroren in kochendes Wasser geben und etwa 1 Minute länger garen als die frischen Ravioli.

Schinken-Lauch-Maultaschen auf Blattspinat

Durch Frühlingszwiebeln besonders fein und aromatisch

LEICHT UND FRISCH

Für Gäste geeignet

Zutaten für 2 Personen:

Nudelteig:

300 g Mehl Type 1050
1 Ei
1 Eigelb
2 EL Öl
Jodsalz
geriebene Muskatnuss
Mehl für die Arbeitsfläche

Füllung:

200 g gekochter Schinken
100 g Frühlingszwiebeln
1 TL Butter
1 Eiweiß zum Bestreichen

Spinat:

400 g Blattspinat oder
300 g TK-Blattspinat
1 TL Butter
2 EL Sahne
Jodsalz
Pfeffer aus der Mühle

Außerdem:

2 aromatische Tomaten
100 g Frühlingszwiebeln
1 TL Butterschmalz
Jodsalz
Pfeffer aus der Mühle
2 EL Radieschensprossen

Zubereitungszeit:

etwa 1 1/2 Stunden
davon Garzeit:
etwa 1 Stunde

Pro Portion etwa:

4796 Joule
1147 Kalorien
52 g Eiweiß
49 g Fett
109 g Kohlenhydrate
9,1 BE

1 Aus Mehl, Ei und Eigelb, Öl, Salz, Muskat und 2 bis 3 Esslöffeln lauwarmem Wasser einen festen Nudelteig herstellen. In Folie gewickelt einige Stunden ruhen lassen.

2 Schinken in feine Würfel schneiden. Frühlingszwiebeln waschen, putzen und ebenfalls fein würfeln.

3 Butter in einer beschichteten Pfanne schmelzen und die Frühlingszwiebeln darin unter Rühren glasig dünsten. Schinken unterrühren.

4 Den Nudelteig auf einer leicht bemehlten Fläche dünn ausrollen, in Rechtecke schneiden und die Ränder mit verquirltem Eiweiß bestreichen. Die Füllung in die Mitte der unteren Teighälften geben und die oberen Teighälften darüberklappen. Die Ränder mit den Zinken einer Gabel gut festdrücken. Reichlich leicht gesalzenes Wasser zum Kochen bringen und die Maultaschen darin in 12 Minuten garen, herausnehmen und warm stellen.

5 Inzwischen für die Beilage den Blattspinat putzen, gründlich waschen und tropfnass in einem großen Topf zugedeckt zusammenfallen lassen. Butter in einer beschichteten Pfanne erhitzen und den Spinat darin schwenken. Mit der Sahne verfeinern, mit Salz und Pfeffer würzen.

6 Tomaten mit kochendem Wasser überbrühen, abziehen, vierteln und entkernen. In feine Würfel schneiden. Frühlingszwiebeln waschen, putzen und fein schneiden.

7 Butterschmalz in einer beschichteten Pfanne erhitzen und die Frühlingszwiebeln darin unter Rühren andünsten. Die Tomatenwürfel zugeben, salzen und mit Pfeffer übermahlen.

8 Blattspinat auf vorgewärmte Teller verteilen. Maultaschen darauf setzen und die Tomaten-Frühlingszwiebelmasse darüber verteilen. Maultaschen mit Radieschensprossen bestreut möglichst rasch servieren.

Stangenspargel mit Frischkäse-Kräuterklößchen

Leichtes kräuterfrisches Gericht für den Frühling

1 Für die Kräuterklößchen Butter mit den Eigelben schaumig rühren. Frischkäse und Quark dazugeben, gut durchrühren und zum Schluss den Griess und die gehackten Kräuter unter die Masse arbeiten. Mit Jodsalz, Pfeffer aus der Mühle und Muskat kräftig würzen. Die Klößchenmasse etwa 10 Minuten ruhen lassen.

2 Spargel waschen und von den Enden befreien. Weißen Spargel von oben nach unten, grünen nur am unteren Drittel schälen. 3/4 Liter Wasser mit Jodsalz, Zucker und Butter zum Kochen bringen. Den weißen Spargel hineingeben und etwa 4 Minuten zugedeckt kochen lassen. Den grünen Spargel dazugeben und beides in etwa 8 Minuten fertig kochen. Den Spargel in etwas Sud bei sehr schwacher Hitze zugedeckt warm stellen.

3 Inzwischen für die Klößchen von der Frischkäsemasse mit zwei Teelöffeln Nockerl formen und gleich in siedende Gemüsebrühe geben. Etwa 10 Minuten leicht kochen und weitere 5 Minuten zugedeckt gar ziehen lassen.

4 Die Tomaten mit kochendem Wasser überbrühen, abziehen, vierteln, entkernen und das Fruchtfleisch in feine Würfel schneiden. Butter schmelzen, die Tomatenwürfel darin unter Rühren bei mittlerer Hitze andünsten. Basilikumblätter waschen, klein schneiden und dazugeben. Mit wenig Jodsalz und weißem Pfeffer würzen.

5 Den Spargel aus dem Sud nehmen und anrichten. Die Frischkäse-Kräuterklößchen daraufsetzen und mit den Basilikumtomaten überziehen.

Gesundheitstipp:
Spargel ist aufgrund seiner schwefelhaltigen Inhaltsstoffe sehr aromatisch, blutreinigend und harntreibend. Abbaustoffe des Stoffwechsels werden dadurch ausgeschwemmt und der Körper entwässert. Zudem ist er kalorienarm, so dass er in der »schmalen« Frühlingsküche seinen optimalen Platz findet. Pro Kilogramm enthält er nur 170 Kalorien. Die enthaltenen Asparaginsäuren liefern den typischen Spargelgeschmack, der auch nur beim Kochen frei wird.

Vegetarisch
Zutaten für 2 Personen:

Kräuterklösschen:
40 g Butter
2 Eigelbe
50 g Frischkäse
50 g Quark
80 g Weizengrieß
1 EL frisch gehackte Kräuter (Petersilie, Dill, Schnittlauch)
Jodsalz
Pfeffer aus der Mühle
geriebene Muskatnuss
1 l Gemüsebrühe

Spargel:
400 g weißer Spargel
400 g grüner Spargel
Jodsalz
1 TL Zucker
1 TL Butter

Basilikumtomaten:
2 große Tomaten
1 TL Butter
1 kleines Bund Basilikum
Jodsalz
weißer Pfeffer aus der Mühle

Zubereitungszeit:
etwa 1 1/2 Stunden
davon Garzeit:
etwa 45 Minuten

Pro Portion etwa:
2860 Joule
683 Kalorien
25 g Eiweiß
41 g Fett
45 g Kohlenhydrate
3,8 BE

LEICHT UND FRISCH

Preiswert und schnell
Zutaten für 2 Personen:

Kaiserschmarrn:
250 g Mehl
5 Eiweiße
4 EL Zucker
4 Eigelbe
etwa 1/4 l fettarme Milch
1 Prise Jodsalz
abgeriebene Schale von
1 unbehandelten Zitrone
1 EL Butterschmalz
50 g Rosinen

Vanillesauce:
1/4 l fettarme Milch
2 EL Puddingpulver
(Vanillegeschmack)
1 EL Zucker
1 Eigelb

Zubereitungszeit:
etwa 30 Minuten
davon Garzeit:
etwa 15 Minuten

Pro Portion etwa:
4879 Joule
1167 Kalorien
42 g Eiweiß
34 g Fett
160 g Kohlenhydrate
13,3 BE

Kaiserschmarrn mit Vanillesauce

Klassische Mehlspeise, die nicht nur Kindern schmeckt

1 Für den Kaiserschmarrn das Mehl in eine Schüssel sieben. Eiweiße mit 1 Esslöffel Zucker zu steifem Schnee schlagen.

2 Eigelbe zum Mehl geben und mit Milch, 1 Esslöffel Zucker, Salz und Zitronenschale zu einem sämigen Teig verrühren. Den Eischnee mit einem Schneebesen unter den Teig heben.

3 Butterschmalz in einer großen Pfanne erhitzen, Rosinen dazugeben und mit dem Teig aufgießen.

4 Den Teig zudecken und bei mittlerer Hitze etwa 4 Minuten garen, bis er schön aufgeht. Dann auf einen Teller gleiten lassen, wenden, wieder abdecken und in weiteren 4 Minuten goldgelb backen. Mit zwei Gabeln in Stücke reißen und den restlichen Zucker darüber streuen. Ständig umrühren und dabei den Zucker karamelisieren lassen.

5 Für die Vanillesauce Milch mit Puddingpulver und Zucker aufkochen und vom Herd nehmen. Eigelb verquirlen und in die Vanillesauce rühren. Dabei darf die Sauce nicht mehr kochen.

6 Den Kaiserschmarrn anrichten und die Vanillesauce dazu reichen.

Serviertipp:
Reichen Sie außerdem noch Kompott zum Kaiserschmarrn, beispielsweise Zwetschgen oder Aprikosen.

Kochtipp:
Statt Puddingpulver können Sie für die Sauce auch jede Speisestärke (nur die Hälfte der Puddingpulvermenge) nehmen. Die Stärke in wenig kalter Milch anrühren und mit der heißen Milch, Zucker und Eigelb mischen. Unter ständigem Rühren einmal aufkochen lassen, aber nicht zu stark kochen, sonst gerinnt das Eigelb.

Grießtörtchen mit Erdbeeren

Durch aromatische Erdbeeren besonders saftig

1 Für die Törtchen Vanilleschote der Länge nach aufschlitzen, das Mark herausschaben. Milch, 1 Esslöffel Zucker und Vanillemark aufkochen lassen. Grieß unter ständigem Rühren in die kochende Milch einstreuen und bei geringer Hitze etwa 5 Minuten kochen und dann auskühlen lassen.

2 Restlichen Zucker mit Ei und der abgeriebenen Zitronenschale schaumig schlagen und unter den kalten Grießbrei geben.

3 Gelatine in kaltem Wasser etwa 10 Minuten einweichen, dann abtropfen lassen und in einem kleinen Topf bei schwacher Hitze erwärmen und dabei auflösen. Die aufgelöste Gelatine unter die Grießmasse ziehen und gleich die steif geschlagene Sahne sehr locker darunterheben.

4 Zwei Förmchen von je etwa 200 Milliliter Inhalt mit kaltem Wasser ausspülen und die Masse hineinfüllen. Grießtörtchen 4 bis 5 Stunden, am besten über Nacht, im Kühlschrank fest werden lassen.

5 Vor dem Servieren die Sahne steif schlagen. Die Erdbeeren waschen, putzen und fächerartig einschneiden. Die Mandelblättchen in einer Pfanne ohne Fett bei mittlerer Hitze unter ständigem Rühren goldgelb rösten.

6 Die Grießtörtchen mit einem Messer vom Rand der Förmchen lösen und auf Teller stürzen. Mit den Erdbeerfächern umlegen, mit geschlagener Sahne und gerösteten Mandeln verzieren.

Gesundheitstipp:
Wer freut sich nicht, wenn die ersten prallen Erdbeeren auf den Markt kommen und zum Kauf verlocken. Und das mit gutem Grund, denn Erdbeeren schmecken nicht nur gut, sie kräftigen auch das Immunsystem, regen den Stoffwechsel an und wirken blutbildend. Erdbeeren sind wie keine andere einheimische Frucht reich an Mangan, das für den Stoffwechsel unentbehrlich ist. Wer zu wenig davon hat, kann an Müdigkeit, Nervosität und unangenehmen Stressgefühlen leiden. Nutzen Sie also die Erdbeerzeit!

Lässt sich gut vorbereiten
Zutaten für 2 Personen:

Törtchen:
1 Vanilleschote
1/4 l Milch
3 EL Zucker
30 g Hartweizengrieß
1 Ei
abgeriebene Schale von
1/2 unbehandelten Zitrone
3 Blatt weiße Gelatine
100 g Sahne

Außerdem:
100 g Sahne
200 g Erdbeeren
1 EL Mandelblättchen

Zubereitungszeit:
etwa 30 Minuten
davon Garzeit:
etwa 5 Minuten
Kühlzeit:
4 bis 5 Stunden

Pro Portion etwa:
2713 Joule
649 Kalorien
14 g Eiweiß
42 g Fett
48 g Kohlenhydrate
4 BE

Rhabarbertarte

Besonders feines Gebäck für die kurze Rhabarberzeit

LEICHT UND FRISCH

Für Gäste geeignet

Zutaten für 12 Stücke:

Belag:

800 g Rhabarber
120 g Zucker
1 Zimtstange
1/4 l Milch
1/2 Vanilleschote
1 EL Speisestärke
3 Eier
125 g Sahne

Mürbeteig:

300 g Mehl Type 1050
200 g Butter
1 Ei
Saft von 1/2 Zitrone
100 g Zucker
Salz
Butter und Mehl für die Form
50 g geriebene Haselnüsse zum Ausstreuen
Puderzucker zum Bestäuben

Zubereitungszeit:

etwa 1 1/4 Stunden
davon Backzeit: etwa 45 Minuten

Pro Stück etwa:

1723 Joule
412 Kalorien
8 g Eiweiß
23 g Fett
39 g Kohlenhydrate
3,3 BE

1 Für den Belag Rhabarber waschen, putzen, schälen und in dünne Scheiben schneiden. Die Rhabarberscheiben mit wenig Wasser, 40 Gramm Zucker und Zimt in einem Topf aufkochen und zugedeckt bei schwacher Hitze etwa 8 Minuten garen. Dann in ein Sieb abgießen, den Zimt entfernen.

2 Den Backofen auf 180 °C vorheizen. Für den Mürbeteig Mehl mit Butter, Ei, Zitronensaft, Zucker und etwas Salz zu einem glatten Teig verkneten. Den Teig 3 bis 4 Millimeter dick ausrollen und eine ausgebutterte und bemehlte Form damit auslegen.

3 Den Teig im heißen Ofen 10 bis 15 Minuten vorbacken, dann wieder herausnehmen.

4 In der Zwischenzeit die Milch mit 40 Gramm Zucker zum Kochen bringen. Die Vanilleschote der Länge nach aufschlitzen und das Mark herauskratzen. Speisestärke in wenig kaltem Wasser anrühren, mit Vanille unter die Milch mischen und etwa 2 Minuten kochen. Pudding auf dem vorgebackenen Mürbeteigboden verstreichen. Darauf geriebene Haselnüsse verstreuen und mit den Rhabarberstücken gleichmäßig belegen.

5 Eier verquirlen und mit den restlichen 40 Gramm Zucker und der Sahne verrühren. Diese Masse über den Rhabarber gießen und die Tarte im Ofen noch etwa 30 Minuten backen. Abkühlen lassen und in Stücke schneiden. Vor dem Servieren mit Puderzucker bestäuben.

Serviertipp:

Nach dem Backen die Tarte mit Tortenguss (nach Packungsanweisung zubereiten) abglänzen und mit gehackten Pistazien bestreuen. Mit Puderzucker leicht bestäuben und in Stücke einteilen.

Gesundheitstipp:

Rhabarber ist kein Obst, sondern gehört zu den Gemüsepflanzen. Er enthält reichlich Vitamine und Mineralstoffe, aber auch Oxalsäure. Sie ist vor allem in den Blättern konzentriert, die man auf keinen Fall essen darf. Die Rhabarberstangen hingegen enthalten relativ wenig davon, vor allem, wenn man sie nur von April bis Juli isst.

LEICHT UND FRISCH

Biskuitroulade mit Erdbeer-Vanille-Sahnefüllung

Schmeckt frisch am besten

1 Backofen auf 190 °C vorheizen. Ein Backblech mit Backpapier auslegen.

2 Für den Biskuitteig Eiweiße steif schlagen. Eigelbe mit Zucker, Salz und Zitronensaft in einer Metallschüssel über dem Wasserbad zuerst warm und dann wieder kalt schlagen. Eigelbmasse zum Eiweiß geben, verrühren. Mehl und Speisestärke darüber sieben und locker untermischen.

3 Die Masse auf das Backblech streichen und im heißen Ofen in etwa 10 Minuten goldgelb backen. Danach sofort mit einem feuchten Tuch abdecken, auf das Tuch stürzen und mit dem Tuch längs zusammenrollen.

4 Für die Füllung die Vanilleschote der Länge nach aufschlitzen und das Mark herausschaben. Die Gelatine etwa 5 Minuten in kaltem Wasser einweichen.

5 Milch mit dem Zucker, dem Vanillemark und den Eigelben verrühren. Im warmen Wasserbad etwa 5 Minuten aufschlagen (bis zur Rose). Die eingeweichte Gelatine auspressen und unter die Masse rühren. Die Masse abkühlen lassen. Die Sahne steif schlagen. Kurz bevor die Eigelbcreme fest wird, die geschlagene Sahne und das Kirschwasser unterziehen.

6 Die Erdbeeren waschen, putzen und in kleine Stücke schneiden. Die ausgekühlte Roulade ausrollen und mit der Sahnefüllung bestreichen. Die vorbereiteten Erdbeeren daraufstreuen und die Roulade (ohne Tuch) wieder einrollen.

7 Die Roulade im Kühlschrank über Nacht stocken lassen. Mit Puderzucker bestäuben, in etwa 3 Zentimeter dicke Scheiben schneiden und anrichten.

Serviertipp:
Besonders hübsch sieht die Roulade aus, wenn Sie die Scheibe auf einen mit Puderzucker bestäubten Teller legen und mit Erdbeeren, am besten fächerförmig aufgeschnitten und angerichtet, und einigen Melisse- oder Minzeblättchen garnieren.

Für Gäste geeignet

Zutaten für 16 Stücke:

Biskuitmasse:
- 2 Eiweiße
- 4 Eigelbe
- 50 g Zucker
- 1 Prise Salz
- 1 TL Zitronensaft
- 40 g Mehl
- 1 TL Speisestärke
- Backpapier für das Blech

Erdbeer-Sahne-Füllung:
- 1 Vanilleschote
- 5 Blatt Gelatine
- 200 ml Milch
- 70 g Zucker
- 2 Eigelbe
- 600 g Sahne
- 2 EL Kirschwasser
- 250 g Erdbeeren
- Puderzucker

Zubereitungszeit:
etwa 1 1/4 Stunden
davon Backzeit:
etwa 10 Minuten

Pro Stück etwa:
874 Joule
209 Kalorien
4 g Eiweiß
15 g Fett
12 g Kohlenhydrate
1 BE

Menü 1

Zutaten für 4 Personen:

Für die Röllchen:
4 gehäutete Lachsforellenfilets von je etwa 90 g
Saft von 1/2 Zitrone
Jodsalz, Pfeffer aus der Mühle

1 Frühlingszwiebel
2 EL Gemüsebrühe
2 EL Sahne, 4 EL Magerquark

Für die Kräuterkartoffeln:
400 g Kartoffeln
Jodsalz, 1/2 TL Kümmel
1 TL Butter, 1 EL Kräuter

Für den Fond:
200 g Gemüse wie Möhren, Lauch, Sellerie, 50 g Champignons
1/4 l trockener Weißwein
Saft von 1/2 Zitrone
4 Wacholderbeeren
1/2 TL Senfkörner

Für das Spargelgemüse:
Je 200 g weißer und grüner Spargel,
Pfeffer, Jodsalz, 40 g Sahne
50 g Kirschtomaten

Für die Hähnchenkeulen:
4 ganze Hähnchenkeulen
Jodsalz, Pfeffer, fr. Rosmarin
je 100 g Zwiebel, Möhren, Lauch und Knollensellerie
1 EL Butterschmalz, Brühe

Lachsforellenröllchen mit Spargelgemüse und Kräuterkartoffeln

Fischfilets mit Zitronensaft, Jodsalz und Pfeffer würzen. Frühlingszwiebel für die Füllung in feine Scheiben schneiden. In Brühe zugedeckt etwa 5 Minuten dünsten. Sahne, Quark und Frühlingszwiebel vermengen.

Forellenfilets mit Füllung bestreichen, zusammenrollen und jeweils mit einem Zahnstocher zusammenhalten.

Kartoffeln in Salzwasser mit Kümmel kochen, etwas ausdampfen lassen, schälen, würfeln.

Gemüse und Champignons für den Fond klein schneiden und mit Weißwein, Zitronensaft, Wacholderbeeren und Senfkörnern aufkochen. Fischröllchen darin zugedeckt bei schwacher Hitze 15 bis 20 Minuten dünsten.

Spargel vorbereiten, in schräge Scheiben schneiden. Weißen Spargel in Salzwasser 12 Minuten, grünen 8 Minuten kochen. Kartoffeln in Butter braten. Mit Kräutern mischen und salzen. Kirschtomaten waschen und vierteln. Mit Sahne und Spargel erwärmen, cremig einkochen lassen, mit Jodsalz und Pfeffer abschmecken. Fischröllchen mit Spargel und Kräuterkartoffeln anrichten. (Das ausführliche Rezept steht auf Seite 50.)

Hähnchenkeulen mit Spinatfüllung und Frühlingsgemüse

Hähnchenkeulen einschneiden, Knochen herauslösen.

Für die Füllung Zwiebeln fein hacken. Pilze putzen und fein schneiden. Blattspinat waschen und etwa 1 Minute blanchieren. Zwiebeln und Pilze in Butter andünsten. Mit Kräutern, Jodsalz, Pfeffer und Muskat würzen. Spinat fein hacken.

Backofen auf 160°C vorheizen. Die Hähnchenkeulen innen würzen, die Füllung hineingeben. Mit Zahnstochern verschließen, salzen, pfeffern. Gemüse und Zwiebeln putzen und würfeln. Im Butterschmalz anbraten. Hähnchenkeulen dazugeben und ebenfalls von allen Seiten anbraten. Mit der Brühe aufgießen, Rosmarin einlegen und im heißen Ofen offen etwa 20 Minuten schmoren lassen.

Gemüse waschen, putzen, schälen, in mundgerechte Stücke schneiden, in Kräuterbutter (ohne Radieschen) andünsten, dann zugedeckt bei schwacher Hitze in etwa 8 Minuten bissfest garen. Die Radieschen untermischen, das Gemüse salzen und pfeffern. Zu den Hähnchenkeulen mit Kräutern garniert servieren. (Das ausführliche Rezept steht auf Seite 54.)

Kaiserschmarrn mit Vanillesauce

Eiweiße mit 1 Esslöffel Zucker steif schlagen. Eigelbe zum Mehl geben und mit Milch, 1 Esslöffel Zucker, Salz und Zitronenschale verrühren. Eischnee unterheben.

Butterschmalz erhitzen, Rosinen dazugeben und mit dem Teig aufgießen. Zugedeckt bei mittlerer Hitze etwa 4 Minuten garen, wenden und in weiteren 4 Minuten goldgelb backen. In Stücke reißen und den restlichen Zucker darüber streuen. Karamelisieren lassen.

Für die Vanillesauce Milch mit Puddingpulver und Zucker aufkochen, und vom Herd nehmen. Eigelb verquirlen und einrühren. Zum Kaiserschmarrn servieren. (Das ausführliche Rezept steht auf Seite 66.)

Zeitplan

etwa 3 Stunden vorher

- Füllung für die Hähnchenschenkel zubereiten, Geflügel entbeinen und füllen
- Lachsforellenröllchen füllen und aufrollen, im Fond kochen

etwa 1 Stunde vorher

- Teig für den Kaiserschmarrn rühren, zugedeckt stehen lassen
- Gemüse für Hähnchen vorbereiten
- Vanillesauce kochen, abkühlen lassen
- Kartoffeln kochen

wenn die Gäste kommen

- Fischröllchen garen, Kartoffeln und Gemüse garen
- nach der Vorspeise Hühnerkeulen in den Ofen schieben, Gemüse garen
- nach dem Hauptgericht Kaiserschmarrn garen, mit Sauce servieren.

Menü 1

Für die Füllung:
100 g Zwiebeln
100 g Champignons oder Egerlinge
100 g Blattspinat
2 EL frisch gehackte Kräuter (Petersilie, Kerbel, Schnittlauch)
Jodsalz, Pfeffer, 1 TL Butter
geriebene Muskatnuss

Für das Gemüse:
300 g weißer Spargel
200 g Radieschen
200 g Möhren, 300 g Kohlrabi
1 TL Kräuterbutter
Jodsalz, Pfeffer aus der Mühle

Außerdem:
frische Kräuter zum Garnieren

Für den Kaiserschmarrn:
5 Eiweiße, 4 Eigelbe
4 EL Zucker, 250 g Mehl
etwa 1/4 l fettarme Milch
1 Prise Jodsalz
geriebene Zitroneschale
1 EL Butterschmalz
50 g Rosinen

Für die Vanillesauce:
1/4 l fettarme Milch
2 EL Vanillepuddingpulver
1 EL Zucker, 1 Eigelb

Menü 2

Zutaten für 6 Personen:

Für das Kalbscarpaccio:
500 g Kalbsfilet (am Stück)
400 g weißer Spargel
400 g grüner Spargel
Jodsalz, Zucker, 1 TL Butter
1/8 l Kalbsfond
2 TL Rapshonig
6 EL Aceto balsamico
3 EL Rapsöl, 3 Äpfel
etwas scharfer Senf
Pfeffer, einige rosa Beeren
1 EL Butterschmalz
2 Handvoll frischer Kerbel

Für die Brennnesselsuppe:
2 Zwiebeln
2 Knoblauchzehen
250 g Kartoffeln
250 g Spinatblätter
120 g Brennnesselblätter
1 EL Butter, Jodsalz, Pfeffer
1 1/4 l Gemüsebrühe
geriebene Muskatnuss
100 g saure Sahne

Für das Filet:
1 kg Rinderfilet
Jodsalz, Pfeffer, 1 EL Butter
150 g Blauschimmelkäse
150 g Zwiebeln
2 EL Butterschmalz
2 EL frisch gehackte Kräuter
einige rosa Beeren
150 g Austernpilze

Gebratenes Kalbscarpaccio mit frischem Spargel

Kalbsfilet leicht anfrosten lassen. Spargel schälen, in schräge, etwa 1 Zentimeter dicke Scheiben schneiden. Weißen in Salzwasser mit Zucker und Butter 12 Minuten, grünen 8 Minuten garen.

Kalbsfond mit Rapshonig erwärmen, Aceto balsamico und Rapsöl unterrühren. Äpfel in Würfel schneiden und unter das Dressing geben. Mit Jodsalz, Senf, Pfeffer und rosa Beeren abschmecken. Spargel darin ziehen lassen.

Kalbsfilet in dünne Scheiben schneiden und im Schmalz von beiden Seiten anbraten. Teller damit belegen. Spargel mit Kerbel darauf verteilen. (Das ausführliche Rezept steht auf Seite 48.)

Brennnessel-Spinatsuppe mit saurer Sahne

Zwiebeln würfeln, Knoblauch zerdrücken. Kartoffel schälen und würfeln. Blattspinat und Brennnesseln waschen. Zwiebel- und Kartoffelwürfel in Butter anbraten. Knoblauch, Spinat und Brennnesseln untermischen. Mit Brühe auffüllen, würzen. Zugedeckt etwa 8 Minuten kochen, pürieren. Mit der sauren Sahne verfeinern und abschmecken. (Das ausführliche Rezept steht auf Seite 49.)

Gefülltes Rinderfilet mit jungem Kohlrabi und Radieschennudeln

Rinderfilet in 6 Scheiben schneiden und jeweils seitlich eine Tasche einschneiden. Salzen und pfeffern.

Käse würfeln. Zwiebeln hacken, in 1 Esslöffel Schmalz glasig dünsten. Mit Käse, Kräutern und rosa Beeren vermischen. Austernpilze klein schneiden und in Butter braten. Austernpilze und Käsemischung in die Tasche der Filetscheiben füllen, mit Zahnstochern zustecken.

Kohlrabi schälen, in Stäbchen schneiden. Frühlingszwiebeln in Ringe schneiden. Backofen auf 180 °C vorheizen. Nudeln in Salzwasser bissfest kochen, abgießen.

Filet im restlichen Schmalz anbraten. Im Ofen in 8 bis 10 Minuten fertig garen. Kohlrabi mit Frühlingszwiebel in Butter andünsten. Mit der Brühe zugedeckt bissfest dünsten. Salzen und pfeffern. Sprossen in Butter anschwenken, Nudeln mit erhitzen. Mit Jodsalz und Pfeffer würzen. Basilikumblätter fein schneiden. Radieschen grob raspeln. Beides zu den Nudeln geben. Mit Fleisch und Gemüse anrichten. (Das ausführliche Rezept steht auf Seite 57.)

Grießtörtchen mit Erdbeeren

Vanillemark mit 3 Esslöffeln Zucker in Milch aufkochen lassen. Grieß darin etwa 5 Minuten kochen. Restlichen Zucker mit Eiern und Zitronenschale schaumig schlagen und unter den kalten Grießbrei geben. Gelatine auflösen. Unter die Grießmasse ziehen, steif geschlagene Sahne unterheben. Masse in sechs kalt ausgespülte Förmchen füllen, über Nacht kühl stellen.

Sahne steif schlagen. Erdbeeren fächerartig einschneiden. Grießtörtchen mit Erdbeeren, Sahne und gerösteten Mandeln verzieren. (Das ausführliche Rezept steht auf Seite 67.)

Zeitplan

am Vorabend
- Grießtörtchen zubereiten

etwa 2 Stunden vorher
- Spargel kochen und marinieren
- Nudeln kochen, Rinderfilet füllen
- Kalbsfilet ins Gefrierfach legen

etwa 1 Stunde vorher
- Zutaten für die Suppe schneiden
- Gemüse fürs Hauptgericht putzen

wenn die Gäste kommen
- Kalbsfilet zubereiten, anrichten
- Suppe kochen und servieren
- Nach der Suppe Hauptgericht in den Ofen schieben, Gemüse kochen, Nudeln in Butter schwenken und erwärmen
- Erdbeeren aufschneiden, Grießtörtchen fertig stellen.

Menü 2

Zahnstocher zum Verschließen

Für das Gemüse:
900 g Kohlrabi
2 Frühlingszwiebeln
1 EL Butter
1/8 l Gemüsebrühe
Jodsalz
Pfeffer aus der Mühle

Für die Radieschennudeln:
60 g Radieschensprossen
360 g Eiernudeln
Jodsalz
1 EL Butter
Pfeffer aus der Mühle
1 Zweig Basilikum
6 Radieschen

Für die Törtchen:
Mark von 2 Vanilleschoten
120 g Zucker, 3/4 l Milch
90 g Hartweizengrieß
3 Eier, 300 g Sahne
abgeriebene Schale von
1 großen unbehandelten
Zitrone
9 Blatt weiße Gelatine

Außerdem:
300 g Sahne
600 g Erdbeeren
3 EL geröstete
Mandelblättchen

Aromatisch und sonnenverwöhnt

Die Sonne hat viel Kraft und macht Tomaten, Gurken, Salate und vor allem auch die vielen Sommerfrüchte wie Kirschen und Beeren sehr aromatisch – Grund genug, die Sommermonate und ihr buntes Angebot zu nutzen.

Bunte Blattsalate mit gebratenem Hähnchenbrustfilet

Ein köstlich leichter Salat, der als Vorspeise oder Imbiss schmeckt

Gelingt ganz leicht

Zutaten für 2 Personen:

- 180 g Hähnchenbrustfilet
- 1 Zweig frischer Rosmarin
- Jodsalz
- 1 EL scharfer Senf
- 1 EL Keimöl
- weißer Pfeffer aus der Mühle
- 120 g Blattsalate (z. B. Eichblattsalat, Romanasalat, Radicchio)
- 1 Schalotte
- 2 EL Sherryessig
- 1 EL Apfelsaft
- 1/2 TL Zucker
- 2 EL Walnussöl

Zubereitungszeit:
etwa 45 Minuten
davon Garzeit:
15 bis 20 Minuten

Pro Portion etwa:
1204 Joule
288 Kalorien
22 g Eiweiß
16 g Fett
8 g Kohlenhydrate
0,7 BE

1 Hähnchenbrustfilet unter kaltem Wasser abspülen, mit Küchenkrepp trockentupfen und in eine Auflaufform legen.

2 Rosmarinzweig kurz abbrausen, trockenschütteln, Nadeln abzupfen und fein hacken. Mit Jodsalz, Senf, Öl und Pfeffer aus der Mühle verrühren.

3 Das Hähnchenbrustfilet mit der Rosmarinmischung bestreichen. Zugedeckt etwa 30 Minuten marinieren.

4 Den Backofen auf 150°C vorheizen. Das Hähnchenbrustfilet in eine feuerfeste Form geben und im Ofen in 15 bis 20 Minuten garen. Mit einem Holzstäbchen die Garprobe machen. Nach dem Anstechen muss klarer Saft austreten. Eventuell noch etwas länger garen.

5 Inzwischen die Salate waschen, putzen, trockenschleudern und in mundgerechte Stücke zupfen. Schalotte schälen und fein hacken. Mit Sherryessig, Apfelsaft, Jodsalz, Pfeffer und Zucker verrühren. Das Walnussöl mit einer Gabel kräftig unterschlagen.

6 Die Salate auf zwei Tellern anrichten und die Marinade über den Salat träufeln. Die gebratene Hähnchenbrust in schräge Scheiben schneiden und über den Salat geben. Möglichst rasch servieren.

Kochtipp:
Salate versorgen uns mit wichtigen Vitaminen und Mineralstoffen und sollten daher möglichst oft auf dem Speiseplan stehen. Damit Salate noch schneller fertig sind, können Sie sich Vinaigrette auf Vorrat bereit halten. Zutaten (ohne Zwiebeln und Schalotten, die frisch gehackt werden müssen) in drei- oder vierfacher Menge in ein Schraubglas füllen und gut schütteln. Im Kühlschrank lagern.

Kalte Gurkensuppe mit Nordseekrabben

Ein erfrischender Genuss für heiße Tage

1 Die Gurken schälen, längs halbieren und die Kerne mit einem Teelöffel herausschaben. Gurkenfleisch in Stücke schneiden und mit dem Pürierstab fein pürieren. Mit Gemüsefond, Joghurt und Sahne gründlich verrühren. Dill und Pfefferminze abbrausen und gut trockenschütteln. Die Stiele entfernen und die Blättchen fein hacken, unter die Gurkensuppe rühren.

2 Gurkensuppe mit Jodsalz und Pfeffer aus der Mühle abschmecken, in eine Schüssel füllen und zugedeckt mindestens 2 Stunden kühl stellen.

3 Suppe noch einmal durchrühren und in zwei Suppenteller geben. Mit den Nordseekrabben bestreuen.

Gesundheitstipp:

Dass Gurkenschalen auf der Haut das Gesicht frischer und feiner aussehen lassen, wussten schon unsere Großmütter. Dass in dem Gemüse, das zu fast 98 Prozent aus Wasser besteht, aber auch viele Stoffe für die innere Gesundheit stecken, vergisst man häufig. Gurken haben aber einen hohen Kaliumgehalt aufzuweisen und zeichnen sich durch einen Basenüberschuss aus. Beides sorgt dafür, dass sie blutreinigend und entschlackend wirken und die Verdauung regulieren. Vor allem der Basenüberschuss – der übrigens in keinem anderen Gemüse so hoch ist – macht Gurken zu einem idealen Lebensmittel zum Entwässern und Entsäuern des Organismus.
Während Schlangengurken meist roh verzehrt werden, verwendet man die großen und kleinen Gartengurken zum Schmoren oder Einlegen. Gurken enthalten viel Wasser, kaum Kalorien und wichtige bioaktive Substanzen für Schönheit und Gesundheit. In der Schale ist viel Vitamin E enthalten, das gegen freie Radikale und gegen Schäden durch Sonneneinstrahlung schützt. Ein Grund also, die Gurken als Salat nicht zu schälen, sondern sehr gründlich warm zu waschen und abzutrocknen.
Das Enzym Erepsin, das in Gurken zu finden ist, ist eine natürliche Waffe gegen Bakterien und Würmer im Darm.

Lässt sich gut vorbereiten

Zutaten für 2 Personen:

200 g Salatgurken
1/4 l Gemüsefond
50 g Naturjoghurt
2 EL Sahne
1 kleines Bund Dill
2 Blätter frische Pfefferminze
Jodsalz
Pfeffer aus der Mühle
40 g gegarte und gepulte Nordseekrabben

Zubereitungszeit:
etwa 30 Minuten
+ mindestens 2 Stunden Kühlzeit

Pro Portion etwa:
443 Joule
106 Kalorien
6 g Eiweiß
7 g Fett
4 g Kohlenhydrate
0,3 BE

Gedünstete Forellenfilets in Kresseschaumsauce

Ein leichter Genuss, der Ihren Gästen schmeckt

Kalorienarm

Zutaten für 2 Personen:

Fischfilets:

200 g Gemüse (Lauch, Petersilienwurzel, Zwiebeln)
etwas frischer Kerbel
1 Zweig frischer Rosmarin
1/4 l Gemüsebrühe
1/8 l trockener Weißwein
einige Wacholderbeeren
1 Lorbeerblatt
Jodsalz
4 frische Forellenfilets von je etwa 90 g
Saft von 1/2 Zitrone
weißer Pfeffer aus der Mühle

Kresseschaumsauce:

1 TL Butter
1 EL Mehl
1/8 l Gemüsebrühe
1 Schälchen Gartenkresse
3 EL Sahne
Jodsalz
weißer Pfeffer aus der Mühle
etwas Zitronensaft
einige Zweige frischer Dill zum Garnieren
einige rosa Beeren

Zubereitungszeit:

etwa 45 Minuten
davon Garzeit:
etwa 15 Minuten

Pro Portion etwa:

2049 Joule
490 Kalorien
48 g Eiweiß
15 g Fett
23 g Kohlenhydrate
1,9 BE

1 Das Gemüse waschen oder schälen, putzen und in kleine Würfel schneiden. Zwiebeln schälen und hacken. Die Kräuter kalt abspülen und trockenschütteln. Gemüse, Zwiebeln und Kräuter mit Gemüsebrühe und Weißwein in einem Topf mischen. Wacholderbeeren, Lorbeerblatt und Jodsalz dazugeben und die Mischung zum Kochen bringen. Die Hitze so weit reduzieren, dass der Sud nur noch leise simmert.

2 Die Forellenfilets mit Zitronensaft säuern und mit Jodsalz und Pfeffer würzen. Dann in den Sud geben und in 12 bis 15 Minuten gar ziehen lassen.

3 In der Zwischenzeit für die Sauce Butter in einem Topf zergehen lassen, das Mehl unterrühren, mit kalter Gemüsebrühe aufgießen und gut durchkochen. Sahne steif schlagen, Kresse im Beet kalt abspülen, trockenschütteln und mit einer Küchenschere abschneiden. Beides unter die Sauce heben, mit Jodsalz, weißem Pfeffer und etwas Zitronensaft fein abschmecken.

4 Forellenfilets aus dem Sud nehmen und auf vorgewärmten Tellern anrichten. Die Kresseschaumsauce darübergeben und mit Dillsträußchen und einigen rosa Beeren garnieren. Dazu passen Petersilienkartoffeln.

Kochtipp:

Statt Forellenfilets können Sie für dieses Gericht auch andere feine zarte Fischfilets, beispielsweise vom Saibling, der Renke oder auch von jungem Zander nehmen.

Gesundheitstipp:

Kresse ist so Vitamin-C-reich, dass sie früher als Mittel gegen Skorbut verzehrt wurde. Ihr hoher Eisengehalt regt die Blutbildung an und macht munter. Ihre scharfen Senföle wirken gegen Pilzinfektionen im Körper, ihre Bitterstoffe regen den Gallenfluss an.

Fisch und Sommergemüse aus dem Tontopf

Ein aromatisches Gericht, das ganz leicht gelingt

1 Den Tontopf mit kaltem Wasser abbrausen und nicht abtrocknen. Alle Forellenfilets auf beiden Seiten mit Zitronensaft, Jodsalz und Pfeffer aus der Mühle würzen.

2 Zwiebel abziehen, Gemüse und Kartoffeln waschen oder schälen, putzen und mundgerecht zerteilen. Kartoffeln in wenig Salzwasser zugedeckt etwa 10 Minuten vorkochen, abgießen. Zwiebel, Gemüse und Kartoffeln vermischen und in den Tontopf geben. Knoblauch abziehen, hacken und mit rosa Beeren sowie grünen und schwarzen Pfefferkörnern dazugeben und vermengen.

3 Die vorbereiteten Forellenfilets darauflegen und mit Gemüsebrühe und Weißwein aufgießen. Frühlingszwiebel waschen, putzen, fein schneiden und darüber streuen. Tontopf schließen und in den kalten Ofen schieben. Ofen auf 200 °C schalten, Fisch und Gemüse darin etwa 1 Stunde und 15 Minuten garen.

4 In der Zwischenzeit für den Dip den Knoblauch abziehen und fein hacken. Mit der Crème fraîche, der sauren Sahne, Zitronensaft, Schnittlauch, Petersilie und Dill gründlich verrühren und mit Jodsalz und Pfeffer abschmecken.

5 Den Tontopf aus dem Ofen nehmen, auf ein Küchentuch stellen und etwas ruhen lassen, dann den Deckel entfernen. Den Dip auf die Forellenfilets geben und servieren.

Kochtipp:

Tontöpfe eignen sich sehr gut zum Garen von Gemüse, Fleisch und Fisch, da das Aroma der Lebensmittel besonders gut zum Vorschein kommt. Die unteren Teile der Töpfe können glasiert sein, da sie sich dann auch leichter reinigen lassen. Die Deckel hingegen müssen unglasiert sein, damit sie Feuchtigkeit aufnehmen können. Die Töpfe kommen zudem immer in den kalten Ofen, damit sie sich langsam erwärmen und keine Risse bekommen.

Lässt sich gut vorbereiten

Zutaten für 2 Personen:

Tontopf:

- 180 g Forellenfilet
- 180 g Lachsforellenfilet
- Saft von 1/2 Zitrone
- Jodsalz
- Pfeffer aus der Mühle
- 1 Zwiebel
- 350 g Gemüse wie Zucchini, Möhren, Paprikaschoten (bunt)
- 300 g Kartoffeln
- 1 Knoblauchzehe
- 1/2 l Gemüsebrühe
- 1/8 l trockener Weißwein
- einige rosa Beeren
- 1/2 TL grüne und schwarze Pfefferkörner
- 1 Frühlingszwiebel

Kräuterdip:

- 1 Knoblauchzehe
- 2 EL Crème fraîche
- 4 EL saure Sahne
- Saft von 1/2 Zitrone
- 1 TL Schnittlauchröllchen
- 1 TL frisch gehackte Petersilie
- 1 TL frisch gehackter Dill
- Jodsalz
- Pfeffer aus der Mühle

Zubereitungszeit:

etwa 1 1/2 Stunden

davon Garzeit:

etwa 1 1/4 Stunden

Pro Portion etwa:

2366 Joule

566 Karlorien

50 g Eiweiß

13 g Fett

44 g Kohlenhydrate

3,6 BE

Ossobuco von der Hähnchenkeule mit Bohnen und Schupfnudeln

Ein aromatisches Essen, das Ihren Gästen schmeckt

Mit hochwertigem Eiweiß

Zutaten für 2 Personen:

Schupfnudeln:

400 g mehlig kochende Kartoffeln
Jodsalz
1/2 TL Kümmel
1 Ei
60 g Mehl
Pfeffer aus der Mühle
geriebene Muskatnuss
1 TL Butterschmalz

Hähnchen-Ossobuco:

4 Hähnchenkeulen von je etwa 120 g
Jodsalz
Pfeffer aus der Mühle
1/2 TL Butterschmalz
200 g Wurzelgemüse (Zwiebeln, Möhren, Sellerie)
1 EL Mehl
1 EL Tomatenmark
1/8 l Rotwein
1/4 l Fleischbrühe
1 Zweig frischer Rosmarin
1 Lorbeerblatt

Bohnen:

300 g grüne Bohnen
Jodsalz
1 Zwiebel
1 Knoblauchzehe
1/2 TL Butter
Pfeffer aus der Mühle
1 Zweig frisches Bohnenkraut

Zubereitungszeit:

etwa 1 Stunde
davon Garzeit:
etwa 30 Minuten

Pro Portion etwa:

3863 Joule
924 Kalorien
73 g Eiweiß
21 g Fett
85 g Kohlenhydrate
7,1 BE

1 Für die Schupfnudeln die Kartoffeln waschen und mit der Schale in kochendem Salzwasser mit dem Kümmel zugedeckt bissfest kochen. Kurz ausdämpfen lassen, pellen und noch heiß durch die Kartoffelpresse drücken. Auskühlen lassen.

2 Hähnchenkeulen kalt waschen, trockentupfen und mit einem scharfen Messer und der Geflügelschere quer zum Knochen in Scheiben schneiden. Mit Jodsalz und Pfeffer würzen. Wurzelgemüse schälen, putzen und in kleine Würfel schneiden.

3 Den Backofen auf 180 °C vorheizen. Butterschmalz in einem ofenfesten Bräter erhitzen und die Hähnchenscheiben darin von allen Seiten anbraten. Wurzelgemüse dazu geben. Mit Mehl bestäuben, Tomatenmark dazugeben und leicht anrösten. Mit Rotwein und Fleischbrühe aufgießen. Rosmarin und Lorbeerblatt dazugeben und das Hähnchen im heißen Ofen zugedeckt 25 bis 30 Minuten schmoren.

4 Inzwischen Ei, Mehl, Jodsalz, Pfeffer aus der Mühle und Muskat zu den zerdrückten Kartoffeln geben und rasch zu einen glatten Teig verkneten. Mit bemehlten Händen Schupfnudeln daraus formen. Butterschmalz erhitzen, die Schupfnudeln darin bei mittlerer Hitze rundherum goldbraun braten.

5 Die Bohnen waschen, putzen und in kochendem Salzwasser in 6 bis 8 Minuten bissfest garen. Zwiebel abziehen und würfeln, Knoblauch abziehen und zerdrücken. Butter erhitzen, Zwiebel und Knoblauch darin glasig dünsten. Bohnen dazugeben und mit Jodsalz, Pfeffer aus der Mühle und Bohnenkraut würzen.

6 Die Hähnchenkeulen aus dem Ofen nehmen, die Sauce abschmecken und beides auf Tellern anrichten. Bohnen und die Schupfnudeln dazu servieren.

Kochtipp:

Kartoffeln sollten Sie immer durch die Presse drücken, beim Pürieren, etwa in der Küchenmaschine, werden sie zäh.

Wirsingköpfchen mit Hähnchen-Pilz-Füllung auf gebratenen Kartoffelscheiben

Mit zartem Sommerwirsing besonders fein

1 Die Wirsingblätter waschen, dicke Blattrippen entfernen. Reichlich Salzwasser zum Kochen bringen und die Blätter darin einzeln 2 bis 3 Minuten blanchieren, bis sie biegsam sind. Dann kalt abschrecken, abtropfen lassen und beiseite legen.

2 Pilze putzen und würfeln. Lauch, Möhren und Sellerie je nach Art waschen oder schälen, putzen und in Würfel schneiden. Die Butter zerlassen, das Gemüse mit den Pilzen darin andünsten, vom Herd ziehen. Den Backofen auf 150 bis 160 °C vorheizen.

3 Das Hähnchenfleisch grob würfeln und durch den Fleischwolf drehen. Gründlich mit dem Gemüse vermengen. Rosa Beeren und 1 Esslöffel Sahne zu der Masse geben und mit Jodsalz und Pfeffer aus der Mühle abschmecken.

4 Die Wirsingblätter damit füllen und zusammenrollen, nebeneinander in eine ofenfeste Pfanne setzen und die gut gewürzte Gemüsebrühe angießen. Den Rosmarin abspülen und dazugeben. Die Wirsingköpfchen im heißen Ofen 25 bis 30 Minuten garen.

5 In der Zwischenzeit die Kartoffeln gründlich waschen und mit der Schale in Scheiben schneiden. Das Butterschmalz in einer beschichteten Pfanne erhitzen. Die Kartoffeln darin unter häufigem Wenden bei mittlerer Hitze goldgelb braten und mit Jodsalz, Pfeffer und Kümmel würzen.

6 Die Pfifferlinge putzen und in kochendem Salzwasser 1 bis 2 Minuten blanchieren. Dann in einem Sieb sehr gut abtropfen lassen.

7 Für die Sauce etwa 1/4 Liter des Bratfonds aus der Pfanne in einen Topf gießen und mit der restlichen Sahne erhitzen, blanchierte Pfifferlinge dazugeben. Mit Jodsalz und Pfeffer abschmecken und mit Dill und Schnittlauch verfeinern.

8 Die gebratenen Kartoffelscheiben auf Tellern anrichten, die Wirsingköpfchen daraufsetzen und mit der Sauce überziehen.

Gelingt ganz leicht

Zutaten für 2 Personen:

Wirsingköpfchen:
8 Blätter Wirsing
Jodsalz
80 g Pilze (Champignons, Pfifferlinge, Egerlinge, Austernpilze)
50 g Lauch
50 g Möhren
50 g Sellerie
1/2 TL Butter
320 g Hähnchenbrustfilets
rosa Beeren
2 EL Sahne
Pfeffer aus der Mühle
1/2 l Gemüsebrühe
1 Zweig frischer Rosmarin
50 g Pfifferlinge
1 TL frisch gehackter Dill
1 TL Schnittlauchröllchen

Kartoffelscheiben:
400 g vorwiegend fest kochende Kartoffeln
1 TL Butterschmalz
Jodsalz
Pfeffer aus der Mühle
1/2 TL Kümmel

Zubereitungszeit:
etwa 1 Stunde
davon Garzeit:
etwa 30 Minuten

Pro Portion etwa:
2124 Joule
508 Kalorien
45 g Eiweiß
14 g Fett
40 g Kohlenhydrate
3,4 BE

Schweinenüsschen auf Chinakohl mit Pilz-Kartoffelnockerl

Köstliche Sommerküche zum Vorbereiten

Lässt sich gut vorbereiten

Zutaten für 2 Personen:

Pilz-Kartoffelnockerl:
- 400 g mehlig kochende Kartoffeln
- Jodsalz
- 1/2 TL Kümmel
- 80 g Champignons oder Egerlinge
- 1 TL Butter
- 1 Ei
- 80 g Mehl
- Pfeffer aus der Mühle
- geriebene Muskatnuss

Schweinenüsschen:
- 2 Scheiben Schweinenuss von je etwa 160 g
- Jodsalz
- Pfeffer aus der Mühle
- 1/2 rote Paprikaschote
- 1/2 gelbe Paprikaschote
- 1/2 TL Butterschmalz
- 4 EL Sahne
- einige grüne Pfefferkörner
- 1 TL Schnittlauchröllchen

Chinakohl:
- 300 g Chinakohl
- 1 kleine Zwiebel
- 1/2 TL Butter
- 100 ml Gemüsebrühe
- Jodsalz
- Pfeffer aus der Mühle

Zubereitungszeit:
etwa 1 1/4 Stunden
davon Garzeit:
etwa 45 Minuten

Pro Portion etwa:
3717 Joule
889 Kalorien
47 g Eiweiß
40 g Fett
69 g Kohlenhydrate
5,8 BE

1 Die Kartoffeln mit der Schale in Salzwasser mit Kümmel zugedeckt weich kochen. Etwas ausdämpfen lassen und pellen. Noch heiß durch die Kartoffelpresse in eine Schüssel drücken.

2 Champignons oder Egerlinge putzen und in Würfel schneiden. Butter schmelzen lassen, die Pilze darin unter Rühren bei mittlerer Hitze anbraten. Pilze mit Ei, Mehl, Jodsalz, Pfeffer aus der Mühle und Muskat zu den Kartoffeln geben und alles rasch zu einen glatten Teig verkneten. Mit bemehlten Händen aus dem Kartoffelteig Nockerl formen und nebeneinander auf einem Brett beiseite stellen.

3 Das Fleisch kalt abbrausen, trockentupfen, leicht klopfen und mit Jodsalz und Pfeffer aus der Mühle würzen. Paprikaschoten waschen, putzen und in kleine Würfel schneiden.

4 Für den Chinakohl die einzelnen Kohlblätter waschen, putzen und in Streifen schneiden. Die Zwiebel abziehen und fein würfeln.

5 Für die Kartoffelnockerl reichlich Salzwasser zum Kochen bringen. Die Nockerl hineingeben und bei mittlerer Hitze im leise kochenden Wasser 15 bis 20 Minuten garen. Dann abtropfen lassen.

6 Inzwischen für die Schweinenüsschen Butterschmalz erhitzen und die Fleischscheiben darin von beiden Seiten braten. Paprikaschoten dazugeben. Mit Sahne auffüllen und gut durchkochen lassen. Zum Schluss grüne Pfefferkörner und Schnittlauch dazugeben und die Sauce mit Jodsalz und Pfeffer aus der Mühle abschmecken.

7 Gleichzeitig für den Chinakohl die Butter zerlassen. Die Zwiebel darin glasig braten. Den Chinakohl dazugeben, mit Gemüsebrühe angießen und zugedeckt einige Minuten kochen lassen. Den Chinakohl mit Jodsalz und Pfeffer aus der Mühle würzen.

8 Den Chinakohl auf vorgewärmten Tellern anrichten, die Schweinenüsschen daraufsetzen, mit der Paprikasauce übergießen und die Pilz-Kartoffelnockerl dazu anrichten.

Gesundheitstipp:
Zwei- bis dreimal Fleisch pro Woche deckt unseren Bedarf an lebenswichtigen Vitaminen und Mineralstoffen. Dabei ist Schweinefleisch reich an den wasserlöslichen Vitaminen der B-Gruppe, insbesondere an Vitamin B1, das besonders wichtig für die Energiegewinnung aus Kohlenhydraten ist. Es sorgt dafür, dass unsere Nerven sowie Herz- und Skelettmuskeln mit lebensnotwendigen Stoffen versorgt werden können. Vitamin B1 erhält unsere körperliche und geistige Leistungsfähigkeit. Gegen Fett ist übrigens nichts einzuwenden, wenn es als zarte Adern das Fleisch marmoriert oder außen als Rand sitzt. Fett ist Aromaträger und macht das Fleisch erst richtig schmackhaft. Große Fettstreifen lassen sich nach dem Garen problemlos entfernen.
Chinakohl hat von August bis Februar Hauptsaison aus heimischem Anbau und ist dann besonders vitaminreich. Besonders hervorzuheben ist sein Gehalt an Provitamin A, Vitaminen der B-Gruppe und Vitamin C. Außerdem wartet er mit Kalium, Kalzium, Phosphor und Eisen auf.
Durch seinen Gehalt an Senfölen und Aminosäuren ist er besonders bekömmlich und verdauungsfördernd.
Beim Einkauf von Chinakohl sollten Sie auf Köpfe mit fest geschlossenen Blättern achten. Unangeschnitten lässt er sich bis zu zehn Tagen im Gemüsefach des Kühlschranks aufbewahren, angeschnitten nur noch wenige Tage. Die Schnittstelle sollte dafür mit Folie abgedeckt werden. Chinakohl schmeckt sowohl roh als Salat wie gedünstet zubereitet.

Rinderhüftsteak in Kräutersenfkruste mit Rahmchampignons und gefüllten Kartoffeln

Ein festliches Essen für besondere Anlässe

Für Gäste geeignet

Zutaten für 2 Personen:

Gefüllte Kartoffeln:
4 große Kartoffeln
Jodsalz
etwa 100 ml heiße Milch
1/2 TL Butter
2 kleinere Tomaten
1 EL Schnittlauchröllchen
Pfeffer aus der Mühle
geriebene Muskatnuss
20 g geriebener Allgäuer Emmentaler

Steaks:
2 Scheiben Rinderhüfte von je etwa 160 g
Jodsalz
Pfeffer aus der Mühle
1/2 TL Butterschmalz
60 g Kalbsbrät
1 EL körniger Senf
1 EL frisch gehackte Kräuter (Schnittlauch, Petersilie, Dill und Basilikum)
1 Schweinenetz (beim Metzger vorbestellen; 30 Minuten wässern)

Rahmchampignons:
200 g Champignons
1/2 TL Butter
100 g Sahne
1 TL frisch gehackte Kräuter
Jodsalz
Pfeffer aus der Mühle
1 Prise gemahlener Kümmel

Zubereitungszeit:
etwa 1 Stunde
davon Garzeit:
etwa 30 Minuten

Pro Portion etwa:
4352 Joule, 1041 Kalorien
62 g Eiweiß
38 g Fett
94 g Kohlenhydrate
7,9 BE

1 Kartoffeln in der Schale in Salzwasser zugedeckt bissfest kochen. Etwas auskühlen lassen und der Länge nach halbieren. Mit einem Kaffeelöffel so aushöhlen, dass rundherum ein etwa 1 Zentimeter dicker Rand bleibt. Den Backofen auf 180 °C vorheizen.

2 Das ausgelöste Kartoffelfleisch durch die Kartoffelpresse drücken, mit heißer Milch und Butter verrühren. Tomaten mit kochendem Wasser überbrühen und abziehen. Früchte vierteln, entkernen, in feine Würfel schneiden und zur Kartoffelmasse geben. Mit Schnittlauchröllchen verfeinern und mit Jodsalz, Pfeffer aus der Mühle und Muskat pikant würzen.

3 Kartoffelmasse in die ausgehöhlten Kartoffelhälften füllen. Käse darüber streuen. Kartoffeln nebeneinander in eine feuerfeste Form setzen und im heißen Ofen etwa 20 Minuten goldbraun gratinieren.

4 Rindfleisch kalt waschen, trockentupfen und mit Jodsalz und Pfeffer würzen. Butterschmalz erhitzen und das Fleisch darin von beiden Seiten bei starker Hitze rasch anbraten. Aus der Pfanne nehmen.

5 Kalbsbrät mit Senf und Kräutern vermengen und mit Jodsalz und Pfeffer würzen. Schweinenetz in zwei Stücke schneiden. Brätmasse auf die Steaks streichen, diese im Schweinenetz einwickeln und wieder in die heiße Pfanne legen. Pro Seite bei mittlerer Hitze noch 10 bis 15 Minuten weiter braten.

6 Inzwischen Champignons putzen, feinblättrig schneiden und in Butter anbraten. Mit Sahne auffüllen. Mit Kräutern, Jodsalz, Pfeffer und Kümmel abschmecken.

7 Steaks schräg aufschneiden und mit den Champignons und den Kartoffeln anrichten.

Rindfleischlasagne mit Kartoffeln und Weißkohl

Ein preiswertes und dabei köstliches Gericht

1 Für den Nudelteig Mehl in eine große Schüssel sieben und in der Mitte eine Mulde bilden. Ei mit Rapsöl, 2-3 Esslöffeln Wasser und Jodsalz verquirlen, dazugeben und alles zu einem festen Teig verkneten. Den Teig zu einer Kugel formen und 30 Minuten ruhen lassen.

2 Inzwischen Kartoffeln waschen und in Salzwasser mit dem Kümmel zugedeckt weich kochen. Dann etwas ausdämpfen lassen, pellen und in Scheiben schneiden. Weißkohl waschen, putzen und in Streifen schneiden. Mit der Brühe erhitzen und zugedeckt bei mittlerer Hitze in etwa 10 Minuten bissfest dünsten. Paprikaschoten waschen, putzen und in kleine Würfel schneiden. Unter den Kohl mischen.

3 Den Nudelteig dünn ausrollen und in drei Stücke in Größe der Auflaufform schneiden. Etwas trocknen lassen und anschließend in Salzwasser etwa 8 Minuten garen. Nudelblätter kalt abschrecken und gut abtropfen lassen.

4 Zwiebeln und Gemüse je nach Art waschen, putzen und in kleine Würfel schneiden. Knoblauch abziehen und zerdrücken. Butterschmalz in einer weiten Pfanne erhitzen. Rinderhack darin bei starker Hitze unter Rühren gut anbraten. Das Gemüse mit dem Knoblauch dazugeben und ebenfalls gut anbraten. Dann die Masse in einen Topf geben und mit Fleischbrühe aufgießen. Mit Paprika, Oregano, Basilikum, Pfeffer und Jodsalz würzen.

5 Den Backofen auf 160°C vorheizen. Eine Auflaufform gut mit Butter ausstreichen.

6 In die Form das erste Nudelblatt geben, mit der Hälfte der Fleischmischung bestreichen und ebenfalls die Hälfte der Kartoffelscheiben und Weißkohlmischung darauf verteilen. Nun das zweite Nudelblatt darauf legen und mit dem restlichen Fleisch, Kartoffelscheiben und Kohlmischung bedecken. Zum Schluss das letzte Nudelblatt darauf legen und mit geriebenem Emmentaler bestreuen. Die Lasagne im heißen Ofen 40 bis 45 Minuten garen, bis sie schön gebräunt ist. Vor dem Anschneiden etwa 10 Minuten stehen lassen, dann läuft kein Saft aus.

Für Gäste geeignet

Zutaten für 2 Personen:

Nudelteig:

200 g Mehl
1 Ei
1 EL Rapsöl
Jodsalz

Füllung:

100 g Kartoffeln
Jodsalz
1/2 TL Kümmel
100 g Weißkohl
1/4 l Gemüsebrühe
100 g Paprikaschoten (rot, gelb, grün)
150 g Wurzelgemüse (Zwiebeln, Möhren, Lauch, Sellerie)
1 Knoblauchzehe
1/2 TL Butterschmalz
250 g Rinderhackfleisch
1/4 l Fleischbrühe
Paprikapulver
frischer Oregano und Basilikum
Pfeffer aus der Mühle
50 g frisch geriebener Allgäuer Emmentaler

Außerdem:

Butter für die Form

Zubereitungszeit:

etwa 1 1/2 Stunden
davon Garzeit:
etwa 1 Stunde

Pro Portion etwa:

4235 Joule
1013 Kalorien
55 g Eiweiß
41 g Fett
90 g Kohlenhydrate
7,5 BE

Bohnengeschnetzeltes mit Rindfleisch

Ein schnelles Gericht für alle Tage

Preiswert

Zutaten für 2 Personen:

260 g grüne Bohnen
Jodsalz
320 g Rinderoberschale
1 Frühlingszwiebel
80 g Champignons
1/2 TL Butterschmalz
Pfeffer aus der Mühle
Currypulver
1 EL frisch gehackte Kräuter (Petersilie, Dill, Basilikum)
1/4 l braune Grundsauce
125 g Sahne
2 Tomaten

Zubereitungszeit:
etwa 45 Minuten
davon Garzeit:
etwa 30 Minuten

Pro Portion etwa:
2534 Joule
606 Kalorien
44 g Eiweiß
34 g Fett
20 g Kohlenhydrate
1,7 BE

1 Bohnen waschen, putzen, klein schneiden und in kochendem Salzwasser etwa 1 Minute blanchieren. Dann in ein Sieb abgießen.

2 Die Rinderoberschale mit kaltem Wasser abbrausen, trockentupfen und in Streifen schneiden. Frühlingszwiebel putzen, waschen und in feine Streifen schneiden. Pilze putzen und in feine Scheiben schneiden.

3 Butterschmalz erhitzen. Frühlingszwiebelstreifen darin bei schwacher Hitze andünsten. Rindfleischstreifen dazugeben, mit Pfeffer würzen und bei mittlerer Hitze anbraten.

4 Champignons und die Bohnen hinzufügen und mit Jodsalz, Pfeffer und Curry würzen. Die frischen Kräuter (bis auf 1 Teelöffel) dazugeben, mit brauner Grundsauce und Sahne aufgießen und bei mittlerer Hitze in etwa 15 Minuten gut durchkochen lassen.

5 Inzwischen die Tomaten mit kochendem Wasser überbrühen und abziehen. Tomaten achteln und entkernen. Tomatenachtel zum Bohnengeschnetzelten geben und kurz erhitzen. Restliche Kräuter dazugeben und alles nochmals mit Jodsalz und Pfeffer abschmecken.

Serviertipp:
Dazu passen Dampfkartoffeln.

Gesundheitstipp:
Grüne Bohnen enthalten neben zahlreichen Vitaminen (C und B-Vitaminen) und Mineralstoffen (Eisen, Kalzium und Kalium) reichlich Ballaststoffe. Diese Faserstoffe, die unverdaut wieder ausgeschieden werden, regulieren die Verdauung und binden auch Gift- und Fettstoffe. Grüne Bohnen gelten nicht nur in Asien als gutes Gemüse bei Leberleiden.

Zubereitungstipp:
Bohnen müssen immer gegart werden, sie sind roh giftig.

Geschmorter Ochsenschwanz mit Steinpilzen und Petersiliengnocchi

Ein aromatisches Gericht, das sich gut vorbereiten lässt

1 Wurzelgemüse und Zwiebel waschen oder schälen, putzen und in Würfel schneiden. Tomate mit kochendem Wasser überbrühen und abziehen. Knoblauch abziehen und zerdrücken.

2 Eine beschichtete Pfanne ohne Fett erhitzen. Den Ochsenschwanz darin bei starker Hitze scharf anbraten, Gemüse dazugeben und kurz anrösten. Tomate hinzufügen und alles mit Portwein, Wein und Fleischbrühe auffüllen. Mit Lorbeer, Knoblauch, Salz und Pfeffer würzen und zugedeckt bei schwacher Hitze etwa 2 Stunden schmoren.

3 In der Zwischenzeit für das Zwiebelmus Zwiebeln klein schneiden, mit Wein und den Gewürzen in 15 bis 20 Minuten weich kochen und mit Honig, Salz und Pfeffer würzen.

4 Kartoffeln waschen und in der Schale in wenig Wasser mit Salz weich kochen. Etwas ausdämpfen lassen, pellen, und noch heiß durch die Kartoffelpresse drücken. Petersilie waschen, trockenschütteln und fein hacken.

5 Die Kartoffeln mit dem Mehl bestäuben. Die Eigelbe mit der Petersilie verquirlen und dazugeben. Abschmecken und zu einem festen Teig verarbeiten. Den Backofen auf 180°C vorheizen.

6 Das Fleisch von den Knochen lösen. Das gewaschene und gewässerte Schweinenetz ausbreiten. Die Fleischstücke darauf auslegen, mit Zwiebelmus füllen, Scheiben formen und im Schweinenetz einschlagen. In eine ofenfeste Pfanne setzen und im heißen Ofen offen etwa 20 Minuten braten.

7 Aus der Kartoffelmasse mit zwei Teelöffeln Gnocchi (Nocken) formen. Reichlich Salzwasser zum Kochen bringen. Die Gnocchi bei schwacher Hitze darin 8 bis 10 Minuten ziehen lassen.

8 Butter schmelzen lassen, Knoblauch und Schalotte darin glasig dünsten. Pilze dazugeben und beidseitig braten, würzen.

9 Gnocchi in zerlassener Butter schwenken. Mit Ochsenschwanz und Pilzen auf Tellern anrichten.

Für Gäste geeignet
Zutaten für 2 Personen:

Ochsenschwanzragout:
200 g Wurzelgemüse (Möhren, Lauch, Sellerie, Zwiebel)
1 kleine Tomate
1 Knoblauchzehe
800 g Ochsenschwanz in Scheiben geschnitten (mit Knochen)
5 cl Portwein, 1/8 l Rotwein
1/4 l Fleischbrühe, 1 Lorbeerblatt
Jodsalz, Pfeffer aus der Mühle
1 Schweinenetz (beim Metzger vorbestellen)

Zwiebelmus:
200 g rote Zwiebeln
2 cl Portwein, 1/8 l Rotwein
1–2 Zweige frischer Thymian
1 Knoblauchzehe, 1 TL Honig
Jodsalz, Pfeffer aus der Mühle

Petersiliengnocchi:
400 g mehlig kochende Kartoffeln, Jodsalz,
1 Bund Petersilie, 100 g Mehl
2 Eigelbe, Pfeffer aus der Mühle, geriebene Muskatnuss
Butter zum Schwenken

Außerdem:
1/2 TL Butter
1 Knoblauchzehe
1/2 Schalotte
120 g Steinpilze in Scheiben
1 TL frischer Thymian
1 TL Aceto balsamico
Jodsalz, Pfeffer aus der Mühle

Zubereitungszeit:
etwa 3 Stunden
davon Garzeit:
etwa 2 1/2 Stunden

Pro Portion etwa:
4791 Joule, 1146 Kalorien
63 g Eiweiß, 35 g Fett
99 g Kohlenhydrate, 8,3 BE

Schweineschulterbraten mit Brezenfüllung

Durch Wurzelgemüse besonders aromatisch

Preiswert

Zutaten für 2 Personen:

Braten:

360 g Schweineschulter mit Schwarte
200 g Wurzelgemüse (Möhren, Lauch, Sellerie, Zwiebeln)
Jodsalz
Pfeffer aus der Mühle
1/2 TL Butterschmalz
2 Lorbeerblätter
einige Wacholderbeeren
1/2 l Gemüsebrühe

Füllung:

1/2 Frühlingszwiebel
1/2 TL Butterschmalz
1 Knoblauchzehe
etwa 100 ml Milch
100 g Laugenbrezen
1 Ei
1 EL frisch gehackte Kräuter
Jodsalz
Pfeffer aus der Mühle

Außerdem:

Küchengarn zum Verschließen

Zubereitungszeit:

etwa 1 1/2 Stunden
davon Garzeit:
etwa 1 Stunde

Pro Portion etwa:

2971 Joule
723 Kalorien
49 g Eiweiß
35 g Fett
41 g Kohlenhydrate
3,4 BE

1 Schweineschulter mit kaltem Wasser abbrausen, trockentupfen und mit einem scharfen Messer seitlich eine Tasche einschneiden. Das Fleisch aber nur so weit einschneiden, dass es noch gut zusammenhält. Die Schwarte rautenförmig mit einem scharfen Messer einschneiden. Wurzelgemüse und Zwiebeln je nach Art waschen, schälen und klein schneiden.

2 Für die Füllung die Frühlingszwiebel waschen, putzen und fein schneiden. Butterschmalz erhitzen und die Frühlingszwiebel darin glasig dünsten. Knoblauch abziehen und zerdrücken. Milch erhitzen. Brezen in dünne Scheiben schneiden und mit der heißen Milch übergießen. Das Ei, die frisch gehackten Kräuter, Knoblauch und Frühlingszwiebeln dazugeben, mit Jodsalz und Pfeffer kräftig würzen und alles zu einem festen Teig verarbeiten.

3 Den Backofen auf 180 °C vorheizen. Die Brezenmasse in die Öffnung der Schweineschulter füllen, den Braten mit Küchengarn zusammenbinden und mit Jodsalz und Pfeffer aus der Mühle würzen.

4 Butterschmalz in einem Bräter erhitzen. Schweineschulter darin bei starker Hitze ringsherum anbraten. Zwiebel und Wurzelgemüse dazugeben und kurz mit anbraten.

5 Lorbeerblätter und Wacholderbeeren dazugeben und mit der Brühe ablöschen. Den Braten im heißen Ofen offen 40 bis 50 Minuten garen.

6 Die Sauce abschmecken, nach Wunsch passieren und separat zum Fleisch servieren. Das Fleisch aufschneiden und anrichten.

Serviertipp:

Zum Schweineschulterbraten passt ein Kartoffelsalat mit gehobelten Salatgurken, der mit Joghurt oder Mayonnaise angemacht wird, besonders gut.

Kartoffel-Ei-Terrine mit frischen Kräutern

Köstliches Backofengericht, das leicht gelingt

1 Kartoffeln mit der Schale in wenig Salzwasser zugedeckt gar, aber noch bissfest kochen. Kartoffeln etwas ausdämpfen lassen, pellen, in Scheiben schneiden.

2 4 Eier hart kochen, kalt abschrecken, pellen und mit dem Eischneider in Scheiben schneiden. Schinken in Würfel schneiden. Tomaten mit kochendem Wasser überbrühen und abziehen. Tomaten halbieren, die Kerne entfernen und das Fruchtfleisch in feine Würfel schneiden.

3 Eine Auflaufform mit Butterschmalz fetten, den Backofen auf 180°C vorheizen.

4 Die Kartoffelscheiben in die vorbereitete Form schichten. Mit Jodsalz, Pfeffer aus der Mühle und gehackten Kräutern würzen.

5 Die Eierscheiben darauf legen und die Schinkenwürfel darüber verteilen. Die restlichen Eier mit Quark und Joghurt gründlich verquirlen und mit Jodsalz und Pfeffer aus der Mühle kräftig würzen.

6 Die Eiermasse über die Zutaten gießen. Tomatenwürfel und den geriebenen Butterkäse darüber streuen und die Terrine im heißen Ofen 30 bis 35 Minuten backen, bis sie schön gebräunt ist. Mit gehackten Kräutern bestreuen und anrichten.

Gesundheitstipp:

Eier gerieten in den letzten Jahren in Verruf und galten als Verursacher für einen hohen Cholesterinspiegel. Inzwischen weiß man, dass ein gesunder Mensch eine hohe Cholesterinzufuhr ausgleichen kann, indem weniger körpereigenes Cholesterin aufgebaut wird. Zudem enthalten Eier zahlreiche Stoffe, die für unsere Gesundheit wichtig sind. So enthalten sie vor allem einfach und mehrfach ungesättigte Fettsäuren, hochwertiges Eiweiß sowie zahlreiche Vitamine der B-Gruppe, die den Stoffwechsel ankurbeln und gut für Haut, Haare, Nerven und Blutgefäße sind. Im Eigelb ist reichlich Vitamin A, im Eiweiß dagegen sind viele Mineralstoffe wie Kalium, Kalzium und Magnesium. Essen Sie also am besten immer die ganzen Eier.

Preiswert

Zutaten für 2 Personen:

400 g vorwiegend fest kochende Kartoffeln
Jodsalz
6 Eier
180 g gekochter Schinken
2 Tomaten
Pfeffer aus der Mühle
60 g geriebener Butterkäse
60 g Quark
60 g Joghurt
2 EL gehackte Kräuter (Schnittlauch, Petersilie, Dill, Majoran)

Außerdem:

1/2 TL Butterschmalz für die Form

Zubereitungszeit:

etwa 1 Stunde
davon Garzeit:
30 bis 35 Minuten

Pro Portion etwa:

3717 Joule
889 Kalorien
58 g Eiweiß
47 g Fett
42 g Kohlenhydrate
3,5 BE

Schwäbische Spinat-Käse-Torte

Knuspriges aus dem Backofen

Für Gäste geeignet

Zutaten für 6 Personen:

Spätzle:

200 g Mehl
2 Eier
Jodsalz
geriebene Muskatnuss
1 EL Öl

Mürbeteig:

250 g Mehl
180 g Butter
1 Ei
Jodsalz

Belag:

700 g Blattspinat
200 g Tomaten
180 g Rinderbrühwürste
180 g geriebener Butterkäse
4 Eier
125 g Sahne
1/8 l Milch
Jodsalz
geriebene Muskatnuss

Zubereitungszeit:

etwa 1 1/2 Stunden
davon Garzeit:
etwa 1 Stunde

Pro Portion etwa:

3813 Joule
912 Kalorien
36 g Eiweiß
57 g Fett
52 g Kohlenhydrate
4,3 BE

1 Für die Spätzle Mehl in eine Schüssel sieben, Eier, 1/2 Teelöffel Jodsalz, Muskat, Öl und etwa 200 Milliliter kaltes Wasser dazugeben und zu einem leicht zähen Teig verarbeiten. Er muss schwer reißend vom Löffel fallen. Bei Bedarf noch Mehl dazugeben.

2 Reichlich Salzwasser zum Kochen bringen. Spätzleteig in den Spätzlehobel füllen und portionsweise ins kochende Salzwasser hobeln. Die Spätzle so lange kochen lassen, bis sie an die Oberfläche steigen und jeweils mit einem Schaumlöffel aus dem Wasser heben und in eine Schüssel geben. Oder die Spätzle vom Brett ins Wasser schaben.

3 Für den Belag Blattspinat verlesen und in stehendem kaltem Wasser gründlich waschen. In kochendem Salzwasser kurz blanchieren, bis die Blätter zusammengefallen sind. In einem Sieb gründlich kalt abschrecken und gut abtropfen lassen. Tomaten mit kochendem Wasser überbrühen, abziehen und halbieren. Tomaten entkernen und fein würfeln.

4 Für den Mürbeteig Mehl mit in Stücke geteilter Butter, Ei und etwas Salz rasch zu einem glatten Teig kneten. Ausrollen und eine Springform von 28 Zentimeter Durchmesser damit auslegen. Den Backofen auf 180 °C vorheizen.

5 Die gut abgetropften Spätzle in die Form auf den Teig füllen. Rinderbrühwurst in Scheiben schneiden und darauf verteilen, mit Blattspinat und Tomatenwürfeln bestreuen. Über das Ganze geriebenen Butterkäse geben.

6 Eier mit Sahne und Milch gründlich verquirlen, mit Salz und Muskat würzen und über die Zutaten in der Form gießen.

7 Die Spinat-Käse-Torte im Backofen etwa 50 Minuten backen, bis die Eiermasse gestockt und die Oberfläche schön gebräunt ist. Etwas auskühlen lassen, aufschneiden und servieren.

Zubereitungstipp:

Die Spätzle können Sie schon am Vortag zubereiten. Dazu nach dem Garen gut kalt abschrecken, damit sie nicht kleben.

Käsefrikadellen auf Schinkenzwiebelsauce

Durch frische Kräuter besonders aromatisch

1 Die Brötchen in feine Würfel schneiden. Die Milch erhitzen und darüber gießen. Etwas auskühlen lassen und dann Eier und gehackte Kräuter dazugeben. Alles gründlich miteinander vermengen.

2 Das Gemüse je nach Art schälen, waschen, putzen und in feine Würfel schneiden. Gemüsewürfel mit geriebenem Allgäuer Emmentaler zur Brötchenmasse geben und alles mit Jodsalz und Pfeffer aus der Mühle abschmecken.

3 Aus der Brötchenmasse 4 bis 6 Frikadellen formen. Butterschmalz in einer beschichteten Pfanne erhitzen. Frikadellen darin unter gelegentlichem Wenden bei mittlerer Hitze 10 bis 15 Minuten braten, bis sie schön gebräunt sind.

4 In der Zwischenzeit für die Sauce Frühlingszwiebel putzen, waschen und klein schneiden. Schinken würfeln. Kräuter waschen, trocknen, Blättchen fein hacken. Butter zerlassen, Frühlingszwiebel darin andünsten. Mit brauner Grundsauce auffüllen. Schinkenwürfel, Petersilie und Schnittlauch dazugeben und die Sauce mit Pfeffer und wenig Jodsalz abschmecken.

5 Die Sauce auf vorgewärmten Tellern verteilen und die Käsefrikadellen darauf anrichten.

Serviertipp:
Dazu empfehle ich Ihnen einen bunten Salatteller mit Gurken, Tomaten und Blattsalaten, mit einem leichten Kräuterdressing angemacht.

Gesundheitstipp:
Allgäuer Emmentalerkäse wird aus Rohmilch hergestellt. Diese besonders wertvolle, weil schadstofffreie und vitamin- und mineralstoffreiche Milch liefern Kühe, die auf den Almen nur Weidegras und Heu fressen. Der schnittfeste Hartkäse ist durchzogen von den für ihn charakteristischen kirschgroßen Löchern, er schmeckt angenehm mild und nussig. Mit durchschnittlich 45 Prozent Fett i. Tr. eignet er sich sowohl zum Rohverzehr, als auch zum Würzen und Überbacken.

Lässt sich gut vorbereiten
Zutaten für 2 Personen:

Frikadellen:
4 altbackene Brötchen
etwa 1/8 l Milch
2 Eier
1 EL frisch gehackte Kräuter (Schnittlauch, Petersilie, Majoran)
200 g Gemüse (Möhren, Paprika, Zucchini, Champignons, Lauch)
120 g frisch geriebener Allgäuer Emmentaler
Jodsalz
Pfeffer aus der Mühle
1/2 TL Butterschmalz

Schinkenzwiebelsauce:
1 Frühlingszwiebel
60 g gekochter Schinken
einige Zweige Petersilie
einige Schnittlauchhalme
1/2 TL Butter
1/4 l braune Grundsauce
Pfeffer aus der Mühle
Jodsalz

Zubereitungszeit:
etwa 1 Stunde
davon Garzeit:
etwa 15 Minuten

Pro Portion etwa:
3750 Joule
897 Kalorien
44 g Eiweiß
42 g Fett
72 g Kohlenhydrate
6 BE

Warm marinierte Bohnen mit gebratenen Filetscheiben

Vitaminreiches für Genießer

Kalorienarm

Zutaten für 2 Personen:

2 Tomaten
1 rote Zwiebel
1 Knoblauchzehe
4 EL Rotweinessig
6 EL Rapsöl
Jodsalz
1 Prise Zucker
Pfeffer aus der Mühle
je einige Zweige Bohnenkraut, Schnittlauch und Basilikum
300 g breite grüne Bohnen
160 g Rinderfilet
160 g Schweinefilet
1/2 TL Butterschmalz

Zubereitungszeit:
etwa 45 Minuten
davon Garzeit:
etwa 30 Minuten

Pro Portion etwa:
2672 Joule
639 Kalorien
40 g Eiweiß
43 g Fett
13 g Kohlenhydrate
1,1 BE

1 Tomaten mit kochendem Wasser überbrühen, abziehen und halbieren. Tomaten entkernen und in feine Würfel schneiden. Zwiebel abziehen und in feine Würfel schneiden. Knoblauch abziehen und zerdrücken.

2 Aus Rotweinessig, Rapsöl, Knoblauch, Jodsalz, Zucker und Pfeffer mit einer Gabel eine Marinade rühren.

3 Kräuter waschen, trocknen und fein hacken. Mit Tomatenwürfeln und Zwiebel zur Marinade geben.

4 Die Bohnen putzen, waschen und leicht schräg in etwa 2 Zentimeter breite Streifen schneiden. Reichlich Salzwasser zum Kochen bringen. Die Bohnen darin in etwa 10 Minuten bissfest kochen. In einem Sieb gut abtropfen lassen und mit der Marinade in einer Schüssel mischen.

5 Die Filetstücke mit kaltem Wasser abbrausen, trockentupfen und in dünne Scheiben schneiden. Scheiben mit Jodsalz und Pfeffer aus der Mühle würzen.

6 Die marinierten Bohnen dekorativ auf Teller verteilen.

7 Das Butterschmalz erhitzen und die Filetscheiben darin bei starker Hitze pro Seite 1 bis 3 Minuten braten. Herausnehmen und auf den Bohnen anrichten. Dazu passt Baguette.

Gesundheitstipp:
Rapsöl besitzt ein besonders ausgewogenes Verhältnis an ungesättigten Fettsäuren und wird deshalb häufig auch »Olivenöl der Deutschen« genannt. Kaufen Sie am besten kalt gepresstes Öl, das sich durch einen feinen, nussähnlichen Geschmack auszeichnet.

Gemüsenudeln überbacken mit Mozzarellasauce

Vegetarisches für Feinschmecker

1 Für die Nudeln reichlich Wasser mit Salz und 1 Esslöffel Öl zum Kochen bringen. Oregano waschen, die Blättchen abzupfen und mit den Nudeln ins Wasser geben. Die Nudeln darin bissfest kochen. Gegarte Nudeln in einem Sieb gut abtropfen lassen.

2 Während die Nudeln kochen, das Gartengemüse je nach Art waschen, putzen, schälen und in mundgerechte Stücke teilen. Gemüse in reichlich kochendem Salzwasser etwa 2 Minuten blanchieren. Kalt abschrecken und abtropfen lassen. Tomaten mit kochendem Wasser überbrühen, abziehen und halbieren. Tomaten entkernen und würfeln. Champignons putzen und in Scheiben schneiden.

3 Restliches Öl in einer Pfanne erhitzen und die Champignons und das Gartengemüse darin unter Rühren bei mittlerer Hitze anbraten. Dann die Nudeln und die Tomatenwürfel dazugeben und erhitzen. Mit Jodsalz und Pfeffer aus der Mühle würzen, beiseite stellen.

4 Den Backofen auf 220°C vorheizen.

5 Für die Käsesauce den Mozzarella abtropfen lassen und würfeln. Butter erhitzen, Mehl hinzufügen, mit Milch und Weißwein aufgießen und unter ständigem Rühren zum Kochen bringen. Mozzarella und gehackte Basilikumblätter unterrühren, die Sauce mit Jodsalz, weißem Pfeffer und Muskat würzig abschmecken, nicht mehr aufkochen lassen.

6 Die Gemüsenudeln auf hitzefesten Tellern oder in kleinen feuerfesten Förmchen anrichten, mit der Käsesauce übergießen und im heißen Ofen 5 bis 10 Minuten überbacken, bis sie leicht gebräunt sind.

Kochtipp:
Bei der Wahl der Gemüse können Sie sich ganz vom Angebot der Saison leiten lassen: so schmecken auch Spinat, junger Wirsing, grüne Bohnen, Erbsen oder Zuckerschoten sehr gut in diesem feinen Nudelgericht.

Läßt sich gut vorbereiten
Zutaten für 2 Personen:

Gemüsenudeln:
160 g Eiernudeln
Jodsalz
1 EL + 1 TL Öl
1–2 Zweige frischer Oregano
200 g Gartengemüse (Zucchini, Brokkoli, Möhren)
2 Tomaten
60 g Champignons
Pfeffer aus der Mühle
1 EL frisch gehackte Kräuter (Petersilie, Basilikum, Schnittlauch)

Mozzarellasauce:
125 g Mozzarella
1 TL Butter
1 EL Mehl
100 ml Milch
2 EL Weißwein
1 EL gehacktes Basilikum
Jodsalz
weißer Pfeffer aus der Mühle
geriebene Muskatnuss

Zubereitungszeit:
etwa 1 Stunde
davon Garzeit:
etwa 15 Minuten

Pro Portion etwa:
2889 Joule
691 Kalorien
31 g Eiweiß
28 g Fett
69 g Kohlenhydrate
5,8 BE

Schwarzwälder Kirschquarkcreme

Köstliches Dessert zum Vorbereiten

Für Gäste geeignet

Zutaten für 4 Personen:

Kirschmasse:
150 g Kirschen
etwa 1/8 l Kirschsaft
1 EL Zucker
1 TL Kartoffelmehl

Quarkcreme:
1 sehr frisches Ei
40 g Zucker
3 Blatt weiße Gelatine
150 g Sahne
2 cl Kirschwasser
250 g Magerquark

Zum Garnieren:
50 g Sahne
4 Kirschen mit Stiel

Zubereitungszeit:
etwa 1 Stunde
davon Garzeit:
etwa 15 Minuten

Kühlzeit:
3 bis 4 Stunden

Pro Portion etwa:
1392 Joule
333 Kalorien
12 g Eiweiß
17 g Fett
26 g Kohlenhydrate
2,1 BE

1 Die Kirschen waschen, entsteinen und mit dem Kirschsaft und dem Zucker zum Kochen bringen. Das Kartoffelmehl in 2 Esslöffeln kaltem Wasser anrühren und zu den Kirschen geben. Einmal aufkochen und so lange unter gelegentlichem Rühren kochen lassen, bis die Masse dickflüssig ist. Die Kirschmasse vom Herd nehmen und auskühlen lassen.

2 Für die Quarkcreme das Ei trennen, Eiweiß steif schlagen. Eigelb mit dem Zucker schaumig rühren. Die Blattgelatine in kaltem Wasser etwa 10 Minuten einweichen. Die Sahne ebenfalls steif schlagen.

3 Das Kirschwasser und den Magerquark in die Eigelbmasse geben und beides gut unterrühren. Die Blattgelatine tropfnass in einen Topf geben und bei schwacher Hitze erwärmen, bis sie sich aufgelöst hat. Rasch unter die Quarkmasse rühren.

4 Zum Schluss die Sahne unterheben und die Masse abwechselnd mit den Kirschen in dekorative Gläser füllen. Im Kühlschrank 3 bis 4 Stunden, am besten über Nacht, stocken lassen.

5 Vor dem Servieren die Sahne steif schlagen. Die Kirschen waschen. Die Kirschquarkcreme mit Sahne und Kirschen garnieren.

Gesundheitstipp:
Die köstlichen prallen Kirschen enthalten reichlich Vitamin C, das das Immunsystem stärkt, Folsäure für Gehirn und Nerven, Kalzium für die Knochen und Eisen für die Blutbildung. Außerdem wirken sie durch die Pflanzenfaserstoffe Anthozyane entzündungshemmend und sind daher eine natürliche Medizin bei Parodontose, Arthritis und anderen Entzündungen. Kirschen können roh und gekocht gegessen werden, sie sind in beiden Fällen vielfältig wirksam und gesund.

Quark-Zwetschgenauflauf

Ein altes Bauernrezept

1 Zwetschgen waschen, vierteln, entsteinen und beiseite stellen. Für die Auflaufmasse Milch mit Butter, Jodsalz, Zitronensaft und Zitronenschale aufkochen lassen.

2 Unter ständigem Rühren das Mehl einrieseln lassen und so lange weiter rühren, bis sich die Masse vom Topfboden löst. Den Topf vom Herd nehmen, die Masse etwas abkühlen lassen. Die Eier trennen. Eigelbe mit Quark nach und nach unter Auflaufmasse rühren.

3 Den Backofen auf 160°C vorheizen. Eine Auflaufform mit Butter ausstreichen und mit Mehl ausstäuben.

4 Eiweiße mit dem Zucker und dem Vanillezucker zu steifem Schnee schlagen und vorsichtig unter die Masse ziehen. Zum Schluss die vorbereiteten Zwetschgen unterheben.

5 Die Masse in die vorbereitete Auflaufform füllen, mit wenig Zimt bestreuen und in eine größere Form stellen. So viel heißes Wasser angießen, dass die Form zur Hälfte darin steht. Den Auflauf in diesem Wasserbad im Ofen 50 bis 55 Minuten pochieren. Sie können ihn aber auch im Backofen bei 180°C ohne Wasserbad etwa 30 Minuten backen.

6 Den gegarten Auflauf noch etwa 5 Minuten ruhen lassen, mit etwas Puderzucker bestäuben und servieren.

Gesundheitstipp:
Zwetschgen enthalten nicht besonders viel von einem Vitamin, dafür aber zahlreiche verschiedene Vitamine (vor allem aus der B-Gruppe in einer sehr guten Kombination) und andere Inhaltsstoffe, die sie zu einer so gesunden Frucht werden lassen. Sie stärken das Herz und das Immunsystem und wirken nicht nur in getrocknetem Zustand verdauungsfördernd. Übrigens: Kaufen Sie möglichst nur vollreife Früchte, denn je reifer sie geerntet wurden, desto mehr Vitamine enthalten sie auch.

Preiswert

Zutaten für 2 Personen:

250 g Zwetschgen
1/4 l Milch
80 g Butter
1 Prise Jodsalz
abgeriebene Schale und Saft von 1 unbehandelten Zitrone
150 g Mehl
120 g Quark
6 Eier
100 g Zucker
1 Päckchen Vanillezucker
1 Prise Zimtpulver

Außerdem:
Butter und Mehl für die Form
Puderzucker zum Bestäuben

Zubereitungszeit:
etwa 1 bis 1 1/2 Stunden
davon Garzeit:
etwa 1/2 bis 1 Stunde

Pro Portion etwa:
2755 Joule
659 Kalorien
21 g Eiweiß
34 g Fett
61 g Kohlenhydrate
5,1 BE

Allgäuer Joghurtbeerentorte

Ein köstlicher Sommergenuss

Lässt sich gut vorbereiten
Zutaten für 16 Stücke:

Biskuitboden:
5 Eier
150 g Zucker
1 Päckchen Vanillezucker
150 g Mehl
50 g Speisestärke
1 TL Backpulver

Füllung:
10 Blatt weiße Gelatine
800 g Naturjoghurt
1 Päckchen Vanillezucker
100 g Zucker
4 cl Rum
400 g Sahne
500 g Beeren der Saison wie: Erdbeeren, Himbeeren, Heidelbeeren, Brombeeren, Johannisbeeren
2 cl Johannisbeerlikör

Außerdem:
Fett und Mehl für die Form
50 g Sahne
einige schöne Beeren
2 EL Mandelblättchen
1 EL gehackte Pistazien

Zubereitungszeit:
etwa 1 Stunde
davon Backzeit:
20 bis 25 Minuten

Kühlzeit:
4 bis 5 Stunden

Pro Stück etwa:
1233 Joule
295 Kalorien
6 g Eiweiß
14 g Fett
32 g Kohlenhydrate
2,6 BE

1 Den Backofen auf 200°C vorheizen. Eine Springform von 26 bis 28 Zentimeter Durchmesser fetten und gründlich mit Mehl ausstäuben.

2 Für den Biskuitboden Eier, 3 Esslöffel Wasser, Zucker und Vanillezucker schaumig schlagen. Mehl, Stärke und Backpulver vermischen, sieben und unter die Masse ziehen. Den Teig in die vorbereitete Form füllen und im heißen Ofen 20 bis 25 Minuten backen, bis er aufgegangen und goldgelb ist. Auskühlen lassen und in der Mitte teilen.

3 Gelatine in kaltem Wasser etwa 10 Minuten einweichen. Joghurt mit Vanillezucker und Zucker verrühren, bis der Zucker nicht mehr knirscht.

4 Gelatine abgetropft in einen kleinen Topf geben, bei schwacher Hitze erwärmen, bis sie geschmolzen ist. Gelatine mit etwas Rum verrühren und unter die Joghurtmasse mengen.

5 Die Sahne steif schlagen. Sobald die Joghurtmasse zu gelieren beginnt, die Sahne unterheben. Die Beeren verlesen und eventuell ganz kurz waschen und trockentupfen. Dann locker unter die Joghurtmasse mengen.

6 In die Springform einen Biskuitboden wieder einsetzen, mit schwarzem Johannisbeerlikör beträufeln, die Hälfte der Joghurtmasse einfüllen und glatt streichen. Den zweiten Biskuitboden ebenfalls mit schwarzem Johannisbeerlikör beträufeln und daraufsetzen.

7 Die restliche Joghurtmasse darauf geben, glatt streichen und die Torte im Kühlschrank 4 bis 5 Stunden, am besten über Nacht, gut durchkühlen und fest werden lassen.

8 Vor dem Servieren die Sahne steif schlagen. Torte mit Sahne, Beeren, Mandelblättchen und gehackten Pistazien verzieren.

Serviertipp:
Für mehrere Gäste können Sie diese Torte auch einmal in der doppelten Menge in einer großen rechteckigen Form servieren. Dann eine Biskuitplatte auf dem Backblech backen und nach dem Auskühlen in Größe der Form zuschneiden. Die Creme zubereiten und auf dem Teig verteilen. Wie beschrieben kühl stellen.
Zum Servieren die Torte in Portionsstücke schneiden und auf Tellern anrichten. Mit Schlagsahne und Beeren garnieren, mit Mandeln und Pistazien verfeinern. Hübsch sind auch einige Blätter Minze oder Melisse, an den Rand der Teller gelegt und eventuell mit etwas Puderzucker überstäubt.

Gesundheitstipp:
Joghurt enthält neben Fluor, das beim Wachstum von Knochen und Zähnen eine wichtige Rolle spielt, und Kalzium, das ebenfalls für den Aufbau von Knochen und Zähnen, aber auch beim Übertragen von Nervenimpulsen wichtig ist, vor allem die gesunden Milchsäurebakterien. Sie produzieren entzündungshemmende Substanzen, die schädliche Bakterien im Darm attackieren. Er ist also eine wunderbare Naturhilfe, wenn die Bakterienkultur im Darm in Unordnung geraten ist. Seine Wirkung entfaltet Joghurt hauptsächlich in ungekochtem Zustand, Desserts wie die Joghurttorte sind also ein gesunder Abschluss des Menüs.
Neben anderen probiotischen Milchprodukten ist auch probiotischer Joghurt im Handel. Er enthält lebende Bakterienstämme, die eine besonders positive Wirkung auf die Darmflora ausüben. Diese Keime haben gemeinsam, dass sie Milchsäure bilden. Im Gegensatz zu den normalen milchsäurebildenden Bakterienkulturen überleben Probiotics den schwierigen Weg durch Magen und Dünndarm und können somit im Dickdarm ihre Wirksamkeit voll entfalten. Kaufen Sie also möglichst oft probiotische Milchprodukte.

Menü 1

Zutaten für 4 Personen:

Für die kalte Gurkensuppe:
400 g Salatgurken
1/2 l Gemüsefond
100 g Naturjoghurt
4 EL Sahne
1 großes Bund Dill
4 Blätter frische Pfefferminze
Jodsalz
Pfeffer aus der Mühle
80 g gegarte und gepulte Nordseekrabben

Für die Bohnen:
2 Tomaten
1 rote Zwiebel
1 Knoblauchzehe
4 EL Rotweinessig
6 EL Rapsöl
Jodsalz
1 Prise Zucker
Pfeffer aus der Mühle
je einige Zweige

Kalte Gurkensuppe mit Nordseekrabben

Gurken schälen, entkernen und fein pürieren. Mit Gemüsefond, Joghurt und Sahne verrühren. Kräuter fein hacken, unter die Gurkensuppe rühren.

Gurkensuppe mit Jodsalz und Pfeffer aus der Mühle abschmecken und zugedeckt mindestens 2 Stunden kühl stellen.

Suppe noch einmal durchrühren, in Teller verteilen, mit den Nordseekrabben bestreuen. (Das ausführliche Rezept steht auf Seite 77.)

Warm marinierte Bohnen mit gebratenen Filetscheiben

Tomaten häuten, entkernen und klein würfeln. Zwiebel abziehen und hacken. Knoblauch zerdrücken.

Essig, Öl, Knoblauch, Jodsalz, Zucker und Pfeffer verrühren. Kräuter waschen, fein hacken und mit Tomatenwürfeln und Zwiebel zur Marinade geben.

Bohnen putzen, waschen und schräg in Streifen schneiden. In Salzwasser in etwa 10 Minuten bissfest kochen. Abgetropft mit der Marinade mischen. Filetstücke in dünne Scheiben schneiden, mit Jodsalz und Pfeffer würzen. Bohnen dekorativ auf Teller verteilen. Butterschmalz erhitzen und die Filetscheiben darin bei starker Hitze pro Seite 1 bis 3 Minuten bra-

ten. Auf den Bohnen anrichten. (Das ausführliche Rezept steht auf Seite 92.)

Quark-Zwetschgenauflauf

Zwetschgen waschen, vierteln. Milch mit Butter, Jodsalz, Zitronensaft und Zitronenschale aufkochen lassen. Mehl einrieseln lassen und so lange weiterrühren, bis sich die Masse vom Topfboden löst. Etwas abkühlen lassen. Eier trennen. Eigelbe mit Quark nach und nach unterrühren.

Den Backofen auf 160 °C vorheizen. Eine Auflaufform mit Butter ausstreichen und mit Mehl ausstäuben.

Eiweiße mit Zucker und Vanillezucker steif schlagen und unter die Masse ziehen. Die Zwetschgen unterheben. In die Form füllen, mit Zimt bestreuen und in eine größere Form stellen. So viel heißes Wasser angießen, dass die Form zur Hälfte darin steht.
Den Auflauf in diesem Wasserbad im Ofen 50 bis 55 Minuten pochieren. Mit Puderzucker bestäuben. (Das ausführliche Rezept steht auf Seite 95.)

Zeitplan

etwa 3 Stunden vorher
- Suppe zubereiten und kalt stellen
- Zwetschgen vorbereiten

etwa 1 Stunde vorher
- Bohnen marinieren
- Dessert bis zum Backen vorbereiten

wenn die Gäste kommen
- Suppe anrichten, mit Krabben bestreuen
- Fleisch für die Bohnen braten
- Dessert in den Ofen schieben.

Menü 1

Bohnenkraut, Schnittlauch und Basilikum
300 g breite grüne Bohnen
160 g Rinderfilet
160 g Schweinefilet
1/2 TL Butterschmalz

Für den
Quark-Zwetschgenauflauf:
250 g Zwetschgen
1/4 l Milch
80 g Butter
1 Prise Jodsalz
Saft und abgeriebene Schale von 1 unbehandelten Zitrone
150 g Mehl
6 Eier
120 g Quark
100 g Zucker
1 Päckchen Vanillezucker
1 Prise Zimtpulver
Butter und Mehl für die Form
Puderzucker zum Bestäuben

Menü 2

Zutaten für 6 Personen:

Für die Blattsalate:
550 g Hähnchenbrustfilet
3 Zweige frischer Rosmarin
Jodsalz
3 EL scharfer Senf, 3 EL Keimöl
weißer Pfeffer aus der Mühle
350 g Blattsalate
(z. B. Eichblattsalat,
Romanasalat, Radicchio)
3 Schalotten
6 EL Sherryessig, 3 EL Apfelsaft
1 TL Zucker, 6 EL Walnussöl

Für die kalte Gurkensuppe:
600 g Salatgurken
3/4 l Gemüsefond
150 g Naturjoghurt
6 EL Sahne
2 Bund Dill
6 Blätter frische Pfefferminze
Jodsalz, Pfeffer
120 g gegarte und gepulte
Nordseekrabben

Für die Pilz-Kartoffelnockerl:
1200 g mehlig kochende
Kartoffeln
250 g Champignons oder
Egerlinge
Jodsalz, 1 TL Kümmel
3 TL Butter
3 Eier, 240 g Mehl
Pfeffer aus der Mühle
geriebene Muskatnuss

Bunte Blattsalate mit gebratenem Hähnchenbrustfilet

Hähnchenbrustfilet in eine Auflaufform legen. Rosmarinnadeln fein hacken. Mit Jodsalz, Senf, Öl und Pfeffer verrühren. Filet damit bestreichen, 30 Minuten marinieren.

Backofen auf 150°C vorheizen. Hähnchenbrustfilet im Ofen in 15 bis 20 Minuten garen.

Salate waschen, in mundgerechte Stücke zupfen. Schalotten fein hacken. Mit Sherryessig, Apfelsaft, Jodsalz, Pfeffer und Zucker verrühren. Öl unterschlagen. Salate anrichten, mit Marinade beträufeln. Filet in schräge Scheiben schneiden und über den Salat geben. (Das ausführliche Rezept steht auf Seite 76.)

Kalte Gurkensuppe mit Nordseekrabben

Gurken schälen, entkernen und fein pürieren. Mit Fond, Joghurt und Sahne verrühren. Kräuter hacken, unterrühren. Suppe mit Jodsalz und Pfeffer abschmecken und 2 Stunden kühl stellen. Suppe mit den Nordseekrabben bestreuen. (Das ausführliche Rezept steht auf Seite 77.)

Schweinenüsschen auf Chinakohl mit Pilz-Kartoffelnockerl

Kartoffeln in Salzwasser mit Kümmel weich kochen, pellen. Noch heiß durchdrücken.

Champignons oder Egerlinge würfeln, in Butter anbraten. Mit Eiern, Mehl, Jodsalz, Pfeffer und Muskat zu den Kartof-

feln geben und verkneten. Mit bemehlten Händen Nockerl formen.

Fleisch leicht klopfen und mit Jodsalz und Pfeffer würzen. Paprikaschoten waschen, würfeln. Chinakohl waschen, in Streifen schneiden. Zwiebel würfeln. Nockerl in leise kochendem Salzwasser 15 bis 20 Minuten garen. Fleischscheiben in Butterschmalz braten. Paprikaschoten dazu geben. Mit Sahne auffüllen und durchkochen lassen. Pfefferkörner und Schnittlauch dazugeben, mit Jodsalz und Pfeffer abschmecken.

Gleichzeitig für den Chinakohl Zwiebel in Butter glasig braten. Chinakohl mit Gemüsebrühe dazu geben und zugedeckt einige Minuten dünsten. Mit Jodsalz und Pfeffer würzen. Mit Schweinenüsschen und Pilz-Kartoffelnockerl anrichten. (Das ausführliche Rezept steht auf Seite 82.)

Schwarzwälder Kirschquarkcreme

Kirschen entsteinen und mit Kirschsaft und Zucker erhitzen. Kartoffelmehl in kaltem Wasser anrühren und dazu geben. Dickflüssig einkochen lassen.

Für die Quarkmasse das Ei trennen, Eiweiß steif schlagen. Beide Eigelbe mit Zucker schaumig rühren. Sahne steif schlagen. Kirschwasser und Quark unter die Eigelbmasse rühren. Gelatine auflösen, unterrühren. Sahne unterheben, Masse abwechselnd mit den Kirschen in Gläser füllen. Über Nacht kühl stellen.

Sahne steif schlagen. Kirschquarkcreme mit Sahne und Kirschen garnieren. (Das ausführliche Rezept steht auf Seite 94.)

Zeitplan

am Vorabend

- Dessert zubereiten und kühl stellen

etwa 3 Stunden vorher

- Gurkensuppe zubereiten, kalt stellen
- Hähnchenfleisch für den Salat marinieren
- Dressing anrühren
- Kartoffel-Pilz-Nockerl herstellen

etwa 1 Stunde vorher

- Salat auf Tellern anrichten
- Chinakohl vorbereiten
- Paprikaschoten für die Schweinenüsschen vorbereiten

wenn die Gäste kommen

- Hähnchenbrustfilet für den Salat in den Ofen schieben
- Kalte Suppe servieren
- Nach der Suppe Hauptgericht fertig stellen und servieren
- Dessert garnieren und servieren.

Menü 2

Für die Schweinenüsschen:
6 Scheiben Schweinenuss
von je etwa 160 g Jodsalz
Pfeffer aus der Mühle
1 große rote Paprikaschote
1 große gelbe Paprikaschote
2TL Butterschmalz
12 EL Sahne
einige grüne Pfefferkörner
1 EL Schnittlauchröllchen

Für den Chinakohl:
900 g Chinakohl
1 große Zwiebel
1/2 EL Butter
300 ml Gemüsebrühe
Jodsalz
Pfeffer aus der Mühle

Für die Kirschmasse:
250 g Kirschen
etwa 175 ml Kirschsaft
1 1/2 EL Zucker
1 gehäufter TL Kartoffelmehl

Für die Quarkcreme:
1 sehr frisches Ei
1 sehr frisches Eigelb
60 g Zucker, 275 g Sahne
5 Blatt Gelatine
3 cl Kirschwasser
380 g Magerquark

Zum Garnieren:
80 g Sahne
6 Kirschen mit Stiel

Vollreif und kräftig

Die Blätter färben sich kunterbunt, die Ernte der letzten Früchte fällt üppig aus: Pfifferlinge, aromatische Birnen und vollreife saftige Zwetschgen sind nur drei Beispiele für köstliche Herbstprodukte.

Mariniertes Rinderfilet mit gebratenen Pfifferlingen

Feine Vorspeise für den Herbst

Für Gäste geeignet

Zutaten für 2 Personen:

180 g Rinderfilet
120 g frische Pfifferlinge
1 Schalotte
1 Tomate
3–4 Zweige Petersilie
einige Kopfsalatblätter
1 TL Rapsöl

Marinade:

2 EL Aceto balsamico
1 EL Sherryessig
2 EL Fleischbrühe
4 EL Walnussöl
Jodsalz
Pfeffer aus der Mühle

Zubereitungszeit:
etwa 45 Minuten
davon Garzeit:
etwa 15 Minuten

Pro Portion etwa:
1647 Joule
394 Kalorien
22 g Eiweiß
28 g Fett
7 g Kohlenhydrate
0,6 BE

1 Rinderfilet in Folie wickeln und für etwa 30 Minuten ins Gefrierfach legen.

2 Inzwischen Pfifferlinge putzen und falls nötig kurz waschen. Schalotte abziehen und in kleine Würfel schneiden. Die Tomate mit kochendem Wasser überbrühen, abziehen, halbieren, entkernen und in kleine Würfel schneiden.

3 Petersilie waschen, die Blättchen fein hacken. Kopfsalatblätter waschen und trocknen, in Streifen schneiden. Für die Marinade beide Essigsorten mit Brühe und Walnussöl mit einer Gabel gut verrühren, mit Salz und Pfeffer abschmecken.

4 Das Fleisch aus dem Gefrierfach nehmen und mit einem scharfen Messer oder der Aufschneidemaschine in hauchdünne Scheiben schneiden. Fleischscheiben zwischen zwei Lagen Frischhaltefolie dünn klopfen.

5 Zwei große Teller mit einem Drittel der Marinade bestreichen, die Fleischscheiben darauf dekorativ anrichten und mit einem weiteren Drittel der Marinade bepinseln.

6 Öl in einer beschichteten Pfanne erhitzen. Pfifferlinge und Schalotte darin bei mittlerer Hitze kurz anbraten, restliche Marinade hinzufügen und alles kurz ziehen lassen. Tomatenwürfel und Petersilie untermischen. Die Kopfsalatstreifen auf dem Filet anrichten und die Pilzmischung darauf verteilen.

Kochtipp:

Durch die Wahl der Pilze, aber auch der Fleischart können Sie diesem Salat immer mal wieder einen anderen Geschmack verleihen. So schmecken statt Pfifferlingen auch Steinpilze oder Austernpilze sehr gut und das Rinderfilet können Sie sowohl durch Lamm-, als auch durch Kalbsfilet ersetzen.
Ebenfalls köstlich schmeckt Entenbrust, die Sie allerdings braten sollten. Dafür etwa 15 Minuten unter Wenden braten, kurz ruhen lassen und die Brust in Scheiben schneiden.

Schnell und einfach zubereitet

Zutaten für 2 Personen:

100 g Austernpilze, Egerlinge und/oder Champignons
1/4 l Milch
Jodsalz
1/2 TL gemahlener Kümmel
1 kleine Zwiebel
1 TL Butter
1 EL Mehl
50 g Sahne
1/4 l Gemüsebrühe
Pfeffer aus der Mühle
1 Zweig frischer Majoran
1 EL Schnittlauchröllchen
1 EL Brotcroûtons

Zubereitungszeit:
etwa 30 Minuten
davon Garzeit:
etwa 15 Minuten

Pro Portion etwa:
1116 Joule
267 Kalorien
8 g Eiweiß
16 g Fett
19 g Kohlenhydrate
1,6 BE

Rahmsuppe von Zuchtpilzen

Schnell fertig und wunderbar aromatisch

1 Pilze putzen, falls nötig, waschen und feinblättrig schneiden. Milch erhitzen, die Pilze darin mit wenig Jodsalz und etwas Kümmel etwa 5 Minuten kochen lassen.

2 Pilze in ein Sieb abschütten und den Sud auffangen. Zwiebel abziehen und in feine Würfel schneiden. Butter zerlassen, die Zwiebel darin glasig dünsten. Mehl darüber stäuben und bei mittlerer Hitze unter Rühren anschwitzen lassen. Kalte Sahne, Gemüsebrühe und Pilzsud angießen. Die Suppe unter ständigem Rühren erhitzen und einmal aufkochen lassen.

3 Pilze wieder dazugeben und etwa 8 Minuten weiter kochen lassen. Suppe mit Jodsalz, Pfeffer aus der Mühle, Majoran und gemahlenem Kümmel abschmecken. Die Rahmsuppe in vorgewärmte Suppenteller verteilen und mit Schnittlauchröllchen und Brotcroûtons (eventuell vorher in einer Pfanne erhitzen) bestreut servieren.

Tipps:

Pilze werden nur dann gewaschen, wenn sie sehr schmutzig sind. Zuchtpilze wachsen in der Regel auf Strohballen und brauchen daher nur von den Stielenden befreit und mit Küchenpapier sauber gerieben werden. Auch Wildpilze putzt man mit dem Messer (möglichst schon im Wald) und Papier und wäscht sie besser nicht, da sich Pilze leicht mit Wasser vollsaugen und dadurch an Geschmack verlieren.
Falls Sie übrigens Wildpilze selbst sammeln möchten, nehmen Sie nur solche, die Sie zweifelsfrei erkennen oder zeigen Sie Ihren Fund in der Pilzberatungsstelle den dort anwesenden Fachleuten.
Brotcroûtons können Sie fertig kaufen, aber auch ganz leicht selbst herstellen. Brot entrinden und in Würfel schneiden. Wenig Butterschmalz oder Öl in einer beschichteten Pfanne schmelzen und die Brotwürfel darin bei mittlerer Hitze unter Rühren goldbraun braten. Nach Wunsch eine Knoblauchzehe abziehen und dazu drücken.

Lässt sich gut vorbereiten

Zutaten für 2 Personen:

2 küchenfertige Forellen
von je 220–250 g
Jodsalz
Pfeffer aus der Mühle
1 EL Mehl
4 EL Sonnenblumenöl
1 große Zwiebel
1 Möhre
1/2 Stange Lauch
1 Gewürzgurke
1 Knoblauchzehe
1/4 l Weißweinessig
1/4 l Weißwein
1/4 l Gemüsebrühe
1/2 TL weiße Pfefferkörner
2–3 Pimentkörner
1 Zweig frischer Rosmarin
1 kleines Bund Dill
1 Prise Zucker

Zubereitungszeit:
etwa 1 Stunde
davon Garzeit:
etwa 15 Minuten
Marinierzeit:
2 bis 3 Tage

Pro Portion etwa:
2718 Joule
650 Kalorien
55 g Eiweiß
25 g Fett
20 g Kohlenhydrate
1,6 BE

Marinierte Bratforelle in Gemüseessigsud

Fein eingelegte Fische, die Ihren Gästen schmecken

1 Die Forellen unter fließendem kaltem Wasser waschen, dann trockentupfen. Innen und außen salzen und pfeffern, außen mit Mehl bestäuben. Die Hälfte vom Öl in einer ovalen Pfanne oder Kasserolle erhitzen. Forellen darin bei mittlerer Hitze auf jeder Seite etwa 5 Minuten braten.

2 Forellen nebeneinander in eine passende flache Form legen. Abkühlen lassen.

3 Zwiebel abziehen und in feine Streifen schneiden. Möhre schälen und in Scheiben schneiden. Lauch putzen, waschen, in feine Streifen schneiden. Gewürzgurke in Scheiben schneiden. Knoblauch abziehen und grob hacken.

4 Das restliche Öl in einem weiteren Topf erhitzen und die Zwiebel und das Gemüse darin bei mittlerer Hitze unter Rühren kurz andünsten. Mit Essig, Wein und Brühe ablöschen. Knoblauch, Pfefferkörner, Piment, Kräuter, Salz und Zucker hinzufügen. Diesen Sud einmal aufkochen lassen, dann ohne Deckel etwa 5 Minuten bei schwacher Hitze ziehen lassen.

5 Sud lauwarm abkühlen lassen, dann über die Fische in der Form gießen, sie sollten davon bedeckt sein. Also eventuell noch etwas Wasser, mit Essig verrührt, dazugeben. Fische zugedeckt im Kühlschrank 2 bis 3 Tage ziehen lassen. Dabei ein- bis zweimal wenden.

6 Zum Servieren Fische aus dem Sud heben und auf Tellern anrichten. Mit Brot oder Kartoffeln servieren.

Kochtipp:
Statt Forellen schmecken auf diese Art zubereitet auch andere Süßwasserfische, wie Saibling oder Renke, sehr gut.

Serviertipp:
Die Forellen schmecken aromatischer, wenn Sie sie nicht direkt aus dem Kühlschrank servieren, sondern mindestens 1 Stunde vor dem Essen herausstellen und Zimmertemperatur annehmen lassen. Oder Sie geben die Fische kurz in den auf 50 °C eingestellten Backofen.

Lasagne von Lachsforelle und Chinakohl mit Zitronenschaumsauce

Die italienische Spezialität einmal anders

1 Lachsforellenfilet mit kaltem Wasser abbrausen, mit Küchenpapier trockentupfen und in Scheiben schneiden. Mit Zitronensaft beträufeln und mit Jodsalz und Pfeffer aus der Mühle würzen. Chinakohl putzen, waschen und in grobe Stücke zupfen. Tomaten mit kochendem Wasser überbrühen, abziehen und das Fruchtfleisch in feine Würfel schneiden.

2 Saure Sahne, Sahnequark und Butter mit den fein gehackten Kräutern verrühren und mit Jodsalz und Pfeffer aus der Mühle leicht würzen. Nudelblätter in kochendem Salzwasser etwa 4 Minuten vorkochen, kalt abschrecken und abtropfen lassen. Den Backofen auf 170°C vorheizen.

3 Eine eckige Auflaufform mit der Butter ausstreichen und ein Nudelblatt hineinlegen. Die Hälfte des Chinakohls darauf verteilen und die Hälfte der Lachsforellenfilets darauf legen. Mit der Hälfte der Quarkmischung beträufeln und mit einem weiteren Nudelblatt abdecken. Darauf nun den restlichen Chinakohl und die übrigen Lachsforellenfilets verteilen. Die restliche Quarkmischung darüber geben, verstreichen und mit dem übrigen Nudelblatt abdecken.

4 Die Tomatenwürfel auf der Oberfläche der Lasagne verteilen und mit dem geriebenen Emmentaler bestreuen. Die Lasagne im heißen Ofen 25 bis 30 Minuten garen, bis sie schön gebräunt ist.

5 In der Zwischenzeit für die Zitronenschaumsauce das Eigelb mit Weißwein in einer Metallschüssel verrühren und über dem heißen Wasserbad zu einer cremigen, dickflüssigen Sauce aufschlagen. Zitronensaft dazugeben und die Sauce mit Jodsalz abschmecken.

6 Die Lasagne aus dem Ofen nehmen und kurz ruhen lassen, damit beim Anschneiden kein Saft ausläuft. Dann auf zwei Teller verteilen und mit der Zitronenschaumsauce umgießen oder die Sauce getrennt dazu servieren.

Kochtipp:
Wenn Sie diese Lasagne im Sommer zubereiten, können Sie auch zarten frischen Wirsing oder Spitzkohl statt Chinakohl nehmen. Diese Kohlsorten allerdings zwei Minuten in Salzwasser vorkochen.

Serviertipp:
Reichen Sie dazu einen kleinen Salat, beispielsweise Feldsalat mit Senfdressing.

Für Gäste geeignet

Zutaten für 2 Personen:

Lasagne:
300 g Lachsforellenfilet
Saft von 1/2 Zitrone
Jodsalz
Pfeffer aus der Mühle
200 g Chinakohl
200 g Tomaten
150 g saure Sahne
150 g Sahnequark
2 EL frisch gehackte Kräuter (Schnittlauch, Dill, Petersilie)
1 TL Butter
3 Nudelblätter (selbstgemacht oder Fertigprodukt)
80 g frisch geriebener Allgäuer Emmentaler
Butter für die Form

Zitronenschaumsauce:
1 Eigelb
4 cl trockener Weißwein
Saft von 1/2 Zitrone
Jodsalz

Zubereitungszeit:
etwa 1 Stunde
davon Garzeit:
25 bis 30 Minuten

Pro Portion etwa:
3211 Joule
768 Kalorien
64 g Eiweiß
38 g Fett,
27 g Kohlenhydrate
2,3 BE

Für Gäste geeignet

Zutaten für 2 Personen:

Serviettenknödel:

- 3 altbackene Brötchen
- 25 g Zwiebeln
- 1/2 TL Butter
- etwa 1/8 l Milch
- Jodsalz
- Pfeffer aus der Mühle
- 1 Ei
- 1 TL Mehl
- 1 TL frisch gehackte Kräuter (Petersilie, Majoran, Schnittlauch)
- Butterschmalz zum Anbraten

Ragout:

- 360 g Kalbsschulter
- 1 Zwiebel
- 100 g Fenchel
- 100 g Pfifferlinge
- 1/2 TL Butterschmalz
- 1 EL Mehl
- 1 EL Tomatenmark
- 1/2 l Fleischbrühe
- 1/8 l Weißwein
- 2 Lorbeerblätter
- einige Wacholderbeeren
- einige Pfefferkörner
- 4 EL Sahne
- Jodsalz
- Pfeffer aus der Mühle

Zubereitungszeit:
etwa 1 1/2 Stunden
davon Garzeit:
etwa 45 Minuten

Pro Portion etwa:
3516 Joule
841 Kalorien
56 g Eiweiß
29 g Fett
65 g Kohlenhydrate
5,5 BE

Altmühltaler Kalbsragout mit Pfifferlingen und Serviettenknödel

Ein feines Herbstessen für besondere Gelegenheiten

1 Für den Serviettenknödel Brötchen in Würfel schneiden. Zwiebeln abziehen und würfeln. Butter zerlassen, die Zwiebeln darin glasig dünsten. Milch erhitzen und mit den Zwiebelwürfeln zu den Brötchen geben. 10 Minuten stehen lassen. Mit Jodsalz und Pfeffer würzen und mit Eiern, Mehl und Kräutern zu einem festen Teig verarbeiten.

2 Die Kalbsschulter in mundgerechte Stücke schneiden. Zwiebel abziehen und klein würfeln. Fenchel waschen, putzen und fein schneiden. Pfifferlinge putzen und in kleine Stücke schneiden.

3 Butterschmalz in einem Schmortopf erhitzen, Zwiebel darin bei mittlerer Hitze glasig dünsten, Fleisch dazu geben und gut anbraten. Fenchel zugeben und mit Mehl bestäuben, Tomatenmark untermischen und alles unter Rühren kurz anrösten.

4 Mit Fleischbrühe und Weißwein aufgießen und einmal aufkochen lassen. Lorbeerblätter, Wacholderbeeren, Pfefferkörner und die Pfifferlinge dazugeben und das Ragout zugedeckt bei schwacher Hitze 25 bis 30 Minuten garen. Zugedeckt warm halten.

5 In der Zwischenzeit ein Stück Alufolie oder ein Küchentuch auf der Arbeitsfläche ausbreiten. Knödelteig in der Mitte zu einer Rolle formen und in die Folie oder das Tuch einwickeln. Die Enden locker zusammenbinden, nicht zu fest schnüren.

6 In einem großen Topf reichlich Salzwasser zum Kochen bringen. Den Serviettenknödel in das heiße Wasser tauchen. Bei mittlerer Hitze zugedeckt darin 20 bis 25 Minuten pochieren. Etwas auskühlen lassen, in Scheiben schneiden und in heißem Butterschmalz von beiden Seiten braten.

7 Das Kalbsragout mit Jodsalz und Pfeffer würzen und mit Sahne verfeinern. Mit Serviettenknödelscheiben anrichten.

Hausgemachte Kalbfleischpastete mit Wirsing

Köstliches Gästeessen, das sich gut vorbereiten lässt

1 Für den Pastetenteig Mehl mit Butter, Jodsalz und Ei zu einem glatten Teig verkneten, in Folie wickeln und etwa 30 Minuten kalt stellen.

2 Wirsingblätter waschen und putzen. In kochendem Salzwasser etwa 2 Minuten blanchieren, bis sie biegsam sind. Wirsing in ein Sieb abgießen, kalt abschrecken und abtropfen lassen. Schweinefilet kalt waschen, trockentupfen und mit Jodsalz und Pfeffer würzen. Butterschmalz zerlassen, Filet darin rundherum braun anbraten.

3 Wirsingblätter vom Strunk befreien und mit grünen Pfefferkörnern bestreuen. Schweinefilet darauf legen und in den Blättern einwickeln. Kalbsbrät mit Kräutern, Weinbrand, Jodsalz und Pfeffer aus der Mühle würzen.

4 Den Pastetenteig auf einer bemehlten Arbeitsfläche möglichst dünn ausrollen und so zuschneiden, dass man eine Pasteten- oder Kastenform von etwa 25 Zentimeter Länge damit auskleiden kann. Zusätzlich einen Teigdeckel ausschneiden. Die Form fetten und mit dem größeren Teigstück auskleiden. Den Backofen auf 175 °C vorheizen.

5 Auf den Teig etwa ein Drittel des Kalbsbrätes geben, glatt streichen und das eingewickelte Filet darauf legen. Mit der restlichen Brätmasse bedecken und glatt streichen. Das Eigelb mit etwas Milch verquirlen und die Teigkanten damit bestreichen. Den Teigdeckel darauf legen, andrücken, in der Mitte eine Öffnung ausstechen. Eigelb mit Milch verrühren und den Teigdeckel damit bestreichen. Aus den Teigresten beliebige Motive ausstechen und den Teigdeckel damit verzieren. Pastete im heißen Backofen etwa 1 Stunde garen.

6 In der Zwischenzeit für die Sauce Zwiebel abziehen und würfeln. Butter zerlassen, die Zwiebel darin bei mittlerer Hitze unter Rühren andünsten, mit Mehl bestäuben und mit Kalbsfond auffüllen. Alles gründlich verrühren und aufkochen lassen. Einige Minuten kochen, dann mit Crème double verfeinern. Mit Jodsalz, weißem Pfeffer, Weinbrand, Muskat und Petersilie abschmecken.

7 Pastete etwa 10 Minuten im abgeschalteten Ofen ruhen lassen, dann aus der Form lösen, in Scheiben schneiden und mit der Sauce auf vorgewärmten Tellern anrichten.

Etwas aufwändiger

Zutaten für 4 Personen:

Pastetenteig:

375 g Mehl
190 g Butter
1 TL Jodsalz
1 Ei
Fett für die Form
1 Eigelb und 1 EL Milch zum Bestreichen

Füllung:

8 Wirsingblätter
200 g Schweinefilet
Jodsalz
Pfeffer aus der Mühle
1 TL Butterschmalz
1 EL grüne Pfefferkörner
500 g Kalbsbrät (beim Metzger vorbestellen)
2 EL frisch gehackte Kräuter (Petersilie, Dill, Basilikum)
2 cl Weinbrand

Sauce:

1 Zwiebel
1 TL Butter
1 EL Mehl
400 ml Kalbsfond
1 EL Crème double
Jodsalz
Pfeffer aus der Mühle
2 cl Weinbrand
geriebene Muskatnuss
1 EL frisch gehackte Petersilie

Zubereitungszeit:

etwa 1 1/2 Stunden
davon Garzeit:
etwa 1 Stunde

Pro Portion etwa:

4553 Joule
1089 Kalorien
51 g Eiweiß
59 g Fett
67 g Kohlenhydrate
5,6 BE

Rosmarinkeule von der Ente mit Wirsing-Kartoffelroulade

Rosmarin macht die Ente zu einem würzigen Erlebnis

Für Gäste geeignet

Zutaten für 2 Personen:

Wirsing-Kartoffelroulade:

- 400 g mehlig kochende Kartoffeln
- Jodsalz
- Kümmel
- 8 Wirsingblätter
- 1 Zwiebel
- 1 Möhre
- 1 Zucchino
- 60 g Champignons
- 1/2 TL Butter
- 2 Eier
- 60 g Mehl
- Pfeffer aus der Mühle
- geriebene Muskatnuss
- 1 EL Schnittlauchröllchen
- Butter für die Form
- 50–100 ml Gemüsebrühe

Rosmarinkeule:

- 2 Entenkeulen von je 220–250 g
- Pfeffer aus der Mühle
- 1 TL Beifuß
- je 75 g Zwiebeln, Möhren und Knollensellerie
- 1/2 TL Butterschmalz
- 1 EL Mehl
- 1 EL Tomatenmark
- einige Wacholderbeeren
- 2 Lorbeerblätter
- einige Gewürznelken
- einige Pfefferkörner
- 1/2 l Fleischbrühe
- 1/8 l Rotwein
- Jodsalz

Zubereitungszeit:
etwa 1 1/2 Stunden
davon Garzeit:
etwa 1 Stunde

Pro Portion etwa:
4369 Joule, 1045 Kalorien
76 g Eiweiß, 31 g Fett
88 g Kohlenhydrate
7,3 BE

1 Für die Kartoffelroulade Kartoffeln gründlich waschen und mit der Schale in wenig Salzwasser mit Kümmel zugedeckt weich kochen.

2 Die Entenkeulen mit kaltem Wasser abbrausen, trockentupfen und mit Pfeffer aus der Mühle und Beifuß würzen. Zwiebeln, Möhren und Sellerie schälen, putzen und klein schneiden. Backofen auf 180 °C vorheizen.

3 Butterschmalz in einem ofenfesten Schmortopf erhitzen und die Entenkeulen darin bei mittlerer Hitze rundherum anbraten. Zwiebeln und Gemüse dazu geben. Mit Mehl bestäuben, Tomatenmark unterrühren und beides unter Rühren leicht anrösten lassen.

4 Wacholderbeeren, Lorbeerblätter, Gewürznelken und Pfefferkörner dazu geben und die Entenkeulen mit Fleischbrühe und Rotwein aufgießen. Die Flüssigkeit aufkochen lassen, salzen und die Keulen offen im heißen Ofen etwa 1 Stunde braten. Ab und zu wenden.

5 In der Zwischenzeit die Wirsingblätter waschen und putzen. In kochendem Salzwasser etwa 2 Minuten blanchieren, bis sie biegsam sind. Dann herausnehmen und mit kaltem Wasser abschrecken. Gut abtropfen lassen. Zwiebel abziehen und in feine Würfel schneiden. Möhre schälen, Zucchino waschen und putzen, Pilze putzen. Möhre, Zucchino und Pilze in kleine Würfel schneiden. Butter schmelzen lassen und die Zwiebel mit dem Gemüse darin bei mittlerer Hitze unter Rühren glasig dünsten.

6 Gegarte Kartoffeln abgießen und etwas ausdämpfen lassen. Kartoffeln pellen und noch heiß durch die Kartoffelpresse in eine Schüssel drücken, etwas auskühlen lassen.

7 Eier, Mehl, Jodsalz, Pfeffer aus der Mühle und Muskat zu den Kartoffeln geben und rasch zu einen glatten Teig verkneten. Das vorbereitete Gemüse mit den Schnittlauchröllchen unter die Kartoffelmasse mengen.

8 Die Wirsingblätter leicht überlappend auf einem Tuch flach auslegen, mit der Kartoffelmasse bestreichen und mit Hilfe des Tuches zu einer Roulade formen. In eine gebutterte längliche Auflaufform setzen und im heißen Ofen 15 bis 20 Minuten garen. Ab und zu mit Gemüsebrühe übergießen.

9 Die Entenkeulen aus der Sauce nehmen, die Sauce passieren und mit Jodsalz und Pfeffer aus der Mühle abschmecken. Die Wirsing-Kartoffelroulade in Scheiben schneiden und mit der Entenkeule auf vorgewärmten Tellern anrichten. Mit der Sauce übergießen.

Tipp:
Wer einen Umluftherd hat, kann Entenkeulen und Wirsingroulade problemlos gleichzeitig garen. Im normalen Herd mit Ober- und Unterhitze geht das nicht so gut, außer der Herd ist so groß, dass Keulen und Roulade nebeneinander hineinpassen. Nehmen Sie dann die Entenkeulen heraus und halten sie auf dem Herd bei sehr schwacher Hitze warm, bis die Wirsingroulade fertig ist.

Gesundheitstipp:
Einige Eiweißbausteine (Aminosäuren) kann unser Organismus nicht selbst bilden, sie müssen mit der Nahrung zugeführt werden. Kaum ein Lebensmittel hat eine für uns so günstige Eiweißzusammensetzung wie Geflügelfleisch. Zudem ist es leicht verdaulich und versorgt uns wie alle Fleischarten mit wichtigen B-Vitaminen und Eisen. Wer sich vegetarisch ernährt, muss auf die gute Eiweißversorgung achten. Es gibt hierbei Kombinationen von verschiedenen Lebensmitteln, die sich optimal ergänzen. Eine solche Kombination sind Kartoffeln und Eier – wie hier in der Wirsing-Kartoffelroulade.

VOLLREIF UND KRÄFTIG

Ragout fin vom Hähnchen mit Kräuteromelett

Besonders zartes Fleisch in feiner Sauce

Preiswert und einfach zu machen

Zutaten für 2 Personen:

Ragout:
- 300 g Hähnchenbrust (ohne Haut)
- 1/2 l Gemüsebrühe
- 80 g Champignons
- 40 g gekochter Schinken
- 80 g Frühlingszwiebeln
- 1/2 TL Butterschmalz
- 1 EL Mehl
- 1/8 l kalte Milch
- 2 EL Sahne
- 2 EL Weißwein
- 1 TL Zitronensaft
- Jodsalz
- geriebene Muskatnuss
- Pfeffer aus der Mühle

Kräuteromelettes:
- 4 Eier
- 2 EL frisch gehackte Kräuter (Schnittlauch, Dill, Kerbel, Petersilie)
- Jodsalz
- Pfeffer aus der Mühle
- 1 TL Butter

Zubereitungszeit:
etwa 1 Stunde
davon Garzeit:
etwa 30 Minuten

Pro Portion etwa:
- 2634 Joule
- 630 Kalorien
- 59 g Eiweiß
- 32 g Fett
- 14 g Kohlenhydrate
- 1,1 BE

1 Die Hähnchenbrust kalt abspülen und trockentupfen. Die Brühe zum Kochen bringen, die Hähnchenbrust einlegen und darin bei schwacher bis mittlerer Hitze zugedeckt in 20 Minuten gar ziehen lassen, etwas abkühlen lassen und in kleine Würfel schneiden. Champignons putzen und mit dem Schinken ebenfalls in kleine Würfel schneiden.

2 In der Zwischenzeit für die Sauce Frühlingszwiebeln waschen, putzen und klein schneiden. Butterschmalz zerlassen, Frühlingszwiebeln darin bei mittlerer Hitze unter Rühren glasig dünsten. Mit Mehl bestäuben, gut umrühren und mit kalter Milch aufgießen. Sahne dazugeben und die Sauce aufkochen lassen.

3 Die vorbereiteten Hähnchenbrustwürfel, Schinken und Champignons in die Sauce geben, mit etwas Weißwein aufgießen und das Ganze erhitzen. Mit Zitronensaft, Jodsalz, Muskat und Pfeffer abschmecken. Das Ragout auf der abgeschalteten Herdplatte zugedeckt warm halten.

4 Eier mit Kräutern verquirlen, mit Jodsalz und Pfeffer leicht würzen. In einer beschichteten Pfanne 1/2 Teelöffel Butter zerlassen, die Hälfte der Eiermasse hineingießen und stocken lassen. Herausnehmen und zugedeckt warm halten. Das zweite Omelett ebenso backen.

5 Die Kräuteromeletts auf vorgewärmten Tellern anrichten und das Hähnchenragout darüber geben.

Serviertipp:
Dazu empfehle ich Ihnen in Schnittlauchbutter geschwenkte Kartoffeln und einen knackigen Endiviensalat mit Kräuterdressing.

Kochtipp:
Statt Hähnchenfleisch können Sie auch Pute oder zartes Kalbfleisch, wie Unterschale oder Nuss, nehmen.

Lammragout mit Gemüse und Kartoffeln

Durch würzige Kräuter besonders aromatisch

1 Möhre, Weißkohl und Bohnen je nach Art putzen, waschen, schälen und in mundgerechte Stücke schneiden. Kartoffeln schälen, würfeln und in Salzwasser mit Kümmel etwa 10 Minuten vorkochen. Zwiebel und Knoblauch abziehen und grob schneiden. Kräuter waschen, trocknen und abzupfen.

2 Lammkeule in daumengroße Stücke schneiden. Butterschmalz zerlassen, Fleischwürfel darin bei mittlerer Hitze rundherum anbraten. Zwiebeln und Knoblauch dazugeben. Mit Bohnenkraut, Rosmarin, Majoran, Lorbeerblättern, Wacholderbeeren und Pfefferkörnern herzhaft würzen.

3 Mit Fleischbrühe aufgießen, aufkochen lassen und das vorbereitete Gemüse dazu geben. Das Ragout zugedeckt bei mittlerer Hitze etwa 15 Minuten kochen lassen. Dann die vorgekochten Kartoffeln dazugeben und alles zusammen weitere 5 bis 10 Minuten garen.

4 Mit Jodsalz und Pfeffer aus der Mühle abschmecken und mit Schnittlauchröllchen bestreut servieren.

Gesundheitstipp:

Wer zu wenig Eisen im Blut hat, fühlt sich schlapp und müde. Eisenmangel wirkt auch stark auf das Immunsystem. Fress- und andere Abwehrzellen verlieren ihre optimale Funktionsfähigkeit, wir werden anfälliger gegenüber Infektionskrankheiten. Vor allem Frauen leiden häufig an Eisenmangel, der sich am einfachsten durch den Verzehr von Fleisch, Geflügel, Leber und Vollkornprodukten beheben lässt. Bei den Eisenlieferanten unter den Fleischarten liegt Lammfleisch an oberer Stelle. Das im Fleisch enthaltene Eisen wird übrigens im Gegensatz zu dem in vielen anderen Lebensmitteln, beispielsweise Spinat, bei dem die enthaltene Oxalsäure die Eisenaufnahme behindert, vom Körper viel besser aufgenommen (resorbiert). Der Eisengehalt eines Lebensmittels allein sagt also nicht unbedingt etwas darüber aus, wie sich der Verzehr auf den Körper auswirkt. Verbessert wird die Aufnahme von Eisen durch den gleichzeitigen Verzehr von Vitamin C, das wiederum hauptsächlich in Obst und Gemüse vorkommt. Eine gemischte Kost aus Fleisch, Fisch, Obst und Gemüse ist also in dieser Hinsicht ideal.

Für Gäste geeignet

Zutaten für 2 Personen:

1 Möhre
200 g Weißkohl
100 g grüne Bohnen
300 g fest kochende Kartoffeln
Jodsalz
1/4 TL Kümmel
1 Zwiebel
2 Knoblauchzehen
je einige Zweige frisches Bohnenkraut, Rosmarin und Majoran
320 g Lammkeule (ohne Knochen)
1/2 TL Butterschmalz
2 Lorbeerblätter
je 1/4 TL Wacholderbeeren und schwarze Pfefferkörner
1/2 l Fleisch- oder Gemüsebrühe
Pfeffer aus der Mühle
1 EL Schnittlauchröllchen

Zubereitungszeit:

etwa 1 Stunde
davon Garzeit:
etwa 30 Minuten

Pro Portion etwa:

1940 Joule
464 Kalorien
40 g Eiweiß
14 g Fett
35 g Kohlenhydrate
2,9 BE

Getrüffeltes Roastbeef in Weinblättern gegart im Salzteig

Raffiniertes Essen für die Gästebewirtung

Lässt sich gut vorbereiten

Zutaten für 2 Personen:

Roastbeef:

- 4 Wacholderbeeren
- einige Pfefferkörner
- 2 Lorbeerblätter
- 1 Zweig frischer Rosmarin
- 1 Zweig frischer Oregano
- 1 Knoblauchzehe
- 100 ml Rapsöl
- 360 g Roastbeef
- 80 g Trüffelleberwurst
- Jodsalz
- Pfeffer aus der Mühle
- 1 EL scharfer Senf
- 1 kleine Dose Weinblätter (oder 10 frische, in Salzwasser blanchiert)

Salzteig:

- 250 g Mehl
- 150 g feines Jodsalz
- 1 Ei

Außerdem:

- 200 g grobkörniges Salz zum Garen

Zubereitungszeit:

etwa 1 1/2 Stunden
davon Garzeit:
etwa 1 Stunde

Pro Portion etwa:

2270 Joule
543 Kalorien
53 g Eiweiß
31 g Fett
1 g Kohlenhydrate
0,1 BE

1 Wacholderbeeren, Pfefferkörner und Lorbeerblätter im Mörser fein zerstoßen oder in einer Gewürzmühle mahlen. Rosmarin und Oregano waschen, die Blättchen abzupfen und fein hacken. Knoblauch abziehen und fein schneiden. Gewürze, Kräuter und Knoblauch mit Öl gründlich verrühren. Das Roastbeef rundherum damit einreiben, die Mischung etwas einmassieren und das Fleisch zugedeckt im Kühlschrank einige Stunden oder über Nacht gründlich marinieren.

2 Das Roastbeef aus der Marinade nehmen, das Öl abstreifen. In das Fleisch mit einem Stahl oder Kochlöffelstiel der Länge nach in der Mitte eine Öffnung für die Füllung bohren.

3 Trüffelleberwurst aus der Wursthülle nehmen und in einen Spritzbeutel mit großer Lochtülle füllen. Die Wurst in die Öffnung im Roastbeef füllen, das Fleisch mit Jodsalz und Pfeffer aus der Mühle würzen und mit dem Senf bestreichen. Den Backofen auf 250°C vorheizen.

4 Aus Mehl, Jodsalz, etwa 2 Esslöffeln Wasser und dem Ei einen Salzteig herstellen.

5 Das Marinadeöl erhitzen, das gefüllte Roastbeef darin bei starker Hitze ringsherum rasch anbraten, wieder heraus nehmen und mit den Weinblättern umwickeln.

6 Das Roastbeef mit dem Salzteig umhüllen, in einen Bräter auf das grobe Salz setzen und im heißen Ofen etwa 40 Minuten garen.

7 Das fertige Roastbeef aus dem Ofen nehmen, den Salzteig mit einem großen Messer vorsichtig entfernen, damit das Fleisch nicht verletzt wird. Der Teig wird nicht mitgegessen. Das Fleisch in Scheiben schneiden. Auf vorgewärmten Tellern anrichten.

Serviertipp:
Dazu passen Kartoffelkroketten und Gartengemüse, am besten Vitamin-C-reiches Gemüse wie Spinat, Erbsen, Kohlrabi und alle Kohlgemüse, aber auch geschmorte rote Paprikaschoten.

Kochtipp:
Die Marinade gibt dem Fleisch ein feines Aroma. Sie können es problemlos schon am Vortag mit den Gewürzen einreiben und in den Kühlschrank stellen.

Gesundheitstipp:
Für eine gesunde Ernährung besonders wichtig sind Garmethoden, die die Inhaltsstoffe der Lebensmitteln besonders schonen. Dazu gehören neben Dünsten und Dämpfen auch das Garen in Teig, vor allem in festem Teig, wie hier dem Salzteig. Der Teig umhüllt die Lebensmittel und lässt wenig Luft hinein. Die Lebensmittel im Inneren bleiben nicht nur schön saftig und aromatisch, die Inhaltsstoffe werden auch nicht in die Garflüssigkeit ausgeschwemmt, sondern bleiben erhalten.

Zutatentipp:
Weinblätter gibt es in Salzlake, gelegentlich, aber eher selten auch in Öl eingelegt in Dosen oder Folienpackungen zu kaufen. Lösen Sie die Weinblätter immer vorsichtig aus der Packung, damit sie nicht reißen. Übrige Weinblätter können Sie in eine gut verschließbare Form geben und noch einige Tage im Kühlschrank aufbewahren.
Sie können sie aber auch frisch erwerben und selbst vorbereiten. Die Blätter waschen und vom dicken Stiel befreien und in Salzwasser etwa eine Minute blanchieren. Dann kalt abschrecken und abtropfen lassen.
Weinblätter haben übrigens wie die Trauben und der Wein einige günstige Eigenschaften. Sie reinigen Nieren, Blase und Harnwege und können bei Verstopfung helfen. Außerdem helfen Sie bei Nervosität und Depressionen.

Gespickte Rinderhüfte mit Käsespätzle

Durch Gemüse besonders saftig und aromatisch

Für Gäste geeignet

Zutaten für 2 Personen:

Rinderhüfte:

- 360 g Rinderhüfte
- je 130 g Möhren und Knollensellerie
- 80 g Zucchini
- Jodsalz, Pfeffer aus der Mühle
- je 50 g Lauch und Zwiebeln
- 1 TL Butterschmalz
- 1 EL Mehl
- 1 EL Tomatenmark
- 3/4 l Fleischbrühe
- 3/4 l Rotwein
- 1 Knoblauchzehe
- je 1/4 TL Wacholderbeeren und schwarze Pfefferkörner
- je 2 Lorbeerblätter und Gewürznelken

Spätzle:

- 200 g Weizenmehl Type 1050
- 2 Eier
- 1/2 TL Jodsalz
- geriebene Muskatnuss
- 1 EL Öl
- 50 g Zwiebeln
- 1 TL Butter
- 80 g frisch geriebener Emmentaler

Zubereitungszeit:

etwa 1 1/4 Stunden
davon Garzeit:
etwa 50 Minuten

Pro Portion etwa:

5448 Joule
1303 Kalorien
78 g Eiweiß
56 g Fett
84 g Kohlenhydrate
7 BE

1 Das Fleisch waschen, trockentupfen und mit dem Messer mehrmals quer zur Faser einstechen. Je 80 Gramm Möhren, Sellerie und Zucchini waschen, putzen und in Stifte schneiden, das Fleisch damit spicken. Die Rinderhüfte mit Salz und Pfeffer einreiben. Restliche Möhren und Sellerie waschen, putzen und in kleine Würfel schneiden. Lauch waschen, putzen und in feine Streifen schneiden. Zwiebeln abziehen und würfeln.

2 Butterschmalz in einem Bräter erhitzen und das Fleisch darin rundum scharf anbraten, herausnehmen. Im restlichen Bratfett im Topf das Gemüse unter Rühren anrösten, mit Mehl bestäuben, das Tomatenmark zugeben und alles mit der Fleischbrühe und dem Wein ablöschen.

3 Knoblauch abziehen und durch die Presse in den Topf drücken, Gewürze dazugeben und alles aufkochen. Dann das Fleisch in den Sud legen und zugedeckt 30 bis 40 Minuten schmoren, dabei das Fleisch wiederholt wenden. Zum Schluss die Sauce mit Salz und Pfeffer abschmecken.

4 In der Zwischenzeit für die Spätzle das Mehl in eine Schüssel sieben. Eier, Salz, Muskat, Öl und 100 Milliliter Wasser zugeben und zu einem leicht zähen, aber glatten Teig verrühren.

5 Den Teig durch den Spätzlehobel in kochendes Salzwasser geben und so lange in siedendem Wasser garen, bis die Spätzle an die Oberfläche steigen. Spätzle in ein Sieb geben und abtropfen lassen. Die Zwiebel abziehen und in feine Würfel schneiden. Butter in einer beschichteten Pfanne erhitzen und die Zwiebel darin glasig braten. Spätzle kurz in der Pfanne schwenken, mit Salz und Pfeffer würzen und mit dem Käse vermengen.

6 Die Rinderhüfte aus der Sauce nehmen und in Scheiben schneiden, Sauce nochmals abschmecken. Das Fleisch auf vorgewärmten Tellern mit der Sauce anrichten, die Spätzle dazu reichen.

Kochtipp:
Die Spätzle können Sie gut schon einige Stunden vorher garen und kalt abschrecken. Dann wieder erwärmen.

Hackfleischschnecken auf Specksauce

Preiswertes Essen für alle Tage

1 Paprikaschoten und Champignons waschen, putzen und in feine Würfel schneiden. Aus dem Hackfleisch, dem Ei, den frisch gehackten Kräutern, Majoran und Paprikapulver eine gebundene Masse mischen und mit Jodsalz und Pfeffer würzen.

2 Aus Mehl, Eiern, frisch gehackten Kräutern, Milch, Knoblauchsalz und etwas Muskat einen Teig rühren. In einer beschichteten Pfanne etwas Butterschmalz schmelzen. Eine Schöpfkelle Teig hineingeben, verlaufen lassen und bei mittlerer Hitze etwa 1 Minute backen, bis der Teig nicht mehr flüssig ist. Wenden und noch etwa 1 Minute backen. Auf diese Art aus dem gesamten Teig insgesamt 4 Pfannkuchen backen, zwischendurch etwas Butterschmalz in die Pfanne geben.

3 Wenn alle Pfannkuchen gebacken sind, diese auf der Arbeitsfläche ausbreiten. Die Hackfleischmasse darauf verteilen und glatt streichen, die Pfannkuchen zusammenrollen und in 4 bis 5 Zentimeter große Stücke schneiden. Den Backofen auf 180 °C vorheizen.

4 Für die Sauce Zwiebel abziehen und mit dem Speck in kleine Würfel schneiden. Beides mit der Butter in einer feuerfesten Form erhitzen und so lange garen, bis Speck und Zwiebel glasig sind. Die Hackfleischschnecken darauf setzen.

5 Die braune Grundsauce seitlich angießen und die Schnecken im heißen Ofen etwa 20 Minuten garen. Die Specksauce abschmecken, mit den Hackfleischschnecken auf vorgewärmten Tellern anrichten und mit dem Schnittlauch bestreut servieren.

Serviertipp:

Dazu bunt gemischten Salat reichen.

Kochtipp:

Zerkleinertes rohes Fleisch verdirbt rasch, da sich das Eiweiß an der Luft schnell zersetzt. Hackfleisch sollten Sie daher immer am selben Tag zubereiten. Noch besser: Sie zerkleinern das Fleisch zu Hause selbst im Fleischwolf oder in der Küchenmaschine.
Ganz frisch gekauftes Hackfleisch lässt sich auch einfrieren, es hält sich so etwa drei Monate im Gefrierfach.

Lässt sich gut vorbereiten

Zutaten für 2 Personen:

Hackmasse:

100 g Paprikaschoten (grün, gelb, rot)
80 g Champignons
250 g gemischtes Hackfleisch
1 Ei
1 EL frisch gehackte Kräuter (Petersilie, Schnittlauch)
getrockneter Majoran
Paprikapulver
Jodsalz
Pfeffer aus der Mühle

Kräuterpfannkuchen:

120 g Mehl
2 Eier
1 kleines Bund frisch gehackte Kräuter (Petersilie, Dill, Schnittlauch, Salbei)
etwa 100 ml Milch
Knoblauchsalz
geriebene Muskatnuss
2–3 TL Butterschmalz

Sauce:

1 Zwiebel
50 g durchwachsener Speck
1/2 TL Butter
1/4 l braune Grundsauce
1 TL Schnittlauchröllchen

Zubereitungszeit:

etwa 1 Stunde
davon Garzeit:
etwa 30 Minuten

Pro Portion etwa:

4478 Joule
1071 Kalorien
53 g Eiweiß
62 g Fett
58 g Kohlenhydrate
4,8 BE

Schweinemedaillons im Kartoffelmantel mit frischen Aprikosen

Durch vollreife Aprikosen besonders vitaminreich und aromatisch

Für Gäste geeignet

Zutaten für 2 Personen:

360 g Schweinefilet
Jodsalz
Pfeffer aus der Mühle
2 größere frische Aprikosen
1 EL Crème fraîche
1 EL gehackte Zitronenmelisse
einige rosa Beeren

Kartoffelmantel:

100 g Gemüse (Möhren, Lauch, Knollensellerie)
300 g Kartoffelkloßteig (aus dem Kühlregal)
1 Eigelb
geriebene Muskatnuss
Jodsalz
Pfeffer aus der Mühle
1 EL frisch gehackte Kräuter (Schnittlauch, Petersilie, Dill)

Sauce:

2 frische Aprikosen
1/2 TL Butter
1/8 l Weißwein
einige rosa Beeren
einige grüne Pfefferkörner
1 EL Crème fraîche

Zubereitungszeit:

etwa 45 Minuten
davon Garzeit:
etwa 15 Minuten

Pro Portion etwa:

2663 Joule
637 Kalorien
45 g Eiweiß
23 g Fett
41 g Kohlenhydrate
3,4 BE

1 Schweinefilet kalt waschen und trockentupfen, in vier Medaillons schneiden und mit Jodsalz und Pfeffer würzen. Eine beschichtete Pfanne ohne Fett erhitzen, die Medaillons darin bei mittlerer Hitze von beiden Seiten anbraten. Aus der Pfanne nehmen.

2 Die Aprikosen kurz blanchieren, häuten, halbieren und entkernen.

3 Gemüse putzen, schälen oder waschen und in sehr kleine Würfel schneiden. Die Kartoffelmasse mit dem Eigelb und dem Gemüse vermischen. Mit Muskat, Jodsalz und Pfeffer aus der Mühle würzen, die Kräuter dazu geben und alles zu einem festen Teig verarbeiten. Aus dem Teig acht Plätzchen formen. Den Backofen auf 180 °C vorheizen.

4 Auf vier Kartoffelplätzchen die Schweinefilets verteilen. Crème fraîche, Zitronenmelisse und einige rosa Beeren vermengen, die Aprikosenhälften damit füllen und die Schweinefilets damit bedecken. Die restlichen vier Kartoffelplätzchen darüber legen, die Ränder gut andrücken und die Medaillons auf ein gefettetes Backblech oder wieder in die Pfanne setzen. Die Medaillons im heißen Ofen in 10 bis 15 Minuten fertig garen. Die Kartoffelhülle soll schön gebräunt sein.

5 Inzwischen für die Sauce die Aprikosen blanchieren, häuten, halbieren, entkernen und in Spalten schneiden. Die Butter zerlassen, Aprikosenspalten darin andünsten, mit Weißwein ablöschen, rosa Beeren und einige grüne Pfefferkörner dazugeben. Sauce mit Crème fraîche verfeinern.

6 Die gebackenen Schweinefilets halbieren und dekorativ mit etwas Zitronenmelisse und der Sauce auf vorgewärmten Tellern anrichten.

Altbayerischer Sauerkraut-Speckkuchen

Durch Sauerkraut besonders vitaminreich

1 Für den Teig Mehl sieben und mit Butter, dem Ei, Muskat, Jodsalz und 2 bis 3 Esslöffeln kaltem Wasser zu einem festen Teig verkneten. Teig in Folie wickeln und etwa 1 Stunde kalt stellen.

2 Nach der Kühlzeit den Backofen auf 200°C vorheizen. Etwas Teig für den Rand abnehmen, den restlichen Teig auf wenig Mehl rund ausrollen und den Boden einer großen Springform (26 Zentimeter Durchmesser) damit auslegen.

3 Den Teigboden im heißen Ofen etwa 10 Minuten vorbacken. Herausnehmen und mit dem restlichen Teig den Rand der Form auslegen.

4 Brötchen in etwa 1 Zentimeter große Würfel schneiden. Knoblauch abziehen und hacken. Butter zerlassen, Brötchenwürfel darin kurz anrösten. Mit Knoblauch und Schnittlauchröllchen vermischen und in die Springform auf den Teig füllen.

5 Zwiebeln abziehen und mit Speck fein würfeln. In einer Pfanne bei mittlerer Hitze unter Rühren braten, bis das Fett ausgebraten ist und der Speck knusprig ist. Sauerkraut gut abtropfen lassen, etwas auspressen, fein hacken und mit Kümmel, Speck- und Zwiebelwürfeln vermengen.

6 Die Sauerkrautmasse auf den Brötchenwürfeln verteilen. Sahne, Crème fraîche und Eier verquirlen, mit Muskat und Jodsalz würzen und über die Sauerkrautmischung gießen.

7 Den Sauerkraut-Speckkuchen im Ofen bei 180°C gut 1 Stunde backen, bis die Masse gestockt und die Oberfläche schön gebräunt ist. Den Kuchen aus dem Ofen nehmen, kurz in der Form ruhen lassen, dann herauslösen. Den Speckkuchen warm oder kalt servieren.

Gesundheitstipp:

Sauerkraut versorgt uns reichlich mit Vitamin C und enthält außerdem die wichtigen Milchsäurebakterien, die für eine gesunde Darmflora sorgen. Da sie im rohen Kraut besonders aktiv sind, sollte man ab und an etwas rohes Sauerkraut, z. B. als Salat essen. Am besten schmeckt Sauerkraut im Herbst und Winter.

Lässt sich gut vorbereiten

Zutaten für 6 Personen:

Teig:

300 g Mehl
150 g Butter
1 Ei
geriebene Muskatnuss
Jodsalz

Füllung:

4 altbackene Brötchen
2 Knoblauchzehen
1 TL Butter
2 EL Schnittlauchröllchen
2 Zwiebeln
120 g durchwachsener Speck
700 g Sauerkraut
1 TL Kümmel
600 g Sahne
100 g Crème fraîche
5 Eier
geriebene Muskatnuss
Jodsalz

Zubereitungszeit:

etwa 1 1/2 Stunden
davon Garzeit:
etwa 1 1/4 Stunden

Pro Portion etwa:

4181 Joule
1000 Kalorien
25 g Eiweiß
68 g Fett
59 g Kohlenhydrate
4,9 BE

Sauerkrauttröllchen mit Schinken-Kräutersauce und Sesamkartoffelbirnen

Sauerkraut reizvoll variiert

Preiswert und raffiniert

Zutaten für 2 Personen:

2 Schweineschnitzel aus der Oberschale von je etwa 160 g
Jodsalz
Pfeffer aus der Mühle
120 g Sauerkraut
80 g Paprikaschoten (rot, gelb, grün)
1 EL Crème fraîche
1 TL Butterschmalz
1/4 l braune Grundsauce
50 g Schinkenwürfel
1 EL frisch gehackte Kräuter (Petersilie, Dill, Schnittlauch)
Küchengarn zum Verschließen

Sesambirnen:

300 g Krokettenmasse (frisch oder Fertigprodukt)
1 Eigelb
1 EL Mineralwasser
30 g Sesamsamen
16 Gewürznelken
etwa 500 g Butterschmalz zum Ausbacken

Zubereitungszeit:

etwa 1 Stunde
davon Garzeit: etwa 30 Minuten

Pro Portion etwa:

4043 Joule
967 Kalorien
51 g Eiweiß
60 g Fett
41 g Kohlenhydrate
3,4 BE

1 Schweineschnitzel mit kaltem Wasser abbrausen, mit Küchenpapier trockentupfen und leicht klopfen. Auf beiden Seiten mit Jodsalz und Pfeffer aus der Mühle würzen.

2 Sauerkraut abtropfen lassen und grob hacken. Paprikaschoten waschen, putzen und in kleine Würfel schneiden. Mit dem Sauerkraut und der Crème fraîche vermengen.

3 Den Backofen auf 180°C vorheizen. Sauerkrautmasse auf die Schweineschnitzel geben, gleichmäßig verteilen, aufrollen und mit Küchengarn zusammenbinden. Außen mit Pfeffer aus der Mühle würzen.

4 Butterschmalz in einem ofenfesten Topf erhitzen und die Röllchen darin rundherum anbraten. Mit brauner Grundsauce aufgießen, aufkochen lassen und die Röllchen zugedeckt im heißen Ofen 20 bis 25 Minuten braten.

5 In der Zwischenzeit aus der Krokettenmasse kleine Birnen formen. Eigelb und Mineralwasser verrühren, die Birnen damit bestreichen und in den Sesamsamen wälzen. Jede Birne mit 2 Gewürznelken (oben als Stiel unten als Blütenansatz) vollenden. Die Sesambirnen in heißem Butterschmalz (180°C) in etwa 10 Minuten goldgelb ausbacken

6 Die Rouladen aus dem Ofen nehmen, Küchengarn entfernen. Röllchen in Scheiben schneiden und auf vorgewärmten Tellern anrichten. Die Sauce mit den Schinkenwürfeln und den Kräutern verfeinern und mit Jodsalz und Pfeffer aus der Mühle abschmecken. Die Sauce zu den Röllchen geben. Die Sesambirnen daneben setzen und das Gericht möglichst rasch servieren.

Brezensoufflé mit Allgäuer Emmentaler

Feine bayerische Küche der neuen Art

1 Laugenbrezen in dünne Scheiben schneiden. Speck würfeln, Zwiebel abziehen und fein hacken. Beides in einer Pfanne bei mittlerer Hitze unter Rühren glasig braten.

2 Milch zum Kochen bringen. Brezenscheiben damit übergießen und zugedeckt etwa 10 Minuten quellen lassen. Käse in kleine Würfel schneiden. Den Backofen auf 160 °C vorheizen.

3 Eigelb, Petersilie, Emmentaler, Salz, Pfeffer und Muskat mit den Brezenscheiben zur Speckmischung geben und gut vermengen.

4 Eiweiße mit wenig Salz zu Schnee schlagen. Die Brezenmasse vorsichtig unter den Eischnee geben und in gebutterte Soufflèförmchen von je etwa 8 Zentimeter Durchmesser füllen. Die Förmchen dürfen nur zu etwa zwei Drittel gefüllt sein, da die Masse beim Backen aufgeht.

5 Soufflé im heißen Ofen etwa 30 Minuten backen, bis es schön aufgegangen und gebräunt ist. Mit Petersilie oder Schnittlauchröllchen bestreut servieren.

Serviertipp:
Reichen Sie dazu einen frischen Salat, zum Beispiel einen knackigen Blattsalat oder aber einen saftigen Tomatensalat mit roten Zwiebeln.

Kochtipp:
Soufflés gehen beim Backen durch die Luft im Teig wunderbar auf und schmecken nicht nur gut, sondern sind auch eine Augenweide. Allerdings sind die luftigen Gerichte nicht ganz unkompliziert. Den Herd nicht auf Umluftbetrieb stellen, sondern auf Ober- und Unterhitze, denn Soufflés vertragen keine Zugluft und das empfindliche Gebilde kann zusammenstürzen, wenn man die Backofentüre beim Backen öffnet. Zumindest in der ersten Hälfte der Backzeit, wenn das »Gerüst« noch nicht stabil ist, sollten Sie den Backofen keinesfalls öffnen. Nach dem Backen Soufflés zudem rasch zu Tisch bringen, denn bei längerem Stehen fällt die Pracht ebenfalls wieder zusammen!
Ebenfalls wichtig: Die Soufflèform nur am Boden fetten. Durch Fett am Rand würde die Masse abrutschen und nicht so gut aufgehen.

Preiswert

Zutaten für 2 Personen:

2 Laugenbrezen
20 g magerer Bauchspeck
30 g Zwiebeln
200 ml Milch
60 g Allgäuer Emmentaler
1 Eigelb
1 EL frisch gehackte Petersilie
Jodsalz
Pfeffer aus der Mühle
geriebene Muskatnuss
2 Eiweiße
Butter zum Ausfetten der Förmchen
2 TL frisch gehackte Petersilie oder Schnittlauchröllchen

Zubereitungszeit:
etwa 1 Stunde
davon Garzeit:
etwa 30 Minuten

Pro Portion etwa:
1676 Joule
401 Kalorien
23 g Eiweiß
19 g Fett
30 g Kohlenhydrate
2,5 BE

Preiswert

Zutaten für 2 Personen:

Fondue:
600 g kleine fest kochende Kartoffeln
Jodsalz
Kümmel
etwa 1 kg Butterschmalz für den Fonduetopf
200 g magerer Schinkenspeck in Scheiben

Tomatendip:
3 kleinere Tomaten
1 Knoblauchzehe
1/2 Chilischote
1 EL Sojasauce
Jodsalz

Eierdip:
2 Eier
3 EL Mayonnaise (aus dem Glas)
2 EL Joghurt
3 Cornichons oder 1 Essiggurke
1 EL Schnittlauchröllchen
Jodsalz
Pfeffer aus der Mühle

Zubereitungszeit:
etwa 1 Stunde
davon Garzeit:
etwa 30 Minuten

Pro Portion etwa:
4014 Joule
960 Kalorien
38 g Eiweiß
58 g Fett
58 g Kohlenhydrate
4,9 BE

Kartoffelfondue mit zweierlei Dips

Kartoffeln und Speck als Basis des Fondues

1 Kartoffeln waschen, in Salzwasser mit etwas Kümmel zugedeckt in 15 bis 20 Minuten gar, aber nicht zu weich kochen. Etwas ausdämpfen lassen, pellen und beiseite stellen.

2 In der Zwischenzeit für den Tomatendip Tomaten mit kochendem Wasser überbrühen, abziehen, vierteln und entkernen. 1 Tomate in feine Würfel schneiden.

3 Die restlichen Tomaten mit dem Mixstab pürieren. Knoblauch abziehen und fein hacken. Chili waschen, putzen, entkernen und ebenfalls fein hacken. Beides mit den pürierten Tomaten vermischen. Tomatenwürfel dazu geben und mit Sojasauce und Jodsalz pikant abschmecken.

4 Für den Eierdip die Eier hart kochen und kalt abschrecken. Mayonnaise und Joghurt glatt rühren. Eier pellen und mit den Cornichons fein würfeln. Unter die Mayonnaisemasse rühren und mit Schnittlauchröllchen, Jodsalz und Pfeffer aus der Mühle kräftig abschmecken.

5 Butterschmalz in einem Fonduetopf auf etwa 175°C erhitzen. Jeweils 1 Kartoffel mit 1 Schinkenspeckscheibe umwickeln, auf eine Fonduegabel stecken und im heißen Butterschmalz knusprig ausbacken. Beide Dips dazu reichen.

Kochtipp:
Damit sich die Kartoffeln nicht zu sehr mit Fett vollsaugen, ist es wichtig, dass das Fett heiß genug ist. Denn dadurch bildet sich sofort auf der Oberfläche eine Kruste und es kann nicht mehr viel Fett eindringen. Wenn Sie keine Friteuse haben, die die Temperatur anzeigt, müssen Sie im Topf fritieren. Um die richtige Hitze festzustellen, können Sie einen hölzernen Kochlöffelstiel hineintauchen. Steigen daran reichlich Bläschen auf, ist das Fett heiß genug. Oder Sie geben einen Weißbrotwürfel ins Fett. Wenn er rasch braun wird, können Sie mit dem Fritieren beginnen.

Zwetschgengrütze mit Honig-Joghurtnockerl

Ein feines Dessert, das Ihren Gästen schmeckt

1 Für die Nockerl die Sahne steif schlagen. Honigjoghurt und Naturjoghurt mit dem Zucker und dem Honig verrühren. Die Gelatine etwa 10 Minuten in kaltem Wasser einweichen.

2 Die eingeweichte Gelatine tropfnass in einen kleinen Topf geben und unter Rühren bei schwacher Hitze erwärmen, bis sie sich aufgelöst hat. Gelatine rasch unter den Joghurt ziehen. Die steif geschlagene Sahne dazugeben, unterrühren, je nach Geschmack nachsüßen und die Masse sofort in eine Schüssel füllen. Im Kühlschrank fest werden lassen, das dauert etwa 3 bis 4 Stunden.

3 Inzwischen die Zwetschgen waschen, entkernen und vierteln. Johannisbeersaft und 1/8 Liter Wasser mit dem Zucker und der Zimtstange erhitzen. Zimtstange entfernen und die Zwetschgen dazugeben. Einige Minuten kochen lassen. Speisestärke in wenig kaltem Wasser glatt rühren und unter ständigem Rühren unter die Zwetschgenmasse geben. Nach Geschmack nachsüßen, die Grütze in tiefe Dessertteller oder -schälchen füllen und auskühlen lassen.

4 Mit einem Kaffeelöffel von der Joghurtmasse Nockerl abstechen und auf der Zwetschgengrütze verteilen. Mit Minze garnieren und servieren.

Kochtipp:

Fruchtgrützen schmecken aus vielerlei Obst. Besonders beliebt sind neben Zwetschgen Beeren, ob einzeln oder gemischt. Vor allem im Sommer sollten Sie einmal eine Grütze aus Himbeeren, Johannisbeeren und Brombeeren versuchen. Probieren Sie auch einmal eine »gelbe« Grütze, die aus Aprikosen, Pfirsichen und eventuell Mirabellen zubereitet wird. Aprikosen und Pfirsiche sollte man dafür enthäuten (kurz mit kochendem Wasser übergießen, dann geht's leicht). Bei der Wahl der Flüssigkeit sind Sie zum Experimentieren eingeladen: so schmeckt die Grütze auch gut, wenn Sie einen Teil vom Saft durch trockenen Rotwein ersetzen oder auch einmal Traubensaft – rot oder hell – verwenden.

Lässt sich gut vorbereiten

Zutaten für 4 Personen:

Nockerl:

- 100 g Sahne
- 150 g Honigjoghurt
- 150 g Naturjoghurt
- 1 TL Zucker
- 1 TL Rapshonig
- 2 Blatt weiße Gelatine

Grütze:

- 500 g Zwetschgen
- 1/8 l schwarzer Johannisbeersaft
- etwa 1 EL Zucker
- 1 Zimtstange
- 1 TL Speisestärke
- frische Minze zum Garnieren

Zubereitungszeit:
etwa 45 Minuten
davon Garzeit:
etwa 15 Minuten
Kühlzeit:
3 bis 4 Stunden

Pro Portion etwa:
1020 Joule
244 Kalorien
4 g Eiweiß
11 g Fett
29 g Kohlenhydrate
2,4 BE

Weiße Schokoladenmousse mit frischen Beeren

Durch Beeren besonders vitaminreich

Lässt sich gut vorbereiten

Zutaten für 4 Personen:

- 3 sehr frische Eigelbe
- 40 g + 2 TL Zucker
- 175 g weiße Schokolade
- 3 Eiweiße
- 3 Blatt weiße Gelatine
- 150 g Sahne
- 2 cl Grand Marnier
- 200 g Beeren (Himbeeren, Brombeeren, Heidelbeeren)
- frische Pfefferminze
- Puderzucker zum Garnieren

Zubereitungszeit:
etwa 45 Minuten

Kühlzeit:
3–4 Stunden

Pro Portion etwa:
2174 Joule
520 Kalorien
11 g Eiweiß
31 g Fett
43 g Kohlenhydrate
3,6 BE

1 Die Eigelbe mit 40 Gramm Zucker in einer Schlagschüssel verrühren und über dem heißen Wasserbad schaumig schlagen. Die Schokolade in einer Tasse in heißem Wasser schmelzen und unter die Eigelbmasse rühren.

2 Eiweiße steif schlagen. Die Gelatineblätter etwa 10 Minuten in kaltem Wasser einweichen. Die Sahne steif schlagen.

3 Die Gelatineblätter ausdrücken und mit dem Grand Marnier bei schwacher Hitze erwärmen, bis sie sich auflöst. Die Gelatine rasch unter die Schokoladenmasse rühren.

4 Zum Schluss die Sahne und das geschlagene Eiweiß unterheben und die Mousse in eine Schüssel füllen. Im Kühlschrank in 3 bis 4 Stunden stocken lassen.

5 Die Beeren verlesen, waschen, mit 2 Teelöffeln Zucker leicht süßen und auf Teller verteilen. Mit einem Esslöffel Nockerl von der Masse abstechen und zu den Beeren auf die Teller setzen. Mit frischer Minze garnieren und mit Puderzucker bestäuben.

Kochtipp:
Wer Süßspeisen mit rohen Eiern zubereitet, muss besonders auf die Frische der empfindlichen Lebensmittel achten. Am einfachsten können Sie die Frische der Eier mit dem Wassertest feststellen: Legen Sie das Ei in ein Gefäß mit Wasser. Ein frisches Ei bleibt flach am Boden liegen. Je älter das Ei ist, desto größer wird die Luftblase im Inneren und das Ei richtet sich mit dieser Seite langsam auf. Wenn es sehr alt ist, kann es sogar schwimmen. Achten Sie beim Kauf von Eiern auch immer auf das Legedatum.

Lässt sich gut vorbereiten

Zutaten für 12 Stücke:

250 g Butter
100 g Zucker
1 Päckchen Vanillezucker
150 g Waldhonig
4 Eier
250 g Weizenvollkornmehl
oder Weizenmehl Type 405
1/2 Päckchen Backpulver
1/2 TL Zimtpulver
Butter, Mehl, Semmelbrösel
für die Form

Zum Garnieren:

50 g Honig
1 EL Rum
100 g Mandelblättchen

Zubereitungszeit:

etwa 1 1/4 Stunden
davon Garzeit:
etwa 1 Stunde

Pro Portion etwa:

1710 Joule
409 Kalorien
7 g Eiweiß
25 g Fett
37 g Kohlenhydrate
3,1 BE

Honigrührkuchen

Etwas besonderes für die Kaffeetafel

1 Den Backofen auf 180°C vorheizen. Eine Gugelhupfform mit Butter ausstreichen, mit Mehl und Semmelbröseln gut ausstreuen.

2 Für den Teig Butter mit Zucker und Vanillezucker schaumig rühren. Honig und die Eier dazugeben und weiterrühren, bis die Masse glatt ist. Weizenvollkornmehl mit Backpulver und Zimt vermischen und nach und nach dazugeben und unterrühren.

3 Teig in die vorbereitete Form füllen, glatt streichen und im vorgeheizten Backofen 45 bis 50 Minuten backen. Die Stäbchenprobe machen: Wenn an einem Stäbchen, das Sie in die dickste Stelle stechen, beim Herausziehen kein feuchter Teig mehr haftet, ist der Kuchen fertig gebacken.

4 Den Gugelhupf aus der Form auf ein Gitter stürzen und auskühlen lassen. Für die Glasur Honig mit Rum erwärmen und den Gugelhupf damit bestreichen. Mandelblättchen in einer beschichteten Pfanne ohne Fettzugabe unter Rühren goldgelb rösten und vor dem Servieren über den Gugelhupf streuen.

Gesundheitstipp:

Honig besteht zu 80 Prozent aus Zucker, enthält aber zudem noch einige Vitamine, Eiweiß und Mineralstoffe. Einer seiner besonderen Inhaltsstoffe ist Azethylcholin, der beruhigend wirkt. Ein Grund, warum man nach einem Glas Milch (die ebenfalls beruhigende Stoffe enthält) mit Honig am Abend so gut schlafen kann. Durch seinen Gehalt an Propolis wirkt Honig zudem mild antibiotisch.

Kochtipp:

Falls Honig im Glas fest geworden ist (kristallisiert), können Sie ihn in einem nicht zu heißen Wasserbad wieder verflüssigen. Er lässt sich dann leichter verarbeiten.

Menü 1

Zutaten für 4 Personen:

Für das Rinderfilet:
360 g Rinderfilet
250 g frische Pfifferlinge
2 Schalotten, 2 Tomaten
6–8 Zweige Petersilie
einige Kopfsalatblätter
1 TL Rapsöl

Für die Marinade:
4 EL Aceto balsamico
2 EL Sherryessig
4 EL Fleischbrühe
4 EL Walnussöl
Jodsalz, Pfeffer

Für die Wirsing-Kartoffelroulade:
800 g mehlig kochende Kartoffeln
Jodsalz, Kümmel
16 Wirsingblätter
1 große Zwiebel
1 große Möhre
2 Zucchini
120 g Champignons
1 TL Butter
4 Eier, 120 g Mehl
Pfeffer aus der Mühle
geriebene Muskatnuss
2 EL Schnittlauchröllchen
Butter für die Form
100–200 ml Gemüsebrühe

Mariniertes Rinderfilet mit gebratenen Pfifferlingen

Rinderfilet anfrosten lassen. Pfifferlinge putzen. Schalotten würfeln. Tomaten häuten und würfeln. Petersilie hacken. Kopfsalat in Streifen schneiden.

Für die Marinade Essig mit Brühe und Walnussöl verrühren, mit Salz und Pfeffer abschmecken.

Fleisch in hauchdünne Scheiben schneiden, zwischen zwei Lagen Frischhaltefolie dünn klopfen. Teller mit einem Drittel Marinade bestreichen, Fleischscheiben darauf anrichten und mit einem weiteren Drittel Marinade bepinseln.

Pfifferlinge und Schalotten im Öl anbraten, restliche Marinade hinzufügen. Tomatenwürfel und Petersilie untermischen. Kopfsalatstreifen auf dem Filet anrichten, Pilze darauf verteilen. (Das ausführliche Rezept steht auf Seite 104.)

Rosmarinkeule von der Ente mit Wirsing-Kartoffelroulade

Kartoffeln mit Kümmel weich kochen. Entenkeulen mit Pfeffer und Beifuß würzen. Zwiebeln, Möhren und Sellerie klein schneiden. Backofen auf 180 °C vorheizen.

Entenkeulen im Butterschmalz in einem Bräter anbraten. Zwiebeln und Gemüse dazu geben. Mit Mehl bestäuben, Tomatenmark unterrühren, anrösten.

Wacholderbeeren, Lorbeerblätter, Gewürznelken und Pfefferkörner dazugeben, mit Brühe und Rotwein aufgießen. Salzen und die Keulen offen im Ofen etwa 1 Stunde garen. Ab und zu wenden. Wirsing etwa 2 Minuten blanchieren. Zwiebel würfeln. Möhre, Zucchini und Pilze würfeln und in Butter dünsten.

Kartoffeln pellen und heiß durchdrücken. Mit Eiern, Mehl, Jodsalz, Pfeffer und Muskat verkneten. Gemüse mit Schnittlauch untermengen.

Wirsingblätter überlappend auslegen, mit Kartoffelmasse bestreichen und zu einer Roulade formen. In eine gebutterte Auflaufform setzen und im Ofen 15 bis 20 Minuten garen. Ab und zu mit Brühe übergießen.

Entenkeulen aus der Sauce nehmen, die Sauce passieren. Wirsing-Kartoffelroulade in Scheiben schneiden und mit Entenkeule und Sauce anrichten. (Das ausführliche Rezept steht auf Seite 110.)

Weißes Schokoladenmousse mit frischen Beeren

Eigelbe mit 40 Gramm Zucker über dem heißen Wasserbad schaumig schlagen. Schokolade schmelzen und unterrühren. Eiweiße und Sahne steif schlagen.

Gelatine auflösen. Unter die Schokoladenmasse rühren. Sahne und Eischnee unterheben, in eine Schüssel füllen. 3 bis 4 Stunden kühl stellen.

Gezuckerte Beeren auf Teller verteilen. Nockerl abstechen und zu den Beeren setzen. Mit Minze und Puderzucker garnieren. (Das ausführliche Rezept steht auf Seite 124.)

Zeitplan

etwa 3 Stunden vorher

- Kartoffeln für die Wirsingroulade kochen, Wirsing blanchieren
- Schokoladenmousse zubereiten

etwa 1 Stunde vorher

- Fleisch ins Gefrierfach legen, Marinade rühren, Pilze putzen, Salat waschen
- Kartoffel-Wirsingroulade formen, in die Form legen
- Gemüse für die Entenkeulen schneiden, Keulen anbraten, Gemüse andünsten

wenn die Gäste kommen

- Salat auf Tellern verteilen, Pilze braten, Vorspeise anrichten
- nach der Vorspeise Entenkeulen in den heißen Ofen schieben, etwas später Wirsingroulade ebenfalls
- Beeren vorbereiten, Dessert anrichten und servieren

Menü 1

Für die Rosmarinkeule:
4 Entenkeulen von je 220–250 g
Pfeffer aus der Mühle
2 TL Beifuß
je 150 g Zwiebeln, Möhren und Knollensellerie
1 TL Butterschmalz
2 EL Mehl
2 EL Tomatenmark
einige Wacholderbeeren
2 Lorbeerblätter
einige Gewürznelken
einige Pfefferkörner
1/2 l Fleischbrühe
1/8 l Rotwein
Jodsalz

Für das weiße Schokoladenmousse:
3 sehr frische Eigelbe
40 g + 2 TL Zucker
175 g weiße Schokolade
3 Eiweiße
150 g Sahne
3 Blatt weiße Gelatine
2 cl Grand Marnier
200 g Beeren (Himbeeren, Brombeeren, Heidelbeeren)
frische Pfefferminze
Puderzucker zum Bestäuben

Menü 2

Zutaten für 6 Personen:

Für das Rinderfilet:
550 g Rinderfilet
350 g frische Pfifferlinge
3 Schalotten, 3 Tomaten
6–8 Zweige Petersilie
einige Kopfsalatblätter
1 TL Rapsöl

Für die Marinade:
6 EL Aceto balsamico
3 EL Sherryessig
6 EL Fleischbrühe
6 EL Walnussöl
Salz, Pfeffer aus der Mühle

Für die Rahmsuppe:
300 g Austernpilze, Egerlinge und/oder Champignons
3/4 l Milch, Jodsalz
1 TL gemahlener Kümmel
1 große Zwiebel, 1 EL Butter
2–3 EL Mehl, 150 g Sahne
3/4 l Gemüsebrühe
3 Zweige frischer Majoran
2 EL Schnittlauchröllchen
3 EL Brotcroûtons

Für das Roastbeef:
6 Wacholderbeeren
einige Pfefferkörner
2 Lorbeerblätter

Mariniertes Rinderfilet mit gebratenen Pfifferlingen

Rinderfilet anfrosten lassen. Pfifferlinge putzen. Schalotten würfeln. Tomaten häuten und würfeln. Petersilie hacken. Kopfsalat in Streifen schneiden.

Für die Marinade Essig mit Brühe und Walnussöl verrühren, mit Salz und Pfeffer abschmecken.

Fleisch in hauchdünne Scheiben schneiden, zwischen zwei Lagen Frischhaltefolie dünn klopfen. Teller mit einem Drittel Marinade bestreichen, Fleischscheiben darauf anrichten und mit einem weiteren Drittel Marinade bepinseln.

Pfifferlinge und Schalotten im Öl anbraten, restliche Marinade hinzufügen. Tomatenwürfel und Petersilie untermischen. Kopfsalatstreifen auf dem Filet anrichten, Pilze darauf verteilen. (Das ausführliche Rezept steht auf Seite 104.)

Rahmsuppe von Zuchtpilzen

Pilze in Milch mit Salz und Kümmel etwa 5 Minuten kochen lassen. Abschütten, Sud auffangen. Zwiebel würfeln, in Butter glasig dünsten. Mehl darüber stäuben. Sahne, Brühe und Pilzsud angießen. Unter ständigem Rühren aufkochen lassen.

Pilze wieder dazugeben und etwa 8 Minuten kochen lassen. Suppe mit den Kräutern und Salz würzen. Mit Schnittlauch und Croûtons bestreut servieren. (Das ausführliche Rezept steht auf Seite 105.)

Getrüffeltes Roastbeef in Weinblättern gegart im Salzteig

Die Gewürze zerstoßen. Kräuter fein hacken. Knoblauch fein schneiden. Gewürze, Kräuter und Knoblauch mit Öl verrühren. Roastbeef damit einreiben, einige Stunden marinieren.

In das Fleisch mit einem Stahl eine Öffnung bohren. Trüffelleberwurst mit einem Spritzbeutel in die Öffnung

geben, Fleisch würzen und mit Senf bestreichen. Backofen auf 250 °C vorheizen. Aus Mehl, Jodsalz, etwa 4 Esslöffeln Wasser und Eiern einen Salzteig herstellen.

Roastbeef anbraten, herausnehmen und mit Weinblättern umwickeln. Mit Salzteig umhüllen, in einen Bräter auf das grobe Salz setzen und im Ofen etwa 1 1/4 Stunden garen. Salzteig entfernen, Fleisch in Scheiben schneiden. (Das ausführliche Rezept steht auf Seite 114.)

Zwetschgengrütze mit Honig-Joghurtnockerl

Sahne steif schlagen. Joghurt mit Zucker und Honig verrühren. Gelatine auflösen, unterziehen. Sahne unterrühren, die Masse 3 bis 4 Stunden kühl stellen.

Zwetschgen vierteln. Johannisbeersaft und 100 Milliliter Wasser mit Zucker und Zimt erhitzen. Die Zwetschgen darin einige Minuten kochen lassen. Speisestärke in kaltem Wasser glatt rühren und unter die Zwetschgenmasse rühren. Nachsüßen, in Dessertteller füllen.

Von der Joghurtmasse Nockerl abstechen und auf der Grütze verteilen. Mit Minze garnieren und servieren. (Das ausführliche Rezept steht auf Seite 123.)

Zeitplan

etwa 3 Stunden vorher

- Roastbeef marinieren
- Nockerlmasse und Grütze fürs Dessert zubereiten, kühl stellen

etwa 1 Stunde vorher

- Fleisch für die Vorspeise frosten, Marinade rühren, Pilze putzen, Salat waschen
- Pilze für Suppe putzen
- Roastbeef anbraten und einhüllen

wenn die Gäste kommen

- Pilze braten, Vorspeise anrichten
- Pilzsuppe frisch zubereiten
- Roastbeef in den heißen Ofen schieben
- Dessert anrichten.

Menü 2

2 Zweige frischer Rosmarin
2 Zweige frischer Oregano
1 Knoblauchzehe
100 ml Rapsöl
900 g Roastbeef
200 g Trüffelleberwurst
Salz, Pfeffer, 2 EL scharfer Senf
1 große Dose Weinblätter

Für den Salzteig:
500 g Mehl, 2 Eier
250 g feines Jodsalz
500 g grobkörniges Salz

Für die Nockerl:
150 g Sahne, je 225 g Honig- und Naturjoghurt
2 TL Zucker, 2 TL Rapshonig
3 Blatt weiße Gelatine

Für die Grütze:
750 g Zwetschgen
200 ml schw. Johannisbeersaft
2 EL Zucker, 1 Zimtstange
1 gehäufter TL Speisestärke
frische Minze zum Garnieren

Deftig und wärmend

Draußen ist es kühl, die ersten Schneeflocken fallen. Jetzt ist die richtige Zeit, um es sich gemütlich zu machen, man hat Lust auf Wärmendes und Deftiges aus Topf und Pfanne oder aus dem Backofen. Und auch im Winter gibt es reichlich Gemüse wie Kürbis und Kohl.

Rucolasalat mit warmen Austernpilzen und Truthahnschinken

Aromatische und vitaminreiche Vorspeise oder Imbiss

Schnell fertig

Zutaten für 2 Personen:

1 Bund Rucola (Rauke)
2 EL Aceto balsamico
Jodsalz
Pfeffer aus der Mühle
2 EL Rapsöl
100 g Austernpilze
40 g Schalotten
1 TL Butter
60 g geräucherter Truthahnschinken in Scheiben

Zubereitungszeit:
etwa 30 Minuten
davon Garzeit:
etwa 15 Minuten

Pro Portion etwa:
832 Joule
199 Kalorien
9 g Eiweiß
15 g Fett
5 g Kohlenhydrate
0,4 BE

1 Rucola putzen, waschen, trockenschleudern, zu dicke oder zu lange Stiele entfernen. Aceto balsamico, Jodsalz und Pfeffer aus der Mühle miteinander verrühren. Das Rapsöl mit einer Gabel unterschlagen.

2 Austernpilze putzen, die ganz festen Enden entfernen und in mundgerechte Stücke schneiden. Schalotten abziehen und in feine Würfel schneiden. Butter in einer beschichteten Pfanne zerlassen, Schalotten und Austernpilze darin bei mittlerer Hitze etwa 5 Minuten von allen Seiten braten. Sie sollen eine schön braune Farbe annehmen.

3 Rucola auf zwei Tellern anrichten. Truthahnschinken zu kleinen Röllchen drehen und mit den warmen Austernpilzen auf die Teller verteilen. Rucola, Truthahnschinken und Austernpilze mit der Marinade beträufeln. Salat möglichst sofort servieren. Er schmeckt besonders gut, wenn die Austernpilze noch lauwarm sind.

Zutatentipp:
Rucola, Rauke oder Roquette ist eine würzig, nussig-scharf schmeckende Salatpflanze, die schon unsere Großmütter kannten, die aber lange Zeit in Vergessenheit geraten war. Aus Italien kam sie wieder zu uns und ist eine schmackhafte, herzhafte Alternative zu anderen Blattsalaten. Kaufen können Sie Rucola in fast jedem Gemüsegeschäft, wenn Sie sie dennoch einmal nicht finden, lässt sie sich durch Feldsalat oder Portulak ersetzen. Übrigens lässt sie sich problemlos im Garten ziehen.

Gesundheitstipp:
Pilze versorgen uns mit Kalium und vielen Ballaststoffen. Übrigens ist auch in Fleisch und Fleischwaren Kalium enthalten. Und je magerer das Fleisch, desto mehr Kalium enthält es, mit Truthahn ist man also gut beraten. Kalium reguliert u. a. den Wasserhaushalt des Körpers, das Säure-Basen-Gleichgewicht sowie den Herzrhytmus.

Kürbiscremesuppe mit gerösteten Mandeln

Wärmend und vitaminreich für den Winterabend

1 Kürbis schälen, von den Kernen mit dem weichen Fruchtfleisch befreien und in kleine Stücke schneiden. Mit Weißwein, Apfelsaft, Gewürznelke und Zimtstange in einem Topf zum Kochen bringen und zugedeckt bei mittlerer Hitze in 20 bis 30 Minuten weich dünsten.

2 Inzwischen Mandelblättchen in einer trockenen Pfanne bei mittlerer Hitze unter Rühren goldgelb rösten. Auf einem Teller beiseite stellen.

3 Gewürznelke und Zimtstange aus dem Topf fischen, Milch zum Kürbis geben und alles im Topf mit dem Pürierstab fein pürieren. Sahne leicht anschlagen, unter die Suppe heben und diese mit Jodsalz und weißem Pfeffer mild abschmecken.

4 Falls die Suppe zu dickflüssig ist, mit etwas Apfelsaft verflüssigen. Die Suppe in vorgewärmte Suppenteller verteilen und mit den Mandelblättchen bestreuen.

Gesundheitstipp:
Kürbis enthält wie alle anderen gelben und roten Gemüse reichlich Karotinoide, und dabei ist die Zusammensetzung aus Alpha- und Beta-Karotin, Lutein und Zeaxanthin besonders wirksam. Alpha- und Beta-Karotin haben übrigens den Vorteil, dass ihnen das Erwärmen nicht so schadet. Kürbis kann man also, wie übrigens auch alle anderen roten und orangefarbenen Gemüse- und Obstsorten, getrost gegart essen. Durch seine Karotinoide liefert Kürbis reichlich Vitamin A und stärkt dadurch das Immunsystem und besitzt Krebs hemmende Eigenschaften. Auch Vitamin E, das der Kürbis ebenfalls enthält, stärkt das Immunsystem, die Zellwände und wirkt gegen freie Radikale. Dadurch kann er vor Krebs, Schlaganfall und Herzinfarkt schützen. Außerdem enthält Kürbis den Mineralstoff Kalium, der für den Wasserhaushalt im Körper eine entscheidende Rolle spielt. Kalium wirkt entwässernd. Zudem sind die Phytosterine zu nennen, die bei erhöhtem Cholesterinspiegel wirken. Kürbis ist also ein wahres Wundergemüse und sollte viel öfter auf den Tisch kommen. Übrigens wirken auch die Kürbiskerne ähnlich, gönnen Sie sich doch einfach immer mal wieder eine Handvoll für zwischendurch zum Knabbern.

Raffiniert und preiswert

Zutaten für 2 Personen:

- 500 g Kürbis (geputzt gewogen)
- 1/8 l trockener Weißwein
- 1/8 l Apfelsaft
- 1 Gewürznelke
- 1 kleines Stück Zimtstange
- 2 TL Mandelblättchen
- 1/8 l Milch
- 2 EL Sahne
- Jodsalz
- weißer Pfeffer aus der Mühle

Zubereitungszeit:
etwa 45 Minuten
davon Garzeit:
etwa 30 Minuten

Pro Portion etwa:
1116 Joule
267 Kalorien
7 g Eiweiß
11 g Fett
22 g Kohlenhydrate
1,8 BE

Lachsforelle im Kartoffelkleid mit Fenchelgratin

Ein besonders feines Essen für besondere Gelegenheiten

Für Gäste geeignet

Zutaten für 2 Personen:

1 Lachsforelle
von 400 bis 500 g
Jodsalz
Pfeffer aus der Mühle
1–2 EL Zitronensaft
2 mittelgroße fest kochende Kartoffeln
1 Eigelb
2 EL flüssige Butter

Fenchel:

2 Fenchelknollen
von je etwa 150 g
1/2 TL Butter für die Form
100 ml Milch
2 EL Sahne
Jodsalz

Sauce:

1 kleine Zwiebel
1/8 l Weißwein
2 EL Sahne
10 g kalte Butter
Jodsalz
Pfeffer aus der Mühle
1 TL Limettensaft

Zubereitungszeit:
etwa 1 1/4 Stunden
davon Garzeit:
etwa 30 Minuten

Pro Portion etwa:
3579 Joule
856 Kalorien
71 g Eiweiß
32 g Fett
48 g Kohlenhydrate
4 BE

1 Lachsforelle kalt abbrausen, trockentupfen. Innen und außen salzen, pfeffern und mit dem Zitronensaft beträufeln.

2 Den Backofen auf 180°C vorheizen. Kartoffeln waschen, schälen, in sehr dünne Scheiben schneiden oder hobeln. Jeweils eine Seite mit Eigelb bepinseln, die Kartoffelscheiben mit der Eigelbseite nach unten schuppenartig auf beide Seiten des Fisches legen.

3 Fenchel waschen, putzen, vierteln und in kochendem Salzwasser 3 bis 4 Minuten vorgaren. Die Viertel in einem Sieb abtropfen lassen und in eine gebutterte Gratinform schichten. Milch und Sahne angießen, den Fenchel salzen und im heißen Ofen etwa 30 Minuten gratinieren, bis er bissfest und gebräunt ist.

4 Die belegte Lachsforelle in eine feuerfeste längliche Form legen, ebenfalls in den heißen Ofen schieben und 20 bis 25 Minuten backen, bis die Schuppen goldbraun sind. Dabei die Kartoffelschicht häufig mit flüssiger Butter bepinseln.

5 Für die Sauce Zwiebel abziehen und fein hacken. Mit dem Weißwein zum Kochen bringen und bei starker Hitze auf ein Drittel einkochen lassen. Die Sahne dazu gießen und kurz weiterkochen. Vor dem Servieren die kalte Butter unterschlagen, die Sauce mit Jodsalz, Pfeffer aus der Mühle und Limettensaft abschmecken.

6 Den Fisch mit der Sauce und dem Fenchelgratin auf vorgewärmten Tellern anrichten und servieren.

Tipp:
Wenn Sie einen Backofen haben, der mit Umluft beheizt wird, können Sie Fisch und Fenchel auf verschiedenen Ebenen garen. Wenn Sie dagegen mit Ober- und Unterhitze heizen, müssen Sie zwei Formen wählen, die Sie nebeneinander auf den Rost stellen können.

Gebratene Karpfenmedaillons auf Meerrettichsauce

Ein apartes Gericht, das Ihren Gästen schmeckt

1 Zwiebeln abziehen und in feine Würfel schneiden. Butter schmelzen lassen, Zwiebeln darin bei mittlerer Hitze unter Rühren andünsten. Mit Milch und Sahne aufgießen. Semmelbrösel und Meerrettich dazugeben und die Zwiebelsauce mit Jodsalz, Pfeffer aus der Mühle und Zitronensaft abschmecken. Zugedeckt warm halten.

2 Möhren schälen, putzen und in Scheiben schneiden. Butter zerlassen, Möhren darin anschwenken. Mit Mineralwasser aufgießen, aufkochen lassen, salzen, mit Zucker bestreuen und zugedeckt bei mittlerer Hitze in weiteren 5 Minuten bissfest garen.

3 Inzwischen Karpfenfilets mit kaltem Wasser abbrausen, trockentupfen und in kleine Scheiben schneiden. Mit Jodsalz und Pfeffer aus der Mühle würzen. Butter in einer beschichteten Pfanne erhitzen. Karpfenfilets darin bei mittlerer Hitze pro Seite 2 bis 3 Minuten braten. Vorsichtig wenden, damit sie nicht zerfallen.

4 Die Sauce auf vorgewärmte Teller verteilen und die Karpfenmedaillons darauf mit den Möhren anrichten.

Gesundheitstipp:
Möhren enthalten neben vielen anderen wichtigen Inhaltsstoffen reichlich Beta-Karotin, das im Organismus in Vitamin A umgewandelt wird. Damit die Umwandlung gut gelingt, braucht der Körper Vitamin E, Eisen, Zink und Schilddrüsenhormone. Wenn man also Möhren zusammen mit Fleisch isst, hat man für die Eisenzufuhr schon gesorgt. Ebenfalls gut zu Möhren: Keimöl, das Vitamin E enthält.
Möhren enthalten viel vom Spurenelement Selen, das für Herz und Kreislauf und auch die Schärfe der Augen eine wichtige Rolle spielt. Und wer unter Stress steht, hat einen erhöhten Selenbedarf.
Übrigens: sowohl die Karotine als auch das Selen werden erst so richtig für den Organismus erschließbar, wenn sie gegart sind. Und beide sind fettlöslich, brauchen also etwas Fett wie Butter, Öl oder das Fett in Fleisch, damit der Körper sie verwerten kann.

Kochtipp:
Das Mineralwasser zum Garen der Möhren verleiht dem Gemüse einen besonders schönen Glanz.

Für Gäste geeignet
Zutaten für 2 Personen:

Zwiebelsauce:
2 kleine Zwiebeln
1/2 TL Butter
1/8 l Milch
2 EL Sahne
1 EL Semmelbrösel
1 EL Meerrettich aus dem Glas
Jodsalz
Pfeffer aus der Mühle
2–3 TL Zitronensaft

Möhrengemüse:
300 g Möhren
1/2 TL Butter
1/8 l Mineralwasser
Jodsalz
1 Prise Zucker

Karpfenmedaillons:
400 g Karpfenfilets
Jodsalz
Pfeffer aus der Mühle
1 TL Butter

Zubereitungszeit:
etwa 45 Minuten
davon Garzeit:
etwa 15 Minuten

Pro Portion etwa:
2107 Joule
504 Kalorien
49 g Eiweiß
19 g Fett
26 g Kohlenhydrate
2,1 BE

Gefüllte Truthahnbrust im Blattspinatmantel

Leichtes Essen, das nicht belastet

Kalorienarm und preiswert

Zutaten für 2 Personen:

1 kleines Schweinenetz (beim Metzger vorbestellen)
50 g Weißbrot oder Toast
1 Ei
80 g Magerquark
50 g Champignons
1/2 TL Butter
Jodsalz
weißer Pfeffer aus der Mühle
Geflügelgewürzmischung
100 g frischer Blattspinat
320 g Truthahnbrust
1 TL Butterschmalz
1/8 l Fleischbrühe

Zubereitungszeit:
etwa 1 Stunde
davon Garzeit:
etwa 45 Minuten

Pro Portion etwa:
1911 Joule
457 Kalorien
47 g Eiweiß
19 g Fett
16 g Kohlenhydrate
1,3 BE

1 Schweinenetz in kaltes Wasser legen und mindestens 30 Minuten darin ruhen lassen. Weißbrot zerkleinern und mit dem Ei und dem Quark vermengen. Die Champignons putzen und in Scheiben schneiden. Butter zerlassen, die Pilze darin bei mittlerer Hitze unter Rühren kurz dünsten. Erkalten lassen und mit Jodsalz, Pfeffer aus der Mühle und Geflügelgewürz zur Brotmasse geben.

2 Spinat in stehendem kaltem Wasser gründlich waschen und von welken Blättern und groben Stielen befreien. Spinat in kochendem Salzwasser kurz blanchieren, bis die Blätter zusammenfallen, in ein Sieb abgießen und kalt abschrecken. Abtropfen lassen.

3 Truthahnbrust kalt abspülen, trockentupfen und von allen Seiten mit Geflügelgewürz, Jodsalz und weißem Pfeffer würzen. Schweinenetz abtropfen lassen, gut trocknen und auf der Arbeitsfläche ausbreiten. Die Spinatblätter nebeneinander darauf legen.

4 Backofen auf 160°C vorheizen. Einen Teil der Füllung auf die Spinatblätter verteilen und die vorbereitete Truthahnbrust darauf legen. Den Rest der Füllung darauf verteilen, mit Spinatblättern belegen und ganz mit dem Schweinenetz umhüllen.

5 Butterschmalz in einem ofenfesten Bräter schmelzen. Truthahnpäckchen darin von allen Seiten anbraten. Mit Fleischbrühe aufgießen und offen im heißen Ofen 30 bis 40 Minuten braten, bis das Päckchen schön gebräunt ist. Braten kurz ruhen lassen, in Scheiben schneiden und auf vorgewärmten Tellern anrichten.

Serviertipp:
Dazu passen Kartoffelpüree und Blattsalate.

Kochtipp:
Wer keinen Truthahn bekommt, kann statt dessen problemlos Hähnchenbrustfilets oder auch mageres Kalbfleisch, zum Beispiel Filet oder Lende, nehmen.

Gebratene Entenbrust mit Edelpilzkäsesauce und grünen Böhnchen

Ein festliches Essen, das sich gut vorbereiten lässt

1 Die Bohnen putzen, waschen und in kochendem Salzwasser in 10 bis 15 Minuten bissfest kochen. In ein Sieb abgießen und mit kaltem Wasser abschrecken. Abtropfen lassen.

2 Entenbrustfilets kalt abbrausen und trockentupfen. Die Haut mehrfach diagonal einritzen, aber nicht bis auf das Fleisch einschneiden. Die Entenbrüste rundherum mit Pfeffer einreiben. Das Butterschmalz in einer Pfanne leicht erhitzen, die Filets darin zuerst mit der Hautseite nach unten, dann auf der Fleischseite anbraten.

3 Entenbrustfilets mit Jodsalz würzen und bei mittlerer Hitze noch knapp 10 Minuten braten, dabei mehrfach wenden. Filets herausnehmen, in Alufolie gewickelt nachziehen lassen und warm halten.

4 Gemüsebrühe in die Pfanne zum Bratfett gießen, Käse kleinschneiden und dazugeben. Käse bei schwacher Hitze unter Rühren schmelzen und die Sauce cremig einkochen lassen.

5 Für die Bohnen Zwiebelhälfte abziehen und klein würfeln. Knoblauch abziehen und zerdrücken. Butter schmelzen und Zwiebelwürfel darin glasig dünsten. Bohnen dazugeben und mit Knoblauch, Bohnenkraut, Jodsalz und Pfeffer aus der Mühle würzen.

6 Die Sauce mit Sherry und Sahne verfeinern und mit Pfeffer aus der Mühle und Jodsalz abschmecken.

7 Die Entenbrust auswickeln, den Bratensaft, der sich in der Folie gesammelt hat, zur Sauce gießen. Fleisch in Scheiben schneiden. Zusammen mit den Bohnen und der Käsesauce auf vorgewärmten Tellern anrichten und servieren.

Serviertipp:

Dazu passen Röstkartoffeln.

Kochtipp:

Mit der Wahl des Käses bestimmen Sie das Aroma der Sauce. Es gibt sehr würzige deutsche Edelpilzkäse, aber auch mildere Sorten, die mit dem Entenfleisch besser harmonieren.

Gelingt ganz leicht

Zutaten für 2 Personen:

Bohnen:
- 300 g grüne Bohnen
- Jodsalz
- 1/2 TL Butter
- 1/2 Zwiebel
- 1 Knoblauchzehe
- Bohnenkraut
- Pfeffer aus der Mühle

Entenbrust:
- 2 Entenbrüste mit Haut von je etwa 180 g
- schwarzer Pfeffer aus der Mühle
- 1/2 TL Butterschmalz
- Jodsalz
- 1/8 l Gemüsebrühe
- 80 milder Edelpilzkäse
- 2 cl trockener Sherry
- 1 EL Sahne

Zubereitungszeit:
etwa 45 Minuten
davon Garzeit:
etwa 15 Minuten

Pro Portion etwa:
- 2989 Joule
- 715 Kalorien
- 46 g Eiweiß
- 48 g Fett
- 9 g Kohlenhydrate
- 0,8 BE

Lammrückenfilet in Blätterteigmantel mit Rosmarinschwarzwurzeln

Winterküche der ganz feinen Art

Für Gäste geeignet

Zutaten für 2 Personen:

Lammrücken:
- 8 Wirsingblätter
- Jodsalz
- 320 g ausgelöster Lammrücken (Lammlachs)
- Pfeffer aus der Mühle
- 2 Scheiben tiefgekühlter Blätterteig (100 g)
- 1/2 TL Butterschmalz
- 1 TL scharfer Senf
- 1 Zweig frischer Rosmarin
- 80 g durchwachsener, magerer Speck (in dünnen Scheiben)
- 1 Eigelb
- 2 EL Mineralwasser

Rosmarinschwarzwurzeln:
- 1/2 l fettarme Milch
- Jodsalz
- 300 g Schwarzwurzeln
- 1 Tomate
- 1/2 TL Butter
- 1 Zweig frischer Rosmarin
- einige grüne Pfefferkörner

Zubereitungszeit:
etwa 1 Stunde
davon Garzeit:
etwa 30 Minuten

Pro Portion etwa:
3926 Joule
939 Kalorien
57 g Eiweiß
51 g Fett
49 g Kohlenhydrate
4,1 BE

1 Wirsingblätter waschen, putzen und in kochendem Salzwasser etwa 2 Minuten blanchieren, bis sie biegsam sind. In ein Sieb abgießen, mit kaltem Wasser abschrecken und trockentupfen. Backofen auf 200 °C vorheizen.

2 Lammfleisch mit kaltem Wasser abbrausen, mit Küchenpapier trockentupfen und mit Jodsalz und Pfeffer aus der Mühle beidseitig würzen. Die Blätterteigplatten nebeneinander mit einem Küchentuch bedeckt in etwa 15 Minuten auftauen lassen.

3 Butterschmalz erhitzen und das Fleisch darin rasch von beiden Seiten anbraten. Herausnehmen, mit Senf bestreichen, mit frisch gezupften Rosmarinnadeln bestreuen und mit Speckscheiben umwickeln.

4 Wirsingblätter nebeneinander leicht überlappend flach auf einem großen Brett auslegen, umwickelten Lammrücken darauf legen und darin einwickeln. Die Blätterteigblätter aufeinander legen und auf wenig Mehl rechteckig ausrollen. Den vorbereiteten Lammrücken darauf legen und wie ein Päckchen in den Blätterteig einschlagen. Eigelb mit etwas Mineralwasser verquirlen und das Paket damit bestreichen.

5 Mit einer Gabel die Ränder fest andrücken und oben mit einer Rouladennadel oder einer spitzen Gabel einige Löcher einstechen. Blätterteigpäckchen im heißen Ofen 25 bis 30 Minuten backen, bis der Teig blättrig aufgegangen und schön gebräunt ist. Nach etwa 20 Minuten die Temperatur auf 180 °C reduzieren.

6 In der Zwischenzeit die Milch mit wenig Jodsalz zum Kochen bringen. Schwarzwurzeln kräftig schrubben, schälen, in dünne schräge Scheiben schneiden und sofort in die kochende Milch geben. Schwarzwurzeln darin in 15 bis 20 Minuten bissfest garen.

7 Schwarzwurzeln in ein Sieb abschütten und mit kaltem Wasser abschrecken. Tomate mit kochendem Wasser überbrühen, abziehen, vierteln, entkernen und in kleine Würfel schneiden.

8 Butter schmelzen und die Schwarzwurzeln darin anschwenken. Tomatenwürfel und abgezupfte Rosmarinnadeln dazugeben. Leicht durchschwenken und mit grünen Pfefferkörnern und Jodsalz abschmecken.

9 Lammrücken in Scheiben schneiden, auf vorgewärmten Tellern anrichten und die Rosmarinschwarzwurzeln dazu anrichten.

Kochtipp:
Wenn Sie Schwarzwurzeln nicht sofort kochen, müssen Sie sie in einer Schüssel mit Essig- oder Zitronenwasser lagern, damit sie sich nicht bräunlich verfärben. Außerdem sondern sie beim Schälen einen milchigen Saft ab, der auf der Haut bräunliche Flecken hinterlassen kann. Am besten tragen Sie deshalb zum Schälen Gummihandschuhe.
Ebenfalls eine gute Möglichkeit: Die Schwarzwurzeln nur waschen und in der dunklen Schale bissfest kochen. Die Haut lässt sich jetzt leicht abziehen und die Schwarzwurzeln färben nicht mehr ab.

Gesundheitstipp:
Schwarzwurzeln enthalten Inulin, einen Mehrfachzucker, der wie ein Ballaststoff wirkt. Seine Moleküle sind so groß, dass sie sich nicht in kleine Moleküle spalten lassen und unverdaut ausgeschieden werden. Inulin verbessert die Aufnahme von Eisen und Kalzium aus der Nahrung und es lässt die nützlichen Bifidusbakterien im Darm wachsen. Es wirkt daher gegen Durchfall, aber auch gegen Verstopfung, senkt hohen Blutdruck und erhöhte Blutzuckerwerte und entlastet die Leber bei der Entgiftungsarbeit. Viele Gründe also, um das etwas vernachlässigte Gemüse öfter auf den Tisch zu bringen.

Geschnetzelte Rinderleber mit Basilikum und Tomaten

Ein köstliches Gericht, das leicht gelingt

Preiswert und ganz einfach zu machen

Zutaten für 2 Personen:

160 g Eierbandnudeln
Jodsalz
320 g Rinderleber
1 Frühlingszwiebel
je einige Zweige frisches Basilikum und Salbei
1/2 TL Butterschmalz
Pfeffer aus der Mühle
1 TL Mehl
1/4 l braune Grundsauce
2 EL Rotwein
100 g Tomaten
1 Zweig frischer Rosmarin
1 EL Aceto balsamico

Zubereitungszeit:
etwa 1 Stunde
davon Garzeit:
etwa 15 Minuten

Pro Portion etwa:
2822 Joule
675 Kalorien
45 g Eiweiß
17 g Fett
72 g Kohlenhydrate
6 BE

1 Eierbandnudeln in reichlich kochendem Salzwasser bissfest kochen, in ein Sieb abschütten und warm stellen.

2 In der Zwischenzeit Rinderleber kalt waschen, trockentupfen und in kleine Streifen schneiden. Frühlingszwiebel waschen, putzen und fein schneiden. Kräuter waschen, trocknen und hacken.

3 Butterschmalz erhitzen und die Leber darin bei mittlerer Hitze unter Rühren anbraten, leicht pfeffern (noch nicht salzen) und die Frühlingszwiebel, Basilikum und Salbei dazugeben.

4 Leber leicht mit Mehl bestäuben und mit der braunen Grundsauce und Rotwein aufgießen. Zum Kochen bringen und bei mittlerer Hitze leicht einkochen lassen.

5 Inzwischen Tomaten mit kochendem Wasser überbrühen, abziehen, halbieren, entkernen und in Spalten schneiden. Rosmarin waschen, Nadeln abzupfen. Tomatenspalten zur Leber geben und mit Aceto balsamico, Rosmarin und Jodsalz abschmecken.

6 Die warm gestellten Nudeln unter die Lebermischung geben, unter Rühren kurz erhitzen und mit einigen frischen Basilikumblättern bestreut auf vorgewärmten Tellern anrichten.

Gesundheitstipp:
Leber ist einer der besten Vitamin-B-Lieferanten. Die Vitamine der B-Gruppe sind nicht nur für die Nerven gut, sie stärken auch die Abwehrkräfte. Zur Gruppe der B-Vitamine gehören acht verschiedene Stoffe, wobei die Leber sieben von ihnen enthält. Einzig Thiamin (Vitamin B1) ist in Leber nicht enthalten. Man nimmt es am besten mit Schweinefleisch, Nüssen und Kernen auf. Da die Leber aber das Entgiftungsorgan im Körper ist, und dadurch Schadstoffe enthält, sollte man sie dennoch nicht zu oft essen.

Salongulasch mit Gemüse

Vitaminreich und wärmend für den Winter

1 Fleisch durch die grobe Scheibe des Fleischwolfes drehen oder klein schneiden. Möhren schälen, Paprikaschoten, Brokkoli und Blumenkohl waschen und putzen, Zwiebel abziehen. Paprika, Möhren und Zwiebel in feine Würfel schneiden. Brokkoli und Blumenkohl in Röschen teilen.

2 Butterschmalz in einer Pfanne erhitzen und die Zwiebelwürfel darin glasig dünsten. Das Fleisch dazugeben und mit anbraten.

3 Das vorbereitete Gemüse untermischen und mit Paprikapulver, Pfeffer aus der Mühle, grünen Pfefferkörnern und Jodsalz würzen.

4 Tomatenmark hinzufügen, gut unterrühren und alles mit brauner Grundsauce, Tomatensaft und Rotwein auffüllen. Salongulasch bei starker Hitze 2 bis 3 Minuten kochen lassen, bis die Sauce dicklich ist.

5 Salongulasch eventuell noch etwas nachwürzen, dann auf vorgewärmten Tellern anrichten.

Serviertipp:
Dazu passen kleine Kartoffelklößchen oder Weißbrot.

Zutatentipp:
Braune Grundsauce gibt den Gerichten Aroma und bindet die Saucen gleichzeitig etwas. Wer sie nicht zu Hause hat, kann stattdessen gut Fleisch- oder Gemüsebrühe nehmen und die Saucen nach Wunsch mit etwas Speisestärke, in wenig kaltem Wasser angerührt und einmal in der Sauce aufkocht, dickflüssig werden lassen.
Und: Wer keinen Fleischwolf hat, lässt sich das Fleisch beim Metzger durchdrehen.

Varianten:
Sowohl mit der Wahl des Fleisches als auch mit den Gemüsesorten können Sie dieses Gericht vielfältig abwandeln. So schmeckt statt Rindfleisch auch Lamm oder gemischtes Hackfleisch und bei den Gemüsen können Sie einmal ganz winterlich variieren. Mit Rosenkohl, Wirsing oder Weißkohl und Lauch schmeckt das Gulasch köstlich und ist ausgesprochen vitaminreich.

Schnell fertig

Zutaten für 2 Personen:

320 g Rindfleisch aus der Hüfte
je 40 g Möhren, Paprikaschoten, Brokkoli und Blumenkohl
1 Zwiebel
1/2 TL Butterschmalz
Paprikapulver
Pfeffer aus der Mühle
einige grüne Pfefferkörner
Jodsalz
1 TL Tomatenmark
100 ml braune Grundsauce
100 ml Tomatensaft
5 cl trockener Rotwein

Zubereitungszeit:
etwa 30 Minuten
davon Garzeit:
etwa 15 Minuten

Pro Portion etwa:
1886 Joule
451 Kalorien
37 g Eiweiß
23 g Fett
12 g Kohlenhydrate
1 BE

Roastbeef im Curry-Ingwermantel mit Gratin

Ein apartes Gericht, das Ihren Gästen schmeckt

Lässt sich gut vorbereiten

Zutaten für 2 Personen:

Champignon-Kartoffelgratin:
- 1 TL Butter
- 400 g Kartoffeln
- 200 g Champignons
- Jodsalz
- Pfeffer aus der Mühle
- geriebene Muskatnuss
- 150 ml fettarme Milch
- 50 g Sahne
- 20 g frisch geriebener Allgäuer Emmentaler
- 1 EL Schnittlauchröllchen

Roastbeef:
- 1 Schweinenetz (beim Metzger vorbestellen)
- 320 g Roastbeef
- Jodsalz
- Pfeffer aus der Mühle
- 1/2 TL Butterschmalz
- 100 g Kalbsbrät
- 1 TL geriebener frischer Ingwer
- 40 g frisch geriebener Allgäuer Emmentaler
- Currypulver
- 1 Zweig frischer Rosmarin
- 1/4 l braune Grundsauce

Zubereitungszeit:
etwa 1 1/4 Stunden
davon Garzeit:
etwa 1 Stunde

Pro Portion etwa:
3851 Joule
921 Kalorien
70 g Eiweiß
42 g Fett
50 g Kohlenhydrate
4,2 BE

1 Den Backofen auf 200 °C vorheizen. Eine flache Auflaufform fetten. Kartoffeln schälen und in dünne Scheiben schneiden oder hobeln. Champignons putzen und ebenfalls in Scheiben schneiden. Beides mit Jodsalz, Pfeffer und Muskat würzen und schuppenartig in die Form einschichten.

2 Milch mit Sahne verquirlen und darüber gießen. Käse darüber streuen, Gratin im heißen Ofen 40 bis 50 Minuten backen, bis die Kartoffeln weich sind.

3 Schweinenetz in kaltes Wasser legen. Das Roastbeef kalt abbrausen, trockentupfen und mit Jodsalz und Pfeffer würzen, Butterschmalz erhitzen und das Roastbeef darin bei starker Hitze von allen Seiten rasch anbraten.

4 Kalbsbrät mit Ingwer, Emmentaler und Currypulver verrühren. Schweinenetz abtropfen lassen, trockentupfen und auf der Arbeitsfläche auslegen, Rosmarin abzupfen und darauf verteilen.

5 Roastbeef aus der Pfanne nehmen, etwas abkühlen lassen, mit der Brätmasse bestreichen, auf das Schweinenetz legen und darin einwickeln. In eine ofenfeste Bratpfanne setzen, braune Grundsauce angießen und das Fleisch im heißen Ofen 25 bis 30 Minuten garen. Vor dem Anschneiden zugedeckt etwa 10 Minuten stehen lassen, damit kein Saft ausläuft.

6 Roastbeef in Scheiben schneiden und auf vorgewärmten Tellern anrichten. Gratin mit Schnittlauch bestreut dazu servieren.

Tipp:
Wenn Sie einen Backofen mit Umluft haben, können Sie Gratin und Fleisch zusammen darin garen. Falls Sie nur Ober- und Unterhitze haben, garen Sie das Fleisch in einem Schmortopf auf dem Herd.
Falls das Gratin schon fertig ist und das Fleisch noch nicht, lassen Sie es einfach noch im Ofen stehen und decken es mit Alufolie ab, damit es nicht zu braun wird.

Rinderdukaten in Rotwein geschmort mit Wirsing-Bohnenroulade

Vitaminreiches für die Winterzeit

1 Fleisch mit kaltem Wasser abbrausen, mit Küchenpapier trockentupfen und leicht klopfen. Mit Jodsalz und Pfeffer aus der Mühle würzen.

2 Für die Wirsing-Bohnenroulade die Brötchen in Würfel schneiden und in eine Schüssel geben. Die Milch zum Kochen bringen und darüber gießen. Brötchen zugedeckt ziehen lassen. Wirsingblätter waschen und putzen, dann in reichlich kochendem Salzwasser etwa 2 Minuten blanchieren, bis sie biegsam sind. Kalt abschrecken und abtropfen lassen.

3 Für das Fleisch Butterschmalz erhitzen und das Fleisch darin rasch von beiden Seiten anbraten. Fleisch herausnehmen und beiseite stellen. Knoblauch abziehen und fein hacken. Tomatenmark und Mehl in das Bratfett geben, leicht anrösten lassen und mit kalter Fleischbrühe aufgießen. Möhrensaft, zwei Drittel des Rotweines, feingeschnittenen Knoblauch, Wacholderbeeren, Nelken und Lorbeerblatt dazugeben und zum Kochen bringen. Das angebratene Fleisch wieder dazugeben und zugedeckt bei mittlerer Hitze 20 bis 25 Minuten garen, bis es weich ist. Den Backofen auf 180 °C vorheizen.

4 In der Zwischenzeit für die Wirsing-Bohnenroulade die Brotwürfel mit Jodsalz, Muskat und Pfeffer aus der Mühle würzen. Die weißen Bohnen dazugeben und alles mit dem Ei zu einer kompakten Masse verkneten. Zum Schluss rosa Beeren unterheben. Wirsingblätter nebeneinander leicht überlappend auslegen und die Brötchenmasse darauf verteilen. Einrollen und in eine Bratpfanne setzen. Brühe angießen und die Roulade im heißen Ofen etwa 20 Minuten garen.

5 Inzwischen Pilze putzen, klein schneiden und zum Fleisch geben. Noch etwa 10 Minuten mitgaren. Die Sauce mit dem restlichen Rotwein verfeinern und mit Jodsalz und Pfeffer aus der Mühle abschmecken.

6 Die Wirsing-Bohnenroulade in Scheiben schneiden und mit dem Rinderdukaten und der Sauce auf vorgewärmten Tellern anrichten.

Lässt sich gut vorbereiten

Zutaten für 2 Personen:

Rinderdukaten:

- 4 Scheiben falsches Rinderfilet (Semmel- oder Schwanzrolle) von je etwa 90 g
- Jodsalz
- Pfeffer aus der Mühle
- 1/2 TL Butterschmalz
- 1 Knoblauchzehe
- 1 EL Tomatenmark
- 1 EL Mehl
- 1/8 l Fleischbrühe
- 1/8 l Möhrensaft
- 1/8 l Rotwein
- 4 Wacholderbeeren
- 2 Gewürznelken
- 1 Lorbeerblatt
- 60 g Egerlinge oder Champignons

Wirsing-Bohnenroulade:

- 2 altbackene Brötchen
- etwa 100 ml Milch
- 4 große Wirsingblätter
- Jodsalz
- geriebene Muskatnuss
- Pfeffer aus der Mühle
- 100 g weiße gekochte Bohnen
- 1 Ei
- einige rosa Beeren
- 1/4 l Gemüsebrühe

Zubereitungszeit:
etwa 1 1/2 Stunden
davon Garzeit:
etwa 1 Stunde

Pro Portion etwa:
3466 Joule
829 Kalorien
59 g Eiweiß
30 g Fett
58 g Kohlenhydrate
4,9 BE

Schweinegeschnetzeltes süßsauer mit Gemüse und Chinakohl

Vitaminreiches für besondere Gelegenheiten

Preiswert und leicht zu machen

Zutaten für 2 Personen:

320 g Schweinefleisch aus der Oberschale
2 Möhren
1 Frühlingszwiebel
1 Apfel
1/2 Bund Petersilie
Pfeffer aus der Mühle
1/2 TL Butterschmalz
1 TL Mehl
Currypulver
Paprikapulver
1/8 l braune Grundsauce
100 ml Apfelsaft
100 g Chinakohl
Jodsalz
1 TL Honig
einige Spritzer Weinessig

Zubereitungszeit:
etwa 45 Minuten
davon Garzeit:
etwa 15 Minuten

Pro Portion etwa:
1843 Joule
441 Kalorien
35 g Eiweiß
17 g Fett
28 g Kohlenhydrate
2,3 BE

1 Fleisch kalt abspülen, trockentupfen und zuerst in Scheiben, dann in Streifen schneiden. Möhren schälen, putzen und in schmale Stifte schneiden. Frühlingszwiebel waschen, putzen und in feine Scheiben teilen. Apfel schälen, vierteln, vom Kerngehäuse befreien und in Scheiben schneiden. Petersilie waschen, Blättchen abzupfen und fein hacken.

2 Schweinefleisch mit Pfeffer aus der Mühle würzen. Butterschmalz schmelzen lassen, Fleisch darin bei starker Hitze unter Rühren kräftig anbraten. Möhre, Apfel und die Frühlingszwiebel dazu geben und mit Mehl bestäuben. Mit Curry und Paprikapulver würzen und mit brauner Grundsauce und Apfelsaft auffüllen. Das Geschnetzelte zugedeckt bei schwacher Hitze etwa 10 Minuten schmoren lassen.

3 Inzwischen den Chinakohl waschen, putzen und in Streifen schneiden. Zum Fleisch geben, 1 bis 2 Minuten kochen lassen und mit Jodsalz, Pfeffer aus der Mühle, Honig und Weinessig süßsauer abschmecken. Das Schweinegeschnetzelte mit Petersilie bestreut servieren.

Serviertipp:
Dazu passen Eiernudeln.

Gesundheitstipp:
Wer frische Petersilie über die fertigen Gerichte streut, tut sich in vielerlei Hinsicht Gutes. Die Gerichte schmecken noch besser und werden mit wertvollem Vitamin C angereichert, von dem die Petersilie viel enthält. Vitamin C fängt freie Radikale im Körper ab und schützt so vor Krebs, Herzinfarkt und Schlaganfall. Es verbessert außerdem die Eisenresorption im Körper, das wiederum vom Fleisch und auch von der Petersilie selbst geliefert wird.

Varianten:
Statt Chinakohl, dem zartesten unter den Kohlsorten, können Sie auch die inneren Blätter vom Wirsing nehmen. Die äußeren Blätter sind härter und müssten vor dem Zugeben blanchiert werden.

Lasagne vom Chinakohl mit Blauschimmelkäsesauce

Ein köstliches und dabei preiswertes Backofengericht

1 Chinakohl putzen, waschen und in große Stücke zupfen. Tomaten mit kochendem Wasser überbrühen, abziehen, vierteln, entkernen und das Fruchtfleisch in feine Würfel schneiden.

2 Saure Sahne mit Meerrettich, Schnittlauchröllchen und Tomatenwürfeln verrühren und mit Jodsalz und Pfeffer aus der Mühle würzen.

3 Den Backofen auf 180 °C vorheizen. Eine Auflaufform ausbuttern und mit Chinakohlblättern belegen. Darauf Saftschinken, Sahnemasse und eine Teigplatte geben. Darauf wieder Chinakohlblätter, Saftschinken, Sahnemasse und Teigplatte schichten, bis alle Zutaten in der Form sind. Falls Sahnemasse übrig ist, für die Sauce beiseite stellen. Auf die letzte Teigplatte den geriebenen Allgäuer Emmentaler streuen und die Lasagne im heißen Ofen 25 bis 30 Minuten backen, bis sie schön gebräunt ist.

4 In der Zwischenzeit für die Sauce Milch zum Kochen bringen. Blauschimmelkäse in Würfel schneiden und dazugeben. Gut umrühren und unter Rühren aufkochen lassen, bis die Sauce dickflüssig ist. Mit Kräutern, Pfeffer aus der Mühle und wenig Jodsalz abschmecken. Falls Sahnemasse übrig geblieben ist, diese unter die Sauce mischen.

5 Lasagne aus dem Ofen nehmen, auf Tellern anrichten und mit der Käsesauce umgießen.

Tipp:
Nudelblätter können Sie selbst machen oder fertig kaufen. Die fertig gekauften lassen sich meist ohne Vorkochen in die Form schichten, selbst gemachte müssen Sie wie Nudeln in reichlich kochendem Salzwasser garen, gründlich kalt abschrecken, damit sie nicht zusammenkleben und abtropfen lassen. Dann mit den übrigen Zutaten einschichten.

Lässt sich gut vorbereiten
Zutaten für 2 Personen:

1 Chinakohl von 300–400 g
2 Tomaten
200 g saure Sahne
1 TL Meerrettich
aus dem Glas
1 EL Schnittlauchröllchen
Jodsalz
Pfeffer aus der Mühle
1/2 TL Butter für die Form
200 g Rindersaftschinken
(Scheiben)
3 Nudelteigplatten (ohne
Vorkochen zu verwenden)
120 g frisch geriebener
Allgäuer Emmentaler

Sauce:
1/4 l Milch
100 g Blauschimmelkäse
1 EL frisch gehackte Kräuter
(Schnittlauch, Dill, Petersilie)
Pfeffer aus der Mühle
Jodsalz
gerieben Muskatnuss

Zubereitungszeit:
etwa 1 Stunde
davon Garzeit:
25 bis 30 Minuten

Pro Portion etwa:
4060 Joule
971 Kalorien
65 g Eiweiß
56 g Fett
38 g Kohlenhydrate
3,2 BE

Safranteigtaschen mit Rinderhackfüllung

Köstliches Nudelgericht, das Gästen schmeckt

Etwas aufwändiger

Zutaten für 2 Personen:

Nudelteig:

250 g Mehl
1 Ei
1 Eigelb
1 EL Öl
Jodsalz
1 Döschen Safran (1 g)
1 Eiweiß zum Bestreichen

Füllung:

1 Zwiebel
50 g Möhren
50 g Zucchino
50 g Champignons
1/2 TL Butter
250 g Rinderhackfleisch
1 Ei
Jodsalz
Pfeffer aus der Mühle
Paprikapulver
Majoran
1 EL frisch gehackte Kräuter

Rahmwirsing:

400 g Wirsing
Jodsalz
1 Zwiebel
1/2 TL Butterschmalz
75 g Sahne
Pfeffer aus der Mühle
geriebene Muskatnuss
Butter für die Form
50 g frisch geriebener Allgäuer Emmentaler

Zubereitungszeit:

etwa 1 1/2 Stunden
davon Garzeit: etwa 30 Minuten

Pro Portion etwa:

5280 Joule
1263 Kalorien
68 g Eiweiß
56 g Fett
101 g Kohlenhydrate
8,5 BE

1 Aus Mehl, Ei und Eigelb, etwa 50 Milliliter lauwarmem Wasser, Öl, einer kräftigen Prise Jodsalz und Safran einen festen, aber geschmeidigen Nudelteig herstellen. Den Teig gut durchkneten, in Folie wickeln und einige Stunden im Kühlschrank ruhen lassen.

2 In der Zwischenzeit für die Füllung Zwiebel abziehen und in feine Würfel schneiden. Möhren schälen, Zucchino waschen, Champignons putzen. Möhren, Zucchino und Pilze in kleine Würfel schneiden. Butter schmelzen, Zwiebelwürfel darin glasig dünsten. Das restliche Gemüse dazugeben und unter Rühren kurz mitdünsten.

3 Das Gemüse mit dem Ei zum Hackfleisch geben und alles gründlich vermengen. Die Masse mit Jodsalz, Pfeffer aus der Mühle, Paprikapulver, Majoran und den frisch gehackten Kräutern relativ kräftig würzen.

4 Den Nudelteig noch einmal durchkneten, dann auf wenig Mehl dünn ausrollen, in Quadrate von etwa 8 cm Seitenlänge schneiden und die Ränder mit verquirltem Eiweiß bestreichen. Die Füllung in der Mitte der Quadrate verteilen, Teig zu Dreiecken einschlagen und die Enden mit der Gabel fest andrücken. Nudeltaschen in reichlich kochendem Salzwasser in 15 bis 20 Minuten bissfest garen. Dann in ein Sieb abschütten, kalt abschrecken und abtropfen lassen.

5 Den Wirsing putzen, waschen, in einzelne Blätter zupfen und in kochendem Salzwasser 3 bis 4 Minuten blanchieren. Herausnehmen, mit kaltem Wasser abschrecken und fein hacken.

6 Den Backofen auf 200 °C vorheizen. Zwiebel abziehen, in feine Würfel schneiden und in wenig Butterschmalz glasig dünsten. Den gehackten Wirsing dazugeben und mit der Sahne aufgießen. Mit Jodsalz, Pfeffer aus der Mühle und Muskat abschmecken.

7 Den Wirsing in eine gebutterte Auflaufform füllen, die Safranteigtaschen darauf setzen und mit Allgäuer Emmentaler bestreuen. Die Nudeln im heißen Ofen 8 bis 10 Minuten überbacken, bis der Käse zerlaufen und leicht gebräunt ist.

Serviertipp:

Für die Zubereitung von Backofengerichten lohnt sich die Anschaffung von hübschen ofenfesten Formen. In ihnen kann man die köstlichen Gerichte auch gleich auf den Tisch bringen.

Kochtipp:

Safran gibt es gemahlen und als Fäden zu kaufen. Fäden, die eine stärkere Würzkraft haben, müssen Sie zwischen den Fingern zerreiben und in wenig heißem Wasser verrühren, das Pulver können Sie einfach gründlich untermengen.

Gesundheitstipp:

Wirsing ist nicht nur einer der ergiebigsten Vitamin-C-Lieferanten unter den Gemüsesorten, er enthält zudem Glukosinolate, die Enzyme in den Organismus einschleusen, die wiederum die Bildung von Wucherungen, z. B. von Tumoren, erschweren. Daneben enthält er wie alle anderen grünen Kohlsorten noch zahlreiche andere Stoffe, von denen man inzwischen weiß, dass sie als Anti-Krebs-Mittel wirken. Kohlgemüse steht deshalb auf der Liste der empfehlenswerten Lebensmittel gegen Krebs. Wie auch das Vitamin C sind Glukosinolate hitzeempfindlich. Es ist deshalb gut, wenn man Wirsing nicht so lange, möglichst nicht länger als 15 Minuten, kocht. Besonders wirksam sind die Inhaltsstoffe natürlich, wenn man Wirsing roh isst. Versuchen Sie doch auch einmal einen Rohkostsalat aus sehr fein geschnittenem zartem Wirsing!
Wirsing enthält außerdem nennenswerte Mengen an Folsäure, einem Vitamin der B-Gruppe, das für das Nervensystem bedeutsam ist. Zudem erleichtert Folsäure die Aufnahme von Eisen und von Vitamin C in den Organismus.

Gemüse-Brotroulade auf Malzbiersauce

Sättigend und vitaminreich für kalte Wintertage

Preiswert

Zutaten für 2 Personen:

400 g Roggen- oder Weizenmischbrot
etwa 1/4 l Milch
je 50 g Zucchini, Möhren und Frühlingszwiebeln
1 Zwiebel
1 Knoblauchzehe
1 TL Butter
2 Eier
1 EL frisch gehackte Kräuter (Schnittlauch, Petersilie, Dill)
Jodsalz
Pfeffer aus der Mühle

Sauce:

40 g Speck
1/8 l Malz- oder Braunbier
1/2 TL Kümmel
1 Zweig frischer Majoran
geriebene Muskatnuss
Pfeffer aus der Mühle
1 EL Schnittlauchröllchen
Jodsalz

Zubereitungszeit:

etwa 1 1/4 Stunden
davon Garzeit:
etwa 45 Minuten

Pro Portion etwa:

3165 Joule
757 Kalorien
30 g Eiweiß
19 g Fett
102 g Kohlenhydrate
8,5 BE

1 Brot in etwa 1 Zentimeter große Würfel schneiden. Milch erhitzen und darüber gießen. Zuchini waschen, die Enden entfernen, die Möhre waschen und schaben. Die Frühlingszwiebeln putzen und die Zwiebel schälen. Das Gemüse in kleine Würfel schneiden und zum Brot geben. Zwiebel abziehen und klein würfeln. Knoblauch abziehen und zerdrücken. Butter erhitzen, Zwiebel darin unter Rühren glasig dünsten. Mit Eiern, Knoblauch und Kräutern zum Brot geben, zu einer sehr homogenen Masse verrühren und zuletzt mit Jodsalz und Pfeffer aus der Mühle würzen und abschmecken.

2 Die Brotmasse in die Mitte eines großen Küchentuches geben, die Masse etwas zusammenpressen und eine Rolle daraus formen.

3 Die Rolle fest in das Tuch wickeln und die Enden gut zusammenbinden. In einem großen Topf reichlich Salzwasser zum Kochen bringen. Die Brotroulade im Tuch mit beiden Enden an einen langen-Kochlöffel binden. Den Kochlöffel über den Topf hängen und die Roulade in das heiße Wasser tauchen. Bei mittlerer bis schwacher Hitze darin 30 bis 40 Minuten pochieren.

4 In der Zwischenzeit für die Sauce den Speck in kleine Würfel schneiden. Bier erhitzen, Speckwürfel dazugeben und mit Kümmel, Majoran, Muskat, Pfeffer aus der Mühle und Schnittlauchröllchen abschmecken. Bei Bedarf mit etwas Jodsalz salzen.

5 Die Brotroulade aus dem Salzwasser nehmen, etwas abkühlen lassen und aus dem Tuch wickeln. Dann in nicht zu dünne Scheiben schneiden.

6 Die Specksauce auf zwei vorgewärmte Teller geben und die Brotrouladenscheiben darauf anrichten. Eventuell noch mit etwas Petersilie garnieren.

Kräuterspätzle mit Rahmpilzen

Vegetarisches für Feinschmecker

1 Mehl, Petersilie und Schnittlauch mischen und mit Muskat, Jodsalz und dem Ei verrühren. Etwa 1/2 Tasse Wasser hinzufügen, bis ein zäher Teig entsteht. Den Teig schlagen, bis er Blasen wirft, dann das Keimöl unterarbeiten. Den Teig etwa 30 Minuten ruhen lassen.

2 Inzwischen für die Sauce die Pilze putzen und in dünne Scheiben schneiden. Knoblauch abziehen und fein hacken, Frühlingszwiebel putzen, waschen und klein schneiden. Öl in einer Pfanne erhitzen und den Knoblauch, die Zwiebel und die Pilze darin unter Rühren bei mittlerer Hitze andünsten. Mit Jodsalz und Pfeffer gut abschmecken und zugedeckt warm halten.

3 Gleichzeitig für die Spätzle reichlich Salzwasser aufkochen lassen. Den Spätzleteig durch einen Spätzlehobel ins sprudelnde Wasser hobeln. Die Spätzle mit einem Schaumlöffel herausheben, sobald sie an die Oberfläche steigen, und auf eine heiße Platte geben.

4 Sahne unter die Pilze mischen, einmal aufkochen lassen, den Kefir unterrühren und abschmecken. Die Sauce über die Spätzle gießen und servieren.

Kochtipp:
Für die Zubereitung von Spätzle gibt es im Handel verschiedene Geräte. Mit dem Hobel oder dem Spätzleblitz werden kurze kleine Spätzle hergestellt, mit der Spätzlepresse lange Teigwaren. Wer keines dieser Geräte hat, muss die Spätzle vom Brett ins heiße Wasser schaben. Dazu den Teig dünn auf ein feuchtes Brett streichen, das Brett an den Topf halten und mit einer Palette kleine Teigstränge vom Brett ins Wasser schaben. Leichter geht das, wenn Sie sie immer wieder anfeuchten.

Gesundheitstipp:
Kräuter im Essen sorgen nicht nur für einen feinen Geschmack, sie enthalten auch wichtige Mineralstoffe und Spurenelemente. Petersilie ist darüber hinaus sehr reich an Vitamin C.

Lässt sich gut vorbereiten
Zutaten für 2 Personen:

Für die Spätzle:
120 g Mehl Type 1050
1 EL frisch gehackte Petersilie
1 EL Schnittlauchröllchen
1 Prise geriebene Muskatnuss
Jodsalz
1 Ei
1 TL Keimöl

Für die Rahmpilze:
160 g Zuchtpilze (Champignons, Egerlinge, Austernpilze)
1 Knoblauchzehe
1 Frühlingszwiebel
1 TL Öl
Jodsalz
Pfeffer aus der Mühle
1 EL Sahne
2 EL Kefir

Zubereitungszeit:
etwa 45 Minuten
davon Garzeit:
etwa 15 Minuten

Pro Portion etwa:
1505 Joule
360 Kalorien
14 g Eiweiß
13 g Fett
42 g Kohlenhydrate
3,5 BE

Apfel-Scheiterhaufen mit Kürbiskompott

Eine köstliche Süßspeise, die ein Hauptgericht ersetzt

Preiswert und ganz einfach zu machen

Zutaten für 4 Personen:

Scheiterhaufen:
- 4 Eier
- 120 g Zucker
- 150 g Mehl
- 1/2 TL Backpulver
- 40 g Butter
- 1 Prise Jodsalz
- 1/4 l Milch
- 400 g Äpfel
- 1–2 EL Zitronensaft
- 2 cl Rum
- 50 g Rosinen
- 3 altbackene Brötchen
- 2 TL Zimtzucker
- Butter für die Form
- etwas Milch zum Beträufeln

Kürbiskompott:
- 500 g Kürbis (geputzt gewogen)
- 1/8 l Weißwein
- 1 TL Honig
- 2 EL Zucker
- 1/2 Zimtstange
- 2 Gewürznelken
- 1 Schuss Obstessig

Zubereitungszeit:
etwa 1 1/4 Stunden
davon Garzeit:
etwa 50 Minuten

Pro Portion etwa:
3023 Joule
723 Kalorien
19 g Eiweiß
19 g Fett
109 g Kohlenhydrate
9,1 BE

1 Den Backofen auf 180 °C vorheizen. Eine feuerfeste Form gründlich mit Butter ausstreichen.

2 Eier trennen und Eiweiße mit etwas Zucker zu steifem Schnee schlagen. Das Mehl sieben und mit dem Backpulver vermischen. Eigelbe mit Butter, Jodsalz und Milch verquirlen. Mehlmischung dazugeben und alles zu einem glatten Teig verarbeiten. Den Eischnee vorsichtig unterheben und etwa ein Drittel der Masse in die vorbereitete Auflaufform geben.

3 Teig im heißen Ofen 8 bis 10 Minuten anbacken. In der Zwischenzeit die Äpfel schälen, vom Kerngehäuse befreien und in Würfel schneiden. Mit Zitronensaft und Rum beträufeln. Rosinen waschen, abtropfen lassen und daruntermischen. Brötchen in Scheiben schneiden.

4 Die Auflaufform aus dem Backofen nehmen und die Hälfte der Apfelmischung auf dem vorgebackenen Teig verteilen. Brötchenscheiben darauflegen, mit Milch beträufeln und mit einem weiteren Drittel der Teigmasse begießen. Darauf die restliche Apfelmischung und den übrigen Teig verteilen und mit Brötchenscheiben belegen. Zum Schluss mit Zimtzucker bestreuen, wieder in den Ofen stellen und 35 bis 40 Minuten backen.

5 In der Zwischenzeit für das Kürbiskompott den Kürbis schälen, von den Kernen mit dem weichen Fruchtfleisch befreien und in Würfel schneiden. Die Würfel mit Weißwein, Honig, Zucker, Zimtstange und Gewürznelken zum Kochen bringen und zugedeckt bei mittlerer Hitze in etwa 10 Minuten bissfest kochen. Zimtstange und Gewürznelken herausfischen. Kompott nach Belieben mit einem Spritzer Obstessig herzhaft abschmecken und warm zum Scheiterhaufen servieren.

Tipp:
Wer möchte, kann das Kompott auch schon am Vortag zubereiten und zugedeckt bis zum Servieren ziehen lassen. Dann kalt zum heißen Auflauf reichen.

Pfannkuchen mit Nusskrokant-Quarkfüllung

Köstliches Dessert, das Ihren Gästen schmeckt

1 Für den Teig Vanilleschote der Länge nach aufschlitzen und das Mark mit einem Messer herauskratzen. Eier mit Milch, abgeriebener Zitronenschale, Vanillemark, Zucker und Mehl zu einem dünnflüssigen Pfannkuchenteig verrühren.

2 In einer beschichteten Pfanne jeweils etwas Butterschmalz erhitzen. Ein Viertel des Teigs hineingeben und durch Schwenken in der Pfanne verteilen. Bei mittlerer Hitze etwa 1 Minute braten, bis der Teig fest ist. Dann wenden und noch etwa 1 Minute braten. Herausnehmen. Auf diese Weise weitere 3 Pfannkuchen braten. Pfannkuchen auskühlen lassen.

3 Für den Nusskrokant Zucker mit Sahne in einem Topf zum Kochen bringen und offen bei mittlerer Hitze unter ständigem Rühren in etwa 15 Minuten zu einem hellen Karamel kochen. Vom Herd nehmen und die gehackten Walnüsse untermischen. Auf eine leicht mit Öl bestrichene Alufolie streichen und auskühlen lassen. Später mit einem Rollholz darüber rollen und den Krokant zerkleinern.

4 Für die Füllung Sahne steif schlagen. Quark mit Rum und Puderzucker vermischen. Sahne vorsichtig unter die Quarkmasse rühren und auf die Pfannkuchen streichen. Darauf den Nusskrokant verteilen, die Pfannkuchen einrollen und in schräge Scheiben schneiden. Auf Desserttellern anrichten und mit Minze garniert servieren.

Gesundheitstipp:

Walnüsse enthalten ähnlich wie Rapsöl einen hohen Anteil an einfach ungesättigten Fettsäuren. Sie sollen helfen, den Cholesterinspiegel zu senken. Auch die in Walnüssen in grosser Menge enthaltenen Ballaststoffe wirken dabei entscheidend mit.

Walnüsse enthalten wie kaum ein anderes Lebensmittel Ellagsäure, eine Phenolsäure und bioaktive Substanz, der man bei der Abwehr von Krebsgeschwüren viel zutraut. Kaufen Sie die Nüsse möglichst in der Schale.

Lässt sich gut vorbereiten

Zutaten für 4 Personen:

Teig:
- 1 Vanilleschote
- 2 Eier
- 1/8 l Milch
- abgeriebene Schale von 1/2 unbehandelten Zitrone
- 2 EL Zucker
- 80 g Mehl
- etwa 3 TL Butterschmalz zum Ausbacken

Nusskrokant:
- 20 g Zucker
- 100 g Sahne
- 60 g gehackte Walnüsse
- wenig Keimöl

Füllung:
- 50 g Sahne
- 100 g Magerquark
- 2 cl Rum
- 1 EL Puderzucker
- frische Minze

Zubereitungszeit:
etwa 1 Stunde
davon Garzeit:
etwa 15 Minuten

Pro Portion etwa:
- 1777 Joule
- 425 Kalorien
- 13 g Eiweiß
- 25 g Fett
- 31 g Kohlenhydrate
- 2,5 BE

Lindenhonigparfait auf Birnensauce

Feines Dessert für besondere Gelegenheiten

Lässt sich gut vorbereiten

Zutaten für 4 Personen:

Parfait:

2 Blatt weiße Gelatine
20 g Zucker
20 g Lindenhonig
2 Eier
1 Eigelb
200 g Sahne

Birnensauce:

3 Birnen
100 ml Birnensaft
1 TL Zitronensaft
2 cl Williamsbirnengeist
1 Messerspitze Zimtpulver
1 EL Zucker

Zubereitungszeit:
etwa 45 Minuten
davon Garzeit:
etwa 30 Minuten
Gefrierzeit:
über Nacht

Pro Portion etwa:
2835 Joule
678 Kalorien
13 g Eiweiß
42 g Fett
49 g Kohlenhydrate
4,1 BE

1 Für das Parfait Gelatine etwa 10 Minuten in kaltem Wasser einweichen. Zucker mit Honig, Eiern und Eigelb in einer Schüssel verrühren und über dem heißen Wasserbad schaumig schlagen. Sahne steif schlagen.

2 Die Gelatineblätter tropfnass in einen kleinen Topf geben, bei schwacher Hitze erwärmen und auflösen. Gelatine rasch unter die Schaummasse rühren. Die Schüssel aus dem Wasserbad nehmen und die Sahne gleichmäßig unter die Masse heben.

3 Die Parfaitmasse in eine Kastenform füllen und über Nacht im Gefrierfach frieren lassen.

4 Für die Sauce Birnen schälen, halbieren, vom Kerngehäuse befreien und klein schneiden. Mit dem Birnensaft in einem Topf erhitzen und zugedeckt bei mittlerer Hitze in 5 bis 8 Minuten weich kochen. Etwas abkühlen lassen, mit Zitronensaft, Birnengeist, Zimt und Zucker im Mixer zu einer glatten Sauce pürieren und kalt stellen.

5 Das Parfait vorsichtig aus der Form lösen, in Scheiben schneiden und mit der Birnensauce auf Desserttellern anrichten.

Serviertipp:
Das Parfait lässt sich ganz leicht aus der Form lösen, wenn Sie sie kurz in heißes Wasser tauchen. Die äußerste Schicht beginnt dann zu schmelzen und das Parfait löst sich sofort aus der Form.

Gesundheitstipp:
Birnen wirken darmreinigend und beseitigen Verdauungsstörungen. Sie regeln außerdem den Wasserhaushalt im Körper und helfen bei der Entgiftung mit, da sie Mineralstoffe in besonders ausgewogenem Verhältnis enthalten.

Vorweihnachtlicher Quarkstollen

Durch Rosinen besonders vitaminreich

1 Rosinen in einem Sieb mit warmen Wasser waschen, trocknen und mit Zitronat, Orangeat, Mandelstiften und Rum mischen und zugedeckt etwa 30 Minuten marinieren.

2 In der Zwischenzeit Mehl mit Backpulver in eine Schüssel sieben. Quark, Zucker, Butter in kleinen Stücken, Ei, Jodsalz, Schale und Saft der Zitrone und Vanillezucker dazu geben und alles rasch zu einem festen Teig verkneten. Den Backofen auf 180 °C vorheizen.

3 Die vorbereiteten Früchte locker unter den Teig arbeiten. Ein Backblech und eine Stollenform ausbuttern und den Teig in die Stollenform drücken. Auf das Backblech stürzen und gleich mit der Form im heißen Ofen 50 bis 55 Minuten backen, bis er schön gebräunt ist.

4 Stollen herausnehmen, aus der Form lösen und mit zerlassener Butter bestreichen. Zucker und Zimt vermengen und den Stollen damit bestreuen und abkühlen lassen. Vor dem Servieren den Stollen mit Puderzucker bestäuben.

Kochtipp:
Durch den Quark und die Rosinen ist der Stollen so saftig, dass er auch nach Tagen oder Wochen noch gut schmeckt. Bewahren Sie ihn aber an einem kühlen Ort, in der Speisekammer oder aber im Kühlschrank, auf.

Gesundheitstipp:
Wie auch frische Trauben enthalten die getrockneten Rosinen große Mengen an Vitaminen der B-Gruppe sowie Vitamin C. Außerdem haben sie im Gegensatz zu frischen Beeren und Wein ausreichend Ballaststoffe und sorgen somit für eine geregelte Verdauung. Mehr als die frischen oder vergorenen Trauben versorgen sie uns zudem mit dem wichtigen Mineralstoff Kalium.
Achten Sie aber beim Einkauf darauf, dass Sie möglichst ungeschwefelte und unbehandelte Rosinen bekommen.
Wer möchte, kann den Stollen übrigens problemlos aus Vollkornmehl oder Mehl der Type 1050 zubereiten. Er enthält dann noch mehr Vitamine und Mineralstoffe. An der Zubereitung und auch an der Backzeit ändert sich nichts.

Lässt sich gut vorbereiten

Zutaten für 1 Stollen (etwa 20 Scheiben):

250 g Rosinen
50 g Zitronat
50 g Orangeat
150 g gestiftete Mandeln
4 cl Rum
500 g Mehl
1 Päckchen Backpulver
250 g Quark
150 g Zucker
120 g Butter
1 Ei
1/2 TL Jodsalz
abgeriebene Schale und Saft von 1 unbehandelten Zitrone
1 Päckchen Vanillezucker
Butter für das Blech und die Form

Zum Vollenden:

40 g zerlassene Butter zum Bestreichen
1 EL Zucker
etwas Zimtpulver
eventuell Puderzucker zum Bestäuben

Zubereitungszeit:

etwa 1 1/2 Stunden
davon Backzeit: etwa 1 Stunde

Pro Scheibe etwa:

1284 Joule
307 Kalorien
6 g Eiweiß
13 g Fett
37 g Kohlenhydrate
3,1 BE

Menü 1

Zutaten für 4 Personen:

Für die Kürbiscremesuppe:
1 kg Kürbis (geputzt gewogen)
1/4 l trockener Weißwein
1/4 l Apfelsaft
2 Gewürznelken, 1 Zimtstange
4 TL Mandelblättchen
1/4 l Milch, 4 EL Sahne, Jodsalz
weißer Pfeffer aus der Mühle

Für das Gratin:
1 TL Butter, Jodsalz
800 g Kartoffeln
400 g Champignons
Pfeffer aus der Mühle
geriebene Muskatnuss
300 ml fettarme Milch
100 g Sahne
40 g frisch geriebener
Allgäuer Emmentaler
1 EL Schnittlauchröllchen

Für das Roastbeef:
1 Schweinenetz (vorbestellen)
640 g Roastbeef
Salz, Pfeffer aus der Mühle
1 TL Butterschmalz

Kürbiscremesuppe mit gerösteten Mandeln

Kürbis in kleine Stücke schneiden. Mit Weißwein, Apfelsaft, Gewürznelke und Zimtstange zugedeckt in 20 bis 30 Minuten weich dünsten.

Mandelblättchen goldgelb rösten. Gewürznelke und Zimtstange aus dem Topf fischen, Milch zum Kürbis geben und alles fein pürieren. Sahne leicht anschlagen, unterheben und mit Salz und Pfeffer abschmecken. Eventuell mit etwas Apfelsaft verflüssigen. Mit den Mandelblättchen bestreuen. (Das ausführliche Rezept steht auf Seite 133.)

Roastbeef im Curry-Ingwermantel mit Gratin

Backofen auf 200 °C vorheizen. Eine flache Auflaufform fetten. Kartoffeln in dünne Scheiben hobeln. Champignons in Scheiben schneiden. Beides mit Jodsalz, Pfeffer und Muskat würzen und schuppenartig in die Form einschichten.
Milch mit Sahne verquirlen und darüber gießen. Käse darüber streuen, Gratin im Ofen bei 40 bis 50 Minuten backen.

Schweinenetz in kaltes Wasser legen. Roastbeef mit Jodsalz und Pfeffer würzen, im Butterschmalz bei starker Hitze von allen Seiten anbraten.

Kalbsbrät mit Ingwer, Emmentaler und Currypulver verrühren. Schweinenetz auslegen, Rosmarin abzupfen und darauf verteilen. Roastbeef etwas abkühlen lassen, mit der Brätmasse bestreichen, im Schweinenetz einwickeln. In eine ofenfeste Bratpfanne setzen, braune Grundsauce angießen und das

Fleisch im heißen Ofen 50 Minuten bis 1 Stunde garen. Gratin mit Schnittlauch bestreut dazu servieren. (Das ausführliche Rezept steht auf Seite 142.)

Pfannkuchen mit Nusskrokant-Quarkfüllung

Vanillemark herauskratzen. Eier mit Milch, Zitronenschale, Vanillemark, Zucker und Mehl verrühren. Jeweils mit etwas Butterschmalz 4 Pfannkuchen braten. Für den Nusskrokant Zucker mit Sahne unter Rühren in etwa 15 Minuten zu einem Karamel kochen. Walnüsse untermischen. Auf eine leicht geölte Alufolie streichen und auskühlen lassen. Mit einem Rollholz zerkleinern.

Sahne steif schlagen. Quark mit Rum und Puderzucker vermischen. Sahne unterrühren und auf die Pfannkuchen streichen. Darauf den Nusskrokant verteilen, die Pfannkuchen einrollen und in schräge Scheiben schneiden. Anrichten und mit Minze garniert servieren. (Das ausführliche Rezept steht auf Seite 151.)

Zeitplan

etwa 3 Stunden vorher

- Kürbis putzen und kochen, Suppe fertig stellen und abkühlen lassen
- Roastbeef anbraten, mit der Brätmasse ins Schweinenetz einpacken
- Pfannkuchen backen, Krokant herstellen, Füllung rühren. Alles getrennt bereit halten

etwa 30 Minuten vorher

- Gratin vorbereiten und in die Form schichten

wenn die Gäste kommen

- Kürbissuppe langsam erwärmen, mit Mandelblättchen bestreut servieren
- Gratin in den Ofen schieben
- Nach der Suppe Roastbeef in den Ofen schieben
- Nach dem Hauptgericht Pfannkuchen mit Füllung bestreichen, mit Krokant bestreuen, aufrollen, in Scheiben schneiden und anrichten.

Menü 1

200 g Kalbsbrät
1–2 TL geriebener frischer Ingwer
80 g frisch geriebener Allgäuer Emmentaler
Currypulver
2 Zweige frischer Rosmarin
etwa 400 ml braune Grundsauce

Für den Teig:
1 Vanilleschote
2 Eier, 1/8 l Milch
abgeriebene Schale von 1/2 unbehandelten Zitrone
2 EL Zucker
80 g Mehl
etwa 2 TL Butterschmalz zum Ausbacken

Für den Nusskrokant:
20 g Zucker
100 g Sahne
60 g gehackte Walnüsse
wenig Keimöl

Für die Füllung:
50 g Sahne
100 g Magerquark
2 cl Rum
1 EL Puderzucker
frische Minze

Menü 2

Zutaten für 6 Personen:

Für den Rucolasalat:
3 Bund Rucola (Rauke)
4 EL Aceto balsamico
Jodsalz, Pfeffer
5 EL Rapsöl
300 g Austernpilze
2 Schalotten, 1 EL Butter
180 g geräucherter Truthahnschinken in Scheiben

Für die Meerrettichsauce:
1 große Zwiebel, 1 TL Butter
1/4 l Milch, 4 EL Sahne
2 EL Semmelbrösel
2 EL Meerrettich aus dem Glas
Jodsalz, Pfeffer
2 TL Zitronensaft

Für das Möhrengemüse:
600 g Möhren, 1 TL Butter
1/4 l Mineralwasser
Jodsalz, 1 Prise Zucker

Für die Karpfenmedaillons:
800 g Karpfenfilets
Jodsalz, Pfeffer
1 EL Butter

Rucolasalat mit warmen Austernpilzen und Truthahnschinken

Rucola waschen. Aceto balsamico, Jodsalz, Pfeffer und Öl verrühren. Austernpilze in Stücke schneiden. Schalotten würfeln. Butter zerlassen, Schalotten und Austernpilze darin bei mittlerer Hitze etwa 5 Minuten braten.

Rucola anrichten. Truthahnschinken zu Röllchen drehen und mit den Austernpilzen auf die Teller verteilen. Mit der Marinade beträufeln. (Das ausführliche Rezept steht auf Seite 132.)

Gebratene Karpfenmedaillons auf Meerrettichsauce

Für die Sauce Zwiebeln würfeln, in Butter andünsten. Mit Milch und Sahne aufgießen. Semmelbrösel und Meerrettich dazugeben und mit Salz, Pfeffer und Zitronensaft abschmecken. Warm halten. Möhren schälen, in Scheiben schneiden, in Butter andünsten. Mit Mineralwasser aufgießen, salzen, mit Zucker bestreuen und in etwa 5 Minuten bissfest garen. Karpfenfilet in kleine Scheiben schneiden. Mit Jodsalz und Pfeffer würzen, in Butter pro Seite 2 bis 3 Minuten braten.

Sauce, Karpfenmedaillons und Möhren anrichten. (Das ausführliche Rezept steht auf Seite 135.)

Gebratene Entenbrust mit Edelpilzkäsesauce und grünen Böhnchen

Bohnen putzen und in Salzwasser in 10 bis 15 Minuten bissfest kochen. Haut der Entenbrust mehrfach diagonal einritzen. Mit Pfeffer einreiben. Butterschmalz erhitzen, Filets mit der Hautseite, dann auf der Fleischseite anbraten. Salzen und bei mittlerer Hitze noch knapp 10 Minuten braten, dabei mehrfach wenden. In Alufolie gewickelt warm halten.

Gemüsebrühe in die Pfanne gießen, Käse klein schneiden und darin schmelzen. Zwiebel würfeln. Knoblauch zerdrücken. Butter schmelzen und Zwiebelwürfel darin glasig dünsten. Bohnen dazugeben und mit Knoblauch, Bohnenkraut, Jodsalz und Pfeffer würzen. Sauce mit Sherry und Sahne verfeinern. Fleisch in Scheiben schneiden, mit Bohnen und Käsesauce anrichten. (Das ausführliche Rezept steht auf Seite 137.)

Lindenhonigparfait auf Birnensauce

Zucker mit Honig, Eiern und Eigelb über dem Wasserbad schlagen. Sahne schlagen. Gelatine auflösen, unterrühren. Sahne unterheben. Die Masse in einer Kastenform über Nacht in das Gefrierfach stellen.

Birnen schälen, klein schneiden. Mit dem Birnensaft weich kochen. Mit Zitronensaft, Birnengeist, Zimt und Zucker pürieren und kalt stellen. Parfait in Scheiben mit der Birnensauce anrichten. (Das ausführliche Rezept steht auf Seite 152.)

Zeitplan

am Vortag

- Parfait herstellen und gefrieren

etwa 1 Stunde vorher

- Bohnen kochen, abkühlen lassen
- Birnensauce herstellen, kühl stellen
- Salat putzen, Dressing rühren, Pilze putzen
- Für die Karpfenmedaillons Zwiebelsauce und Möhrengemüse zubereiten
- Entenbrust vorbereiten

wenn die Gäste kommen:

- Austernpilze braten, Salat anrichten
- Karpfenmedaillons braten, Sauce und Gemüse erwärmen
- Nach der Suppe Entenbrust braten, Bohnen dünsten, Sauce fertig stellen
- Das Parfait bei Zimmertemperatur antauen lassen, mit Sauce anrichten.

Menü 2

Für die Bohnen:
900 g grüne Bohnen
Jodsalz, 2 TL Butter
1 große Zwiebel
1–2 Knoblauchzehen
Bohnenkraut
Pfeffer aus der Mühle

Für die Entenbrust:
6 Entenbrüste mit Haut von je etwa 180 g
schwarzer Pfeffer
2 TL Butterschmalz
3/8 l Gemüsebrühe
240 milder Edelpilzkäse
4 cl trockener Sherry
3 EL Sahne, Jodsalz

Für das Parfait:
3 Blatt weiße Gelatine
30 g Zucker, 300 g Sahne
30 g Lindenhonig
3 Eier, 1 großes Eigelb

Für die Birnensauce:
4 Birnen, 150 ml Birnensaft
1–2 TL Zitronensaft
3 cl Williamsbirnengeist
1 Messerspitze Zimtpulver
1 1/2 EL Zucker

Über den Autor

Armin Roßmeier ist diätetisch geschulter Koch DGE, Konditor und Küchenmeister sowie Prüfungsvorsitzender der IHK für München und Oberbayern für gastgewerbliche Berufe. Die Fernsehzuschauer kennen Armin Roßmeier durch seine Sendungen im ZDF und SAT.1. Darüber hinaus ist er Ernährungsexperte von ANTENNE BAYERN. Neben zahlreichen gastronomischen Auszeichnungen nationaler und internationaler Kochkunstausstellungen erhielt er dreimal in Folge den Journalistenpreis der Deutschen Gesellschaft für Ernährung (DGE) für gesunde, zeitgemäße Ernährungsinformationen. Bei Südwest sind bereits mehrere Ratgeber zum Thema »Gesunde Ernährung« von Armin Roßmeier erschienen, u.a. »Natürliche Diät bei Bluthochdruck« und »Cholesterin durch Ernährung regulieren«.

Danksagung

Wir danken der CMA herzlich für die freundliche Unterstützung und das Bildmaterial, das uns zur Verfügung gestellt wurde.
Ebenso danken wir der Firma Fissler GmbH, deren Geräte auf den Seiten 42 bis 45 abgebildet sind.

Bildnachweis:

CMA-Centrale Marketing-Gesellschaft der deutschen Agrarwirtschaft mbH und Fissler GmbH, S. 42,43,44,45 mit Ausnahme von: Ludwik Erdmanski Einklinker Titelbild; Studio R. Schmitz, München: 20/21, 34/35, 36/37, 38/39, 40/41; Südwest Verlag, München: 4 (3), 5 (3), 6 (3), 7 (3), 17 (3), 18, 19, 29, 31, Seite 46/47, 74/75, 107/108, 130/131. Das Titelbild und die Rezeptfotos für die CMA sowie die Fotos der Geräte für die Fissler GmbH gestaltete das Studio A 63, Schilling und Schmitz.

Redaktions- und Projektleitung: Nina Andres
Bildredaktion: Bettina Huber
Texte/Ernährungswissenschaftliche Beratung: Infothek Ernährung, München,
Walter A. Drössler, Dipl. oec. troph. Heidrun Fronek
Umschlag und Innenlayout: Luna, Halle/Westfalen
DTP/Satz: Der Buch*macher* Arthur Lenner, München
Produktion: Manfred Metzger

Printed in Italy

Gedruckt auf chlor- und säurearmem Papier

ISBN 3-517-07748-8

Register

Allgäuer Joghurtbeerentorte 96
Altbayerischer Sauerkraut-Speckkuchen 119
Altmühltaler Kalbsragout mit Pfifferlingen und Serviettenknödel 108
Äpfel (Gesundheitstipp) 61
Apfel-Scheiterhaufen mit Kürbiskompott 150
Aprikosen, Schweinemedaillons im Kartoffelmantel mit frischen Aprikosen 118
Aufgaben von Ballaststoffen 12
Austernpilze, Rucolasalat mit warmen Austernpilzen und Truthahnschinken 132

Ballaststoffe, Aufgaben von Ballaststoffen 12
Basilikum 34
Basilikum, Geschnetzelte Rinderleber mit Basilikum und Tomaten 140
Beeren, Allgäuer Joghurtbeerentorte 96
Beeren, Weißes Schokoladenmousse mit frischen Beeren 124
Bier, Gemüse-Brotroulade auf Malzbiersauce 148
Birnen (Gesundheitstipp) 152
Birnen, Lindenhonigparfait auf Birnensauce 152
Biskuitroulade mit Erdbeer-Vanille-Sahnefüllung 69
Blätterteig, Lammrückenfilet in Blätterteigmantel mit Rosmarinschwarzwurzeln 138
Blattsalate, Bunte Blattsalate mit gebratenem Hähnchenbrustfilet 76
Blauschimmelkäse, Lasagne vom Chinakohl mit Blauschimmelkäsesauce 145
Bohnen, Gebratene Entenbrust mit Edelpilzkäsesauce und grünen Böhnchen 137
Bohnen, Ossobuco von der Hähnchenkeule mit Bohnen und Schupfnudeln 80
Bohnen, Warm marinierte Bohnen mit gebratenen Filetscheiben 92
Bohnengeschnetzeltes mit Rindfleisch 86
Bohnenkraut 34
Bräter 43
Brennnessel-Spinatsuppe mit saurer Sahne 49
Brezensoufflé mit Allgäuer Emmentaler 121
Brot und Backwaren – Kohlenhydrate en masse 33
Brot, Inhaltsstoffe 33
Brot, Gemüse-Brotroulade auf Malzbiersauce 148
Bunte Blattsalate mit gebratenem Hähnchenbrustfilet 76

Cayennepfeffer 38
Champignons, Rinderhüftsteak in Kräutersenfkruste mit Rahmchampignons und gefüllten Kartoffeln 84
Chiemgauer Kalbsröllchen auf Safrannudeln 58
Chinakohl (Gesundheitstipp) 82
Chinakohl, Lasagne vom Chinakohl mit Blauschimmelkäsesauce 145
Chinakohl, Lasagne von Lachsforelle und Chinakohl mit Zitronenschaumsauce 107
Chinakohl, Schweinegeschnetzeltes süßsauer mit Gemüse und Chinakohl 144
Chinakohl, Schweinenüsschen auf Chinakohl mit Pilz-Kartoffelnockerl 82
Cholesterin 19
Curry 38

Dill 35

Edelpilzkäse, Gebratene Entenbrust mit Edelpilzkäsesauce und grünen Böhnchen 137
Eier (Gesundheitstipp) 89
Eier (Kochtipp) 124
Eier 27
Eier, Kartoffel-Ei-Terrine mit frischen Kräutern 89
Eisenaufnahme (Gesundheitstipp) 113
Eiweiße - Baustoffe des Lebens 13
Emmentaler (Gesundheitstipp) 91
Emmentaler, Brezensoufflé mit Allgäuer Emmentaler 121
Ente, Gebratene Entenbrust mit Edelpilzkäsesauce und grünen Böhnchen 137
Ente, Rosmarinkeule von der Ente mit Wirsing-Kartoffelroulade 110
Erdbeeren (Gesundheitstipp) 67
Erdbeeren, Biskuitroulade mit Erdbeer-Vanille-Sahnefüllung 69
Erdbeeren, Grießtörtchen mit Erdbeeren 67
Estragon 35

Fenchel, Lachsforelle im Kartoffelkleid mit Fenchelgratin 134
Fett – so schlecht wie sein Ruf? 16
Fett i.Tr. 29
Filetscheiben auf marinierten Balsamicolinsen 53
Fisch und Sommergemüse aus dem Tontopf 79
Fitnesspyramide 11
Flämische Ochsenbrust mit gefüllten Wirsingköpfchen und Schnittlauchkartoffeln 56
Fleisch (Gesundheitstipp) 82
Fleisch 22
Fondue, Kartoffelfondue mit zweierlei Dips 122
Forelle, Lasagne von Lachsforelle und Chinakohl mit Zitronenschaumsauce 107
Forelle, Marinierte Bratforelle in Gemüseessigsud 106
Forellen, Gedünstete Forellenfilets in Kresseschaumsauce 78
Forellen, Spinatgugelhupf mit einem Ragout von zweierlei Forellen 51
Frischetest beim Ei 27, 28
Frischkäse, Stangenspargel mit Frischkäse-Kräuterklößchen 65
Fritieren (Kochtipp) 122
Frühlingszwiebeln, Käse-Spinat-Ravioli auf Frühlingszwiebelsauce 62

Gartenkresse 35
Gebratene Entenbrust mit Edelpilzkäsesauce und grünen Böhnchen 137
Gebratene Karpfenmedaillons auf Meerrettichsauce 135
Gebratenes Kalbscarpaccio mit frischem Spargel 48
Gedünstete Forellenfilets in Kresseschaumsauce 78
Geflügel 26
Geflügelfleisch (Gesundheitstipp) 110
Gefüllte Truthahnbrust im Blattspinatmantel 136
Gefülltes Rinderfilet mit jungem Kohlrabi und Radieschennudeln 57
Gemüse 31
Gemüse-Brotroulade auf Malzbiersauce 148
Gemüsenudeln überbacken mit Mozzarellasauce 93
Geschmorter Ochsenschwanz mit Steinpilzen und Petersiliengnocchi 87
Geschnetzelte Rinderleber mit Basilikum und Tomaten 140
Gespickte Rinderhüfte mit Käsespätzle 116
Getrüffeltes Roastbeef in Weinblättern gegart im Salzteig 114
Gnocchi, Geschmorter Ochsenschwanz mit Steinpilzen und Petersiliengnocchi 87
Grießtörtchen mit Erdbeeren 67
Grundprinzipien einer vollwertigen Ernährung 11
Grüne Bohnen (Gesundheitstipp) 86
Günstige Eiweißkombinationen 15
Gurken (Gesundheitstipp) 78
Gurken, Kalte Gurkensuppe mit Nordseekrabben 77

Hackfleischschnecken auf Specksauce 117
Hähnchen, Bunte Blattsalate mit gebratenem Hähnchenbrustfilet 76
Hähnchen, Ossobuco von der Hähnchenkeule mit Bohnen und Schupfnudeln 80
Hähnchen, Ragout fin vom Hähnchen mit Kräuteromelett 112
Hähnchen, Wirsingköpfchen mit Hähnchen-Pilz-Füllung auf gebratenen Kartoffelscheiben 81
Hähnchenkeulen mit Spinatfüllung und Frühlingsgemüse 54
Hausgemachte Kalbfleischpastete mit Wirsing 109
Heilwirkung von Kräutern (Tabelle) 17
Honig (Gesundheitstipp) 125
Honig, Lindenhonigparfait auf Birnensauce 152
Honig, Zwetschgengrütze mit Honig-Joghurtnockerl 123
Honigrührkuchen 125

Ingwer 38

Joghurt (Gesundheitstipp) 96
Joghurt, Allgäuer Joghurtbeerentorte 96
Joghurt, Zwetschgengrütze mit Honig-Joghurtnockerl 123

Kaiserschmarrn mit Vanillesauce 66
Kalbfleisch (Warenkunde) 23
Kalbfleisch, Altmühltaler Kalbsragout mit Pfifferlingen und Serviettenknödel 108
Kalbfleisch, Chiemgauer Kalbsröllchen auf Safrannudeln 58
Kalbfleisch, Gebratenes Kalbscarpaccio mit frischem Spargel 48
Kalbfleisch, Hausgemachte Kalbfleischpastete mit Wirsing 109
Kalte Gurkensuppe mit Nordseekrabben 77
Karpfen, Gebratene Karpfenmedaillons auf Meerrettichsauce 135
Kartoffel-Ei-Terrine mit frischen Kräutern 89
Kartoffelfondue mit zweierlei Dips 122
Kartoffeln 31
Kartoffeln, Flämische Ochsenbrust mit gefüllten Wirsingköpfchen und Schnittlauchkartoffeln 56
Kartoffeln, Lachsforelle im Kartoffelkleid mit Fenchelgratin 134
Kartoffeln, Lachsforellenröllchen mit Spargelgemüse und Kräuterkartoffeln 50
Kartoffeln, Lammragout mit Gemüse und Kartoffeln 113
Kartoffeln, Rinderhüftsteak in Kräutersenfkruste mit Rahmchampignons und gefüllten Kartoffeln 84
Kartoffeln, Rindfleisch-Lasagne mit Kartoffeln und Weißkohl 85
Kartoffeln, Rosmarinkeule von der Ente mit Wirsing-Kartoffelroulade 110
Kartoffeln, Rosmarinlammkeule mit Lauchkartoffelpuffern 59
Kartoffeln, Sauerkrautröllchen mit Schinken-Kräutersauce und Sesamkartoffelbirnen 120
Kartoffeln, Schweinemedaillons im Kartoffelmantel mit frischen Aprikosen 118
Kartoffeln, Schweinenüsschen auf Chinakohl mit Pilz-Kartoffelnockerl 82
Kartoffeln, Tipps zur Lagerung 31
Kartoffeln, Wirsingköpfchen mit Hähnchen-Pilz-Füllung auf gebratenen Kartoffelscheiben 81
Käse-Spinat-Ravioli auf Frühlingszwiebelsauce 62
Käse, Brezensoufflé mit Allgäuer Emmentaler 121
Käse, Gespickte Rinderhüfte mit Käsespätzle 116
Käse, Schwäbische Spinat-Käse-Torte 90
Käsefrikadellen auf Schinkenzwiebelsauce 91
Kerbel 35
Kirschen (Gesundheitstipp) 94
Kirschen, Schwarzwälder Kirschquarkcreme 94
Knoblauch 38
Kohlenhydrate, Power durch Kohlenhydrate 11
Kohlrabi, Gefülltes Rinderfilet mit jungem Kohlrabi und Radieschennudeln 57
Krabben, Kalte Gurkensuppe mit Nordseekrabben 77
Kräuter (Gesundheitstipp) 48, 149
Kräuter und Gewürze geben Gerichten den letzten Pfiff 34
Kräuter, Heilwirkung von Kräutern (Tabelle) 17
Kräuterspätzle mit Rahmpilzen 149
Kresse (Gesundheitstipp 78)
Kresse, Gedünstete Forellenfilets in Kresseschaumsauce 78
Küchengeräte 42
Küchenhelfer 45
Kümmel 39
Kürbis (Gesundheitstipp) 133
Kürbis, Apfel-Scheiterhaufen mit Kürbiskompott 150
Kürbiscremesuppe mit gerösteten Mandeln 133

Lachsforelle im Kartoffelkleid mit Fenchelgratin 134
Lachsforellenröllchen mit Spargelgemüse und Kräuterkartoffeln 50
Lammfleisch 24
Lammfleisch, Rosmarinlammkeule mit Lauchkartoffelpuffern 59
Lammragout mit Gemüse und Kartoffeln 113
Lammrückenfilet in Blätterteigmantel mit Rosmarinschwarzwurzeln 138
Lasagne vom Chinakohl mit Blauschimmelkäsesauce 145
Lasagne von Lachsforelle und Chinakohl mit Zitronenschaumsauce 107
Lasagne, Rindfleisch-Lasagne mit Kartoffeln und Weißkohl 85
Lauch (Gesundheitstipp) 54
Lauch, Rosmarinlammkeule mit Lauchkartoffelpuffern 59
Lauch, Schinken-Lauch-Maultaschen auf Blattspinat 64
Leber (Gesundheitstipp) 140
Leber, Geschnetzelte Rinderleber mit Basilikum und Tomaten 140
Liebstöckel 36

Lindenhonigparfait auf Birnensauce 152
Linsen (Gesundheitstipp) 53
Linsen, Filetscheiben auf marinierten Balsamicolinsen 53

Majoran 36
Mandeln, Kürbiscremesuppe mit gerösteten Mandeln 133
Marinierte Bratforelle in Gemüseessigsud 106
Mariniertes Rinderfilet mit gebratenen Pfifferlingen 104
Maultaschen, Schinken-Lauch-Maultaschen auf Blattspinat 64
Mehl (Gesundheitstipp) 62
Messer 42
Milch – ein Verwandlungskünstler 28
Mineralstoffe (Tabelle) 18
Mineralstoffe 20
Möhren (Gesundheitstipp) 135
Mousse, Weißes Schokoladenmousse mit frischen Beeren 124
Mozzarella, Gemüsenudeln überbacken mit Mozzarellasauce 93
Muskatnuss 39

Nelke 39
Nordseekrabben, Kalte Gurkensuppe mit Nordseekrabben 77
Nudelteig (Kochtipp) 62
Nüsse, Pfannkuchen mit Nusskrokant-Quarkfüllung 151

Obst 32
Obst und Gemüse 30
Ochsenbrust, Flämische Ochsenbrust mit gefüllten Wirsingköpfchen und Schnittlauchkartoffeln 56
Ochsenschwanz, Geschmorter Ochsenschwanz mit Steinpilzen und Petersiliengnocchi 87
Omelett, Ragout fin vom Hähnchen mit Kräuteromelett 112
Oregano 36
Ossobuco von der Hähnchenkeule mit Bohnen und Schupfnudeln 80

Paprika 40
Paprika, Scheiben vom Schweinenüsschen in Paprikarahm 61
Paprikakeule vom Truthahn mit Knoblauchspaghetti 52
Parfait, Lindenhonigparfait auf Birnensauce 152
Pastete, Hausgemachte Kalbfleischpastete mit Wirsing 109
Petersilie (Gesundheitstipp) 144
Petersilie 36
Petersilie, Geschmorter Ochsenschwanz mit Steinpilzen und Petersiliengnocchi 87
Pfannen 43
Pfannkuchen mit Nusskrokant-Quarkfüllung 151
Pfeffer 40
Pfifferlinge, Altmühltaler Kalbsragout mit Pfifferlingen und Serviettenknödel 108
Pfifferlinge, Mariniertes Rinderfilet mit gebratenen Pfifferlingen 104
Pilze (Gesundheitstipp) 132
Pilze vorbereiten (Tipps) 105
Pilze, Geschmorter Ochsenschwanz mit Steinpilzen und Petersiliengnocchi 87
Pilze, Kräuterspätzle mit Rahmpilzen 149
Pilze, Mariniertes Rinderfilet mit gebratenen Pfifferlingen 104
Pilze, Rahmsuppe von Zuchtpilzen 105
Pilze, Rinderhüftsteak in Kräutersenfkruste mit Rahmchampignons und gefüllten Kartoffeln 84
Pilze, Rucolasalat mit warmen Austernpilzen und Truthahnschinken 132
Pilze, Schweinenüsschen auf Chinakohl mit Pilz-Kartoffelnockerl 82
Pilze, Wirsingköpfchen mit Hähnchen-Pilz-Füllung auf gebratenen Kartoffelscheiben 81
Power durch Kohlenhydrate 11

Quark-Zwetschgenauflauf 95

Radieschensprossen (Gesundheitstipp) 58
Ragout fin vom Hähnchen mit Kräuteromelett 112
Rahmsuppe von Zuchtpilzen 105
Rapsöl (Gesundheitstipp) 92
Ravioli, Käse-Spinat-Ravioli auf Frühlingszwiebelsauce 62
Rhabarber (Gesundheitstipp) 68
Rhabarbertarte 68
Richtig würzen 40
Rinderdukaten in Rotwein mit Wirsing-Bohnenroulade 143
Rinderhüftsteak in Kräutersenfkruste mit Rahmchampignons und gefüllten Kartoffeln 84
Rindfleisch 23
Rindfleisch-Lasagne mit Kartoffeln und Weißkohl 85
Rindfleisch, Bohnengeschnetzeltes mit Rindfleisch 86
Rindfleisch, Filetscheiben auf marinierten Balsamicolinsen 53
Rindfleisch, Gefülltes Rinderfilet mit jungem Kohlrabi und Radieschennudeln 57
Rindfleisch, Geschmorter Ochsenschwanz mit Steinpilzen und Petersiliengnocchi 87
Rindfleisch, Geschnetzelte Rinderleber mit Basilikum und Tomaten 140
Rindfleisch, Gespickte Rinderhüfte mit Käsespätzle 116
Rindfleisch, Getrüffeltes Roastbeef in Weinblättern gegart im Salzteig 114
Rindfleisch, Mariniertes Rinderfilet mit gebratenen Pfifferlingen 104
Rindfleisch, Roastbeef im Curry-Ingwermantel mit Gratin 142
Rindfleisch, Safranteigtaschen mit Rinderhackfüllung 146
Rindfleisch, Salongulasch mit Gemüse 141
Rindfleisch, Warm marinierte Bohnen mit gebratenen Filetscheiben 92
Roastbeef im Curry-Ingwermantel mit Gratin 142
Roastbeef, Getrüffeltes Roastbeef in Weinblättern gegart im Salzteig 114
Rohmilch 28
Rosinen (Gesundheitstipp) 153
Rosmarinkeule von der Ente mit Wirsing-Kartoffelroulade 110
Rosmarinlammkeule mit Lauchkartoffelpuffern 59
Rucola (Tipp) 132
Rucolasalat mit warmen Austernpilzen und Truthahnschinken 132

Safranteigtaschen mit Rinderhackfüllung 146
Salbei 37
Salongulasch mit Gemüse 141
Salzteig, Getrüffeltes Roastbeef in Weinblättern gegart im Salzteig 114
Sauerkraut (Gesundheitstip) 119
Sauerkraut 31
Sauerkraut, Altbayerischer Sauerkraut-Speckkuchen 119
Sauerkrautröllchen mit Schinken-Kräutersauce und Sesamkartoffelbirnen 120
Scheiben vom Schweinenüsschen in Paprikarahm 61
Scheiterhaufen, Apfel-Scheiterhaufen mit Kürbiskompott 150
Schinken-Lauch-Maultaschen auf Blattspinat 64
Schinken, Käsefrikadellen auf Schinkenzwiebelsauce 91
Schinken, Rucolasalat mit warmen Austernpilzen und Truthahnschinken 132
Schinken, Sauerkrautröllchen mit Schinken-Kräutersauce und Sesamkartoffelbirnen 120
Schneidebretter 42
Schnittlauch 37
Schokolade, Weißes Schokoladenmousse mit frischen Beeren 124
Schupfnudeln, Ossobuco von der Hähnchenkeule mit Bohnen und Schupfnudeln 80
Schwäbische Spinat-Käse-Torte 90
Schwarzwälder Kirschquarkcreme 94
Schwarzwurzeln (Gesundheitstipp) 138
Schwarzwurzeln, Lammrückenfilet in Blätterteigmantel mit Rosmarinschwarzwurzeln 138
Schweinefilet auf fränkische Art 60
Schweinefleisch 25
Schweinefleisch, Sauerkrautröllchen mit Schinken-Kräutersauce und Sesamkartoffelbirnen 120
Schweinefleisch, Scheiben vom Schweinenüsschen in Paprikarahm 61
Schweinefleisch, Warm marinierte Bohnen mit gebratenen Filetscheiben 92
Schweinegeschnetzeltes süßsauer mit Gemüse und Chinakohl 144
Schweinemedaillons im Kartoffelmantel mit frischen Aprikosen 118
Schweinenüsschen auf Chinakohl mit Pilz-Kartoffelnockerl 82
Schweineschulterbraten mit Brezenfüllung 88
Serviettenknödel, Altmühltaler Kalbsragout mit Pfifferlingen und Serviettenknödel 108
Soufflé, Brezensoufflé mit Allgäuer Emmentaler 121
Soufflés zubereiten (Tipps) 121
Spaghetti, Paprikakeule vom Truthahn mit Knoblauchspaghetti 52
Spargel (Gesundheitstipp) 65
Spargel, Gebratenes Kalbscarpaccio mit frischem Spargel 48
Spargel, Lachsforellenröllchen mit Spargelgemüse und Kräuterkartoffeln 50
Spargel, Stangenspargel mit Frischkäse-Kräuterklößchen 65
Spätzle, Gespickte Rinderhüfte mit Käsespätzle 116
Spätzle, Kräuterspätzle mit Rahmpilzen 149
Speck, Altbayerischer Sauerkraut-Speckkuchen 119
Speck, Hackfleischschnecken auf Specksauce 117
Spinat (Gesundheitstipp) 49
Spinat, Brennnessel-Spinatsuppe mit saurer Sahne 49
Spinat, Gefüllte Truthahnbrust im Blattspinatmantel 136
Spinat, Hähnchenkeulen mit Spinatfüllung und Frühlingsgemüse 54
Spinat, Käse-Spinat-Ravioli auf Frühlingszwiebelsauce 62
Spinat, Schinken-Lauch-Maultaschen auf Blattspinat 64
Spinat, Schwäbische Spinat-Käse-Torte 90
Spinatgugelhupf mit einem Ragout von zweierlei Forellen 51
Stangenspargel mit Frischkäse-Kräuterklößchen 65
Steinpilze, Geschmorter Ochsenschwanz mit Steinpilzen und Petersiliengnocchi 87
Stollen, Vorweihnachtlicher Quarkstollen 153
Suppe, Brennnessel-Spinatsuppe mit saurer Sahne 49
Suppe, Kalte Gurkensuppe mit Nordseekrabben 77
Suppe, Kürbiscremesuppe mit gerösteten Mandeln 133
Suppe, Rahmsuppe von Zuchtpilzen 105

Terrine, Kartoffel-Ei-Terrine mit frischen Kräutern 89
Thymian 37
Tomaten, Geschnetzelte Rinderleber mit Basilikum und Tomaten 140
Tomatendip, Kartoffelfondue mit zweierlei Dips 122
Töpfe 42
Torte, Allgäuer Joghurtbeerentorte 96
Torte, Schwäbische Spinat-Käse-Torte 90
Truthahn, Gefüllte Truthahnbrust im Blattspinatmantel 136
Truthahn, Paprikakeule vom Truthahn mit Knoblauchspaghetti 52
Truthahnschinken, Rucolasalat mit warmen Austernpilzen und Truthahnschinken 132

Vanille 40
Vanillesauce, Kaiserschmarrn mit Vanillesauce 66
Vitalstoffe 19
Vitamine (Tabelle) 14
Vitamine bieten Schutz 16
Vorweihnachtlicher Quarkstollen 153

Wacholder 41
Walnüsse (Gesundheitstipp) 151
Warenkunde 22
Warm marinierte Bohnen mit gebratenen Filetscheiben 92
Wasser 20
Weinblätter (Tipp) 114
Weinblätter, Getrüffeltes Roastbeef in Weinblättern gegart im Salzteig 114
Weißes Schokoladenmousse mit frischen Beeren 124
Weißkohl, Rindfleisch-Lasagne mit Kartoffeln und Weißkohl 85
Wirsing (Gesundheitstipp) 146
Wirsing, Flämische Ochsenbrust mit gefüllten Wirsingköpfchen und Schnittlauchkartoffeln 56
Wirsing, Hausgemachte Kalbfleischpastete mit Wirsing 109
Wirsing, Rinderdukaten in Rotwein mit Wirsing-Bohnenroulade 143
Wirsing, Rosmarinkeule von der Ente mit Wirsing-Kartoffelroulade 110
Wirsingköpfchen mit Hähnchen-Pilz-Füllung auf gebratenen Kartoffelscheiben 81
Wurzelpetersilie 37

Zimt 41
Zitronen, Lasagne von Lachsforelle und Chinakohl mit Zitronenschaumsauce 107
Zitronenmelisse 37
Zuchtpilze, Rahmsuppe von Zuchtpilzen 105
Zwetschgen (Gesundheitstipp) 95
Zwetschgen, Quark-Zwetschgenauflauf 95
Zwetschgengrütze mit Honig-Joghurtnockerl 123
Zwiebeln, Käsefrikadellen auf Schinkenzwiebelsauce 91